U0676451

【第六卷】

《四库全书精华》编委会

前 言

《四库全书精华》一书，汇集了《四库全书》中上起先秦，下迄清末两千多年来的文化典籍之精华。编者力图使它成为一部简括实用的文选本，目的是便于中等文化程度以上的读者，了解中国历代的治乱兴替、典章文物、学术思想、道德伦理以及治国治民之道。如何从古老文化传统中敞开一个新世界，这是一件非常需要做的而且很有意义的工作。

为读书和藏书的方便，古人把书籍分为经、史、子、集四大门类。其中，经部包括儒家经典著述，如“十三经”，即《周易》《尚书》《诗经》《周礼》《仪礼》《礼记》《左传》《公羊传》《谷梁传》《论语》《孝经》《尔雅》《孟子》。史部包括各种体裁的历史著作，其中，尤以《史记》和《资治通鉴》为代表。此外，野史、法典、地志、职官、政书、时令等，凡记事书籍均归入史部。子部包括哲学、名学、法学、医学、算学、兵学、天文学、农学等，后人视其仅次于经书，故称之为子书。此外，道教、宋明理学、清代的考据学亦归于子部。集部包括历代作家的散文、骈文、诗、词、曲等作品和文学评论著述。

面对这浩如烟海之典籍，人们不免有望洋兴叹之慨！如何既节省时间，又能获得深入四库堂奥之锁钥？编者几经运筹，从中精选近百部代表著作进行爬梳剔抉，删繁就简，编成《四库全书精华》，仍遵循四部分类法，辑为四部，共分六册。《四库全书》不仅卷帙浩繁，而且古文字的障碍更令当代读者望而却步。有鉴于此，编选时全部参照社会广为流传，较有定评的现代名家选本；力避干燥枯涩，繁冗杂芜，以便于诵读为宗旨；其文不仅经世致用，而且能笔触豪迈，博综古今，阐幽表微，为学渊广，是值得一读再读的好文章。短者数字，长者万言，但都照顾到整体，其脉络清晰，篇章连贯分明。学人倘寻此路径反复熟读，则对于各种艺文必然，皆有所得，继而精进，不难收弘扬传统文化之宏功。

今经有关专家学者细加校勘、标点，篇前加有简明扼要之著录，以说明该书每部著作著者生平、主要内容、思想价值及版本流传情况等，并对专用术语和疑难生词加以注释。

参加本书选编、校点、注释的有魏琳、吴志樵、张林、周桂芬、于慈云、毛明华、任素琴等同志。

尽管如此，编者亦觉力所不逮，选本能否受读家重视，智者见智，仁者见仁，只有实践去检验了。敬希方家批评指正。

目　录

集　部

《天隐子》精华

【著录】

《天隐子》一书，是一部道教典籍，或题唐无名氏撰，或题司马承祯述。卷首均有司马承祯序，或附司马承祯《后序口诀》。其作者究属何人，尚难遽断，但本书确为唐人所著，并与司马承祯密切相关，则无可置疑。司马承祯，字子微，法号道隐，自号白云子，河内温（今河南温县）人，为南朝道教学者陶弘景的三传弟子。早年隐于天台山玉霄峰修道，晚年居王屋山阳台观。其间多次受到武则天、唐睿宗和唐玄宗的召见，倍受优遇。因擅长篆、隶，自成一体，时号“金剪刀书”，曾受玄宗之命，以三体写《老子》。卒谥贞一先生。

《天隐子》共八篇，约计一千三百字，集中阐发长生成仙之道。第一《神仙》，阐述修我虚气、勿为世俗所困扰的修炼总纲。第二《易简》，阐述简易无为的修炼原则。第三《渐门》，阐述循序渐进的具体修炼步骤，即五渐之门。第四《斋戒》，阐述五渐之始，即澡身虚心。第五《安处》，阐述五渐之二，即深居静室。第六《存想》，阐述五渐之三，即收心复性。第七《坐忘》，阐述五渐之四，即遗形忘我。第八《神解》，阐述五渐之终，即万法通神。这种“五归一门”、入于“真如”境界的修仙之路，又依次称为信解、闲解、慧解、定解、神解，是本于道家清静返初，参取儒家正心诚意和佛教止观禅定学说而形成的理论系统。

斋　　戒

斋戒者，非蔬茹饮食而已。澡身者，非汤浴去垢而已。盖其法在乎节食调中，摩擦畅外者也。夫人禀五行[1]之气，而食五行之物，实自胞胎有形，已呼吸精血，岂可去食而求长生？但世人不知：休粮服气[2]，是道家之权宜，非永绝食粒之谓也。故食之有斋戒者，斋乃洁净之务，戒乃节约之称。有饥即食，食勿令饱，此所谓调中也。百味未成熟勿食，五味太多勿食，腐败闭气之物勿食，此皆宜戒也。手常摩擦皮肤温热，熨去冷气，此所谓畅外也。久坐久立，久劳久役，皆宜戒也，此是调理形骸之法，形坚则气全，是以斋戒为渐门之首[3]矣。

【注释】

①五行：金、木、水、火、土谓之五行。

②休粮服气：休粮，即辟谷。休粮则气益完固，由此可以入道。

③渐门之首：渐，流入。渐门之首，犹言入门之始。

存　　想

存谓存我之神，想谓想我之身。闭目[1]即见自己之目，收心即见自己之心，心与目皆不离我身，不伤我神，则存想之渐也。凡人目终日视他人，故心亦逐外走；终日接他事，故目亦逐外瞻。营营浮光[2]，未尝复照，奈何不病且夭邪？是以归根曰静，静曰复命。成性存存，众妙之门。此存想之渐，学道之功半矣。

【注释】

①“闭目”二句：即曾子所谓“十目所视，十手所指”之意。君子慎独，乃同此理。

②营营浮光：营营，往来貌；浮光，即所谓虚灵不昧。

《无能子》精华

【著录】

《无能子》一书，是道教经典，作者是唐末一位淡泊名利、生活清苦的隐士，姓名已佚，自称无能子，并引为书名。据自序所载，该书应撰于唐僖宗光启三年（887）。历代目录学著作，如《新唐书·艺文志》《崇文总目》《郡斋读书后志》《直斋书录解题》《通志·艺文略》《宋史·艺文志》《文献通考·经籍考》及《四库全书总目提要》，均将该书著录于子部道家类。现在流行的本子共有三卷，三十四篇。上卷论理，共十篇，从宇宙本体论及个人修炼，由大至小；中卷论史，共十篇，从西周论及魏晋，由远及近；下卷前十篇，皆问答、见闻与寓言，后四篇与前体例不合，内容重复，文字拙劣，显然系后人增纂，但其思想论点尚与全书基本一致。

《无能子》全书近万言，是唐末一部重要的道家哲学著作，对中唐以来封建专制主义制度下的黑暗腐朽进行了猛烈抨击，对宇宙本体、道教修持方法以及儒、佛两家思想对道教的影响作了阐释，反映出儒、道、佛三教既斗争又融合的时代特色。此书也是后人了解作者无能子哲学思想的唯一重要资料。

《无能子》一书现存版本，以明《正统道藏》本为最古，以后又有刊本十余种。诸本中有六篇名下分别不只辖括一文，故多出十一文。另有十一个有目无文的阙篇（《四库全书总目提要》误以为阙八篇）。1981 年，中华书局出版了王明的《无能子校注》，是目前最好的校注本。

质　妄

天下之人所共趋之而不知止者，富贵与美名尔。

所谓富贵者，足于物[①]耳。夫富贵之亢极[②]者，大则帝王，小则公侯而已。岂不以被衮冕、处宫阙、建羽葆警跸，故谓之帝王邪？岂不以戴簪缨、喧车马、仗旌旃铁钺，故谓之公侯邪？不饰之以衮冕、宫阙、羽葆、警跸、簪缨、车马、铁钺，又何有乎帝王公侯哉？夫衮冕、羽葆、簪缨、铁钺、旌旃、车马，皆物也。物足则富贵，富贵则帝王公侯。故曰富贵者足物尔。

夫物者，人之所能为者也，自为之，反为不为者感之。乃以足物者为富贵，无物者为贫贱，于是乐富贵，耻贫贱，不得其乐者，无所不至，自古及今，醒而不悟。壮哉物之力也！

夫所谓美名者，岂不以居家孝、事上忠、朋友信、临财廉、充乎才、足乎艺之类邪？此皆所谓圣人者尚之，以拘愚人也。夫何以被之美名者，人之形质尔。无形质，廓乎太空，故非毁誉所能加也。形质者，囊乎血舆乎滓者也，朝合而暮坏，何有于美名哉？今人莫不失自然正性而趋之，以至于诈伪激者，何也？所谓圣人者误之[③]也。

古今之人，谓其所亲者血属，于是情有所专焉。聚则相欢，离则相思，病则相忧，死则相哭。夫天下之人，与我所亲，手足腹背，耳目口鼻，头颈眉发，一也，何以分别乎彼我哉？所以彼我者，必名字尔。所以疏于天下之人者，不相熟尔。所以亲于所亲者，相熟尔。

嗟乎！手足腹背，耳目口鼻，头颈眉发，俾乎人人离析之，各求其谓之身体者，且无所得，谁谓所亲邪？谁谓天下之人邪？取于名字强为者也。若以名所亲之名，名天下之人，则天下之人皆所亲矣。若以熟所亲之熟，熟天下之人，则天下之人皆所亲矣，胡谓情所专邪？夫无所孝慈者，孝慈天下；有所孝慈者，孝慈一家。一家之孝慈未弊，则以情相苦，而孝慈反为累矣。弊则伪，伪则父子兄弟将有嫌怨者矣。

庄子曰："鱼相处于陆，相煦以沫，不如相忘于江湖。"至哉是言也！夫鱼相忘于江湖，人相忘于自然，各适矣。故情有所专者，明者不为。

【注释】

①足于物：足，满足。足于物，言外物之足于身，非自然之正性存于心。

②亢极：亢，至。亢极，犹言至极。

③圣人者误之：即老子所谓“大地不仁，以万物为刍狗；圣人不仁，以百姓为刍狗”之意。

《至游子》精华

【著录】

《至游子》一书，两卷，上卷十三篇，下卷十二篇，共二十五篇。《四库全书总目提要》将其录入子部道家类，并只存目而不存书。该书“大旨主于清心寡欲，而归于坎离配合，以保长生”（《四库全书总目提要·子部·道家类存目》）。该书无论以儒理附会佛经，还是“摭释典以为道书”，其最大特点是“言养生之理甚详”（《至游子原序》）。书中各篇皆是“网罗群籍，撮其要领而为之”，实际上《至游子》是关于先代养生学的精要荟萃，自然使人觉得“广博玄微，不易窥究”。因此，长期以来被列为道家养生诸书难读之本。

关于《至游子》的作者及成书时间，长期以来一直是个谜。明人姚汝循在世宗嘉靖四十五年（1566）作《至游子原序》中讲，本书“不著名氏”。而传世的《至游子》只有这唯一的一个序。于是本书便被列入无名氏之作。据《四库全书总目提要》考证，宋人曾慥，号至游子，生前“好为道家言”“尝作《集仙传》”。因此有人认为《至游子》是曾慥所著。但是《至游子·玉艺篇》“首引朝元子，注曰陈举宝，元人”。据此说曾慥所著不能成立。于是关于《至游子》的作者又有明人毛渐（因有《三坟》传世）著，或张商英（因有《素书》传世）著之说。《四库全书总目提要》作者认为：上述诸说皆无确切证据，仅凭唯一的《原序》，还不如推为姚汝循托名之作。既然作者不能确定，所以成书时间也就难以确定了。但不管怎样，《至游子》在有关道家养生学研究方面仍有重要的参考价值。

坐忘篇

宝书之笈，三编具存。吾得其要，澄神契真。

心者，一身之主，神之帅也，静而生慧矣，动则生昏矣。学道之初，在于收心离境，入于虚无，则合于道焉。若夫执心住空，亦非所谓无所也。住于有所，则心劳而气废，疾以之生矣。夫闻毁誉善恶，以其心受，受则心满，满则道无所居矣。有闻如不闻焉，有见如不见焉。毁誉善恶，不入于心，其名曰虚。心虚则安，心安则道自来矣。

心者，譬夫目焉。纤毫入目，则未有能安者也。牛马，家畜也，纵之不收，则悍戾难驭。鹰鹞，野鸟也，一为系绊，则自然调熟。吾之心亦犹是欤！然法之妙用，在乎能行，不在乎能言。夫能在物不染，处事不乱，斯大道之妙乎？世或以道为难进，是不知贝锦始于素丝，冲天之鹤资于鷇食，蔽日之干起于毫末者也。事非常则伤于智力，务过分则弊于形神。今以隋侯之珠[①]弹千仞[②]之雀，人犹笑之，况弃道德忽性命而从不要以自伐乎？夫挠乱吾身者，则寇盗也。吾能御之正心，则勇士也。因智观察，则利兵也。外累悉除，则战胜也。湛然常乐，则荣禄也。吾不为此观，是犹遇敌弃甲而逃，反受其咎矣。

是以定者，致道之初基，习静之成功，持安之毕事也。庄子曰："泰宇定者，发乎天光。"何谓也？宇者心也，天光者慧也，虚静至极，则道居而慧生也。慧者本吾之性也。由贪爱浊乱，散迷而不知，吾能澡雪，则复归于纯静矣。神性虚融，体天应变。形与道同，则无生死。隐则形同于神，显则神同于气。所以蹈水火而无害，对日月而无影，存亡在己，出入无间矣。然虚无之道，有浅深焉。深则兼被于形，浅则惟及其心。被形者，神也；反心者，慧觉也。慧觉者身不免于谢焉，何也？慧者，心照也，多用则其体劳矣。初得其慧则悦而多辨，斯神气漏而为尸解者也。故大人者，含光藏辉，凝神归实，神与道合，身心与道同。于是六根洞达焉，身也无时而不存，心也无法而不通。故曰：山之有玉，则草木不凋矣；人之怀道，则形体永固矣。于是其妙也，有坐忘之枢焉。

修道成真者，必先去乎邪僻之行，外事不干于心，端坐内观，念起则灭之。虽然，惟灭动心，不灭照心；惟凝虚心，不凝有心。欲行此者，当受三戒。一曰简缘，二曰无欲，三曰静心。简缘者，择要去烦也。《经》曰：“少则得，多则惑矣。”无欲者，断贪求也。《经》曰：“常无欲，则能观其妙矣。”静心者，止息游浪也。《经》曰：“除垢止念，静心守一。”其斯之谓欤！故虚心无欲，非求于道，而道自归之。其要在乎涉事处喧，皆作意以安之。有事无事，常若无心。处静处喧，其志惟一。束心太急，则为病为狂。心若不动，复须任之，使宽急得其所。常自调适，制而勿著，放而不动，是为真定者也。既如是，亦不可恃其定也，而求多事，求就喧，当使如水镜之鉴物，随物现形而后可也。定中求慧，则伤于定，定则无慧矣；定非求慧，而慧自生者也。

行道者，于是心有五时，身有七候，是为浅深之叙焉。五时何也？其动多其静少者，一也；动静各半焉者，二也；其静多其动少者，三也；无事则静，触则动者，四也；与道冥合，触亦不动者，五也。七候何也？举动顺时，容色和者，一也；宿疾尽除，身心轻爽者，二也；填补夭伤，还年复命者，三也；延数万岁，名为仙人者，四也；炼形为气，名为真人者，五也；炼气成神，名为神人者，六也；炼神合道，名为至人者，七也。

【注释】

①隋侯之珠：隋侯，姬姓诸侯之一，据说因救一条大蛇，而得到一枚宝珠，称隋珠。

②仞：长度单位，约为八尺或七尺。

集　部

《文选》精华

【著录】

《文选》，又称《昭明文选》，是我国现存编选年代最早的一部文学总集。系南朝梁萧统所编。萧统（501～531），字德施，小字维摩，谥昭明，世称昭明太子。祖籍南兰陵（位于今江苏常州市武进区），出生于襄阳。他是南朝梁武帝萧衍的长子。天监元年（502）被立为太子，未及即位而卒，终年三十一岁。他自幼受儒家思想教育，五岁时就遍读五经，长大之后喜欢引纳才学之士，研讨篇籍，商榷古今。政治上主张省刑罚，关心人民疾苦。又好佛能文，所作多宣扬佛学，表现上层贵族的生活情趣。著有《文集》二十卷，并撰古今典诰文言为《正序》十卷，选五言诗为《古今诗苑英华》（亦称《英华集》）二十卷，均已亡佚。今《文集》存本乃后人掇拾。时东宫有书达三万卷，名才兼集，文学之盛，蔚为大观。萧统招聚文学之士，编集《文选》三十卷，流传于世。

《文选》选录先秦至梁的诗文辞赋等文学作品，依文体编次，共分赋、诗、骚、七、诏、册、令、教、策文、表、上书、启、弹事、笺、奏记、书、移、檄、对问、设论、辞、序、颂、赞、符命、史论、史述赞、论、连珠、箴、铭、诔、哀、碑文、墓志、行状、吊文、祭文等三十八种。其中诗、赋之下又依内容分为子目，赋分十五个子目，诗分二十三个子目。各体文章，依时代先后排列。实际上《文选》所分文体，可概括为诗歌、辞赋、杂文三大类。所选作家，除无名氏外，共一百三十家，诗文七百余首。梁以前各个时代的重要作家如屈原、宋玉、司马相如、司马迁、扬雄、班固、张衡、刘桢、王粲、曹操父子、阮籍、嵇康、潘岳、左思、陆机、陶潜、谢灵运、鲍照、沈约、江淹等的重要作品都已选入，各种文章体裁也大致齐备。许多作品赖此得以保存，使《文选》成为研究梁以前文学的重要参考资料。

《文选》对作品的选录有其特定的标准，即《文选·序》所谓“事出于沉思，义归乎翰藻”。因此，凡经书、子书一概不录。史书中除“综辑辞采”“错比文华”的赞、论、序、述外，也一概不录。此外，当时盛行而内容空泛的艳体诗与咏物诗一般也不入选。可见《文选》比较注重作品思想内容的深沉与艺术形式的华丽。这虽然是受了当时追求骈俪、辞藻、声律的绮靡文风的影响，但也显示了编选者对文学作品的内容与形式方面特点的独到见解。此外，《文选》在选录作品时，还有一个详近略远的标准，所以时代较近的作品入选得就更多一些，如晋代以后的作家，选陆机一百十三篇，谢灵运四十一篇，江淹三十三篇，此外如颜延之、鲍照等人的入选作品也都在二十篇以上。

《文选》的编选，除对后人研究这七八百年的文学发展提供了很大便利外，还为后人树立了一个文学范本。所以对后世产生了广泛的影响。唐代以诗赋取士，《文选》就成为士子学文的依据，宋代又有“《文选》烂，秀才半”的谚语，以致形成了一个专门的学科——“文选学”。

当然，《文选》在编选上也存在不少问题。首先，在思想内容方面，入选作品的主体部分是为封建统治者歌功颂德、粉饰太平的，或者是描写、抒发剥削阶级的生活方式及思想感情的，这是阶级及时代的局限性所致。其次，由于过分偏重艺术上的形式主义，所以经、子、史中带有艺术性的篇章，乐府中的优美民歌，以及风格清新质朴的文人作品，就有不少都未能入选。然而一些内容空洞，铺排扬厉，时出怪字的骈赋却有不少入选。再次，文章分类过细，难免烦琐。正因为如此，历代对《文选》都有不少批评，如唐代古文运动反对其骈词俪句，宋代苏轼、清代章学诚对其编排分类等也有讥评。五四时期，更因推广白话文，而斥之为“选学妖孽”。尽管《文选》本身存在不少缺点，但它的内容与形式仍有不少可取之处，作为一部文学资料书，《文选》具有不可否定的历史价值。

对《文选》历代都有人进行研究和注释。自《文选音》后，隋代曹宪以教授《文选》著名。其后，至唐代李善集文选学之大成，于显庆年间撰为

《文选李善注》，将原书析为六十卷。该注训释详尽，引证丰富，引书多至一千六百八十九种，极有价值。至开元年间，又有吕延济、刘良、吕向、李周翰等五人，更为解诂，称为“五臣注”（今五臣注本存杭州大学图书馆）。此后这两个注本并行于世。至南宋，又将二书合刻，称为“六臣注”（今有影印宋刊本）。此书盛行后，李注原帙被湮没。后人又将李注从六臣注中辑录出来，即是今日所见之《文选李善注》。《文选李善注》现存完整刊本有南宋淳熙八年（1181）尤袤刊本，清嘉庆十四年（1809）胡克家之重刻宋刊本，附《考异》十卷。中华书局1977年将胡刻本缩小影印出版。此外，研究《文选》的著作尚多，如梁章钜《文选旁证》四十六卷、胡文英《文选笺证》三十卷、朱朖《文选集释》二十四卷、汪师韩《文选理学权舆》八卷、孙志祖《文选理学权舆补》一卷、程先甲《选雅》二十卷、丁福保《文选类诂》、骆鸿凯《文选学》、高步瀛《文选李注义疏》、黄焯《文选评点》等，均有参考价值。

班固[①]两都[②]赋序

或曰：赋者，古诗之流也。昔成、康没而颂声寝，王泽竭而诗不作。大汉初定，日不暇给。至于武、宣之世，乃崇礼官，考文章，内设金马、石渠[③]之署，外兴乐府、协律[④]之事，以兴废继绝，润色鸿业。是以众庶悦豫，福应尤盛。《白麟》《赤雁》《芝房》《宝鼎》之歌，荐于效庙；神雀、五凤、甘露、黄龙之瑞，以为年纪。故言语侍从之臣，若司马相如、虞丘寿王、东方朔、枚皋、王褒、刘向之属，朝夕论思，日月献纳。而公卿大臣御史大夫倪宽、太常孔臧、太中大夫董仲舒、宗正刘德、太子太傅萧望之等，时时间作。或以抒下情而通讽谕，或以宣上德而尽忠孝，雍容揄扬，著于后嗣，抑亦《雅》《颂》[⑤]之亚也。故孝成之世，论而录之，盖奏御者千有余篇，而后大汉之文章炳焉与三代[⑥]同风。

且夫道有夷隆，学有粗密，因时而建德者，不以远近易则。故皋陶歌虞[⑦]，奚斯颂鲁[⑧]，同见采于孔氏，列于《诗》、《书》，其义一也。稽之上古则如彼，考之汉室又如此，斯事虽细，然先臣之旧式，国家之遗美，不可阙也。

臣窃见海内清平，朝廷无事，京师修宫室，浚城隍，起苑囿，以备制度。西土耆老，咸怀怨思，冀上之眷顾，而盛称长安旧制，有陋洛邑之议。故臣作《两都赋》，以极众人之所眩曜，折以今之法度。

【注释】

①班固：字孟坚，扶风安陵（今陕西咸阳东北）人。东汉史学家、文学家。宪宗时除兰台令史，转迁为郎。随从大将军窦宪出征匈奴，任中护军。后宪因擅权被杀，固受牵连而免官，死在狱中。著有《汉书》。

②两都：西都为长安（今陕西西安北），汉高祖在此建都；东都为洛阳（今河南洛阳东），汉光武帝在此建都。

③金马、石渠：官署名，即金马门、石渠阁。

④乐府、协律：汉武帝定郊祀之礼，设立乐府，任命李延年为协律都尉。

⑤《雅》《颂》：《诗经》的组成部分。《诗经·序》："言天下之事，形四方之风谓之雅；""颂者，美盛德之形容。以其成功，告于神明者也。"

⑥三代：指夏、商、周三朝。

⑦皋陶歌虞：皋陶，虞舜的掌刑官。《尚书·皋陶谟》："（皋陶）歌曰：元首明哉，股肱良哉，庶事康哉。"

⑧奚斯颂鲁：奚斯，鲁公子。《诗经·鲁颂》曰："新庙奕奕，奚斯所作。"

西都赋

有西都宾问于东都主人曰："盖闻皇汉之初经营也，尝有意乎都河洛矣，辍而弗康，实用西迁，作我上都。主人闻其故而睹其制乎？"主人曰："未也。愿宾摅怀旧之蓄念，发思古之幽情，博我以皇道，弘我以汉京。"宾曰："唯唯。"

"汉之西都，在于雍州，实曰长安[①]。左据函谷、二崤之阻，表以太华、终南之山；右界褒斜、陇首之险，带以洪河、泾、渭之川。众流之隈，汧涌其西。华实之毛，则九州之上腴焉；防御之阻，则天地之隩[②]区焉。是故横被六合[③]，三成帝畿[④]。周以龙兴，秦以虎视[⑤]，及至大汉，受命而都之也。仰悟东井之精[⑥]，俯协河图之灵[⑦]，奉春建策，留侯演成[⑧]。天人合应，以发皇明，乃眷西顾，实惟作京。

“于是睎秦岭，睋北阜，挟沣灞，据龙首。图皇基于亿载，度宏规而大起。肇自高而终平，世增饰以崇丽，历十二之延祚，故穷泰而极侈。建金城之万雉，呀[9]周池而成渊。披三条之广路，立十二之通门。内则街衢洞达，闾阎且千，九市开场，货别隧分。人不得顾，车不得旋。阗城溢郭，旁流百廛，红尘四合，烟云相连。于是既庶且富，娱乐无疆。都人士女，殊异乎五方。游士拟于公侯，列肆侈于姬姜[10]。乡曲豪举，游侠之雄，节慕原、尝[11]，名亚春、陵[12]，连交合众，骋骛乎其中。若乃观其四郊，浮游近县，则南望杜、霸，北眺五陵。名都对郭，邑居相承。英俊之域，绂[13]冕[14]所兴，冠盖如云，七相五公。与乎州郡之豪杰，五都之货殖，三选七迁[15]，充奉陵邑。盖以强干弱枝，隆上都而观万国也。

“封畿之内，厥土千里，逴跞[16]诸夏，兼其所有。其阳则崇山隐天，幽林穹谷，陆海珍藏，蓝田美玉。商、洛缘其隈，鄠、杜滨其足，源泉灌注，陂池交属。竹林果园，芳草甘木，郊野之富，号为近蜀。其阴则冠以九嵕，陪以甘泉，乃有灵宫，起乎其中。秦汉之所极观，渊云之所颂叹，于是乎存焉。下有郑、白[17]之沃，衣食之源。提封五万，疆场绮分，沟塍刻镂，原隰龙鳞。决渠降雨，荷插成云。五谷垂颖，桑麻铺棻[18]。东郊则有通沟大漕，溃渭洞河，泛舟山东，控引淮湖，与海通波。西郊则有上囿禁苑，林麓薮泽，陂池连乎蜀汉，缭以周墙，四百余里。离宫别馆，三十六所。神池灵沼，往往而在。其中乃有九真之麟，大宛之马，黄支之犀，条枝之鸟。逾昆仑，越巨海，殊方异类，至于三万里。

“其宫室也，体象乎天地，经纬乎阴阳。据坤灵之正位，仿太紫[19]之圆方。树中天之华阙，丰冠山之朱堂。因瑰材而究奇，抗应龙之虹梁[20]。列棼橑以布翼，荷栋桴而高骧。雕玉瑱[21]以居楹，裁金壁以饰珰。发五色之渥彩，光焰朗以景彰。于是左墄右平[22]，重轩三阶，闺房周通，门闼洞开。列钟籍于中庭，立金人于端闱。仍增崖而衡阈[23]，临峻路而启扉。徇以离宫别寝，承以崇台闲馆。焕若列宿，紫宫是环。清凉、宣温、神仙、长年、金华、玉堂、白虎、麒麟，区宇若兹，不可殚论。增盘崔嵬，登降硋烂。殊形诡制，每各异观。乘茵步辇，惟所息宴。

“后宫则有掖庭、椒房，后妃之室，合欢、增城、安处、常宁、茝若、椒风、披香、发越、兰林、蕙草、鸳鸾、飞翔[24]之列。昭阳特盛，隆乎孝成。

屋不呈材，墙不露形。裛以藻绣，络以纶连[25]。隋侯明月，错落其间。金钉衔璧，是为列钱。翡翠火齐，流耀含英。悬黎垂棘，夜光在焉。于是玄墀砌，玉阶彤庭。碝磩彩致，琳珉青荧。珊瑚碧树，周阿[26]而生。红罗飒纚[27]，绮组缤纷[28]。精曜华烛，俯仰如神。后宫之号，十有四位。窈窕繁华，更盛迭贵。处乎斯列者，盖以百数。

“左右庭中，朝堂百寮之位，萧、曹、魏、邴，谋谟乎其上。佐命则垂统，辅翼则成化。流大汉之恺悌[29]，荡亡秦之毒螫。故令斯人扬乐和之声，作画一之歌。功德著乎祖宗，膏泽洽乎黎庶。又有天禄、石渠，典籍之府，命夫谆诲故老，名儒师傅，讲论乎六艺，稽合乎同异。又有承明、金马，著作之庭，大雅宏达，于兹为群。元元本本，殚见洽闻。启发篇章，校理秘文。周以钩陈之位，卫以严更之署，总礼官之甲科，群百郡之廉孝。虎贲、赘衣，阉尹、阍寺，陛戟百重，各有典司。

“周庐千列，徼道绮错。辇路经营，修除飞阁。自未央而连桂宫，北弥明光而亘长乐。凌隥道而超西墉，掍建章而连外属。设璧门之凤阙，上觚棱而栖金爵。内则别风嶕峣，眇丽巧而耸擢。张千门而立万户，顺阴阳以开阖。尔乃正殿崔嵬，层构厥高，临乎未央。经骀荡而出馺娑，洞枍诣以与天梁[30]。上反宇以盖戴，激日景而纳光。神明郁其特起，遂偃蹇[31]而上跻。轶云雨于太半，虹霓回带于棼楣。虽轻迅与僄狡，犹愕眙[32]而不能阶。攀井干[33]而未半，目眴[34]转而意迷。舍棂槛而却倚，若颠坠而复稽。魂恍恍以失度，巡回途而下低。既惩惧于登望，降周流以彷徨。步甬道以萦纡，又杳窱而不见阳。排飞闼而上出，若游目于天表，似无依而洋洋。前唐中而后太液[35]，览沧海之汤汤。扬波涛于碣石，激神岳之嶈嶈。滥瀛洲与方壶，蓬莱起乎中央[36]。于是灵草冬荣，神木丛生。岩峻崷崒，金石峥嵘。抗仙掌以承露，擢双立之金茎。轶埃堨之混浊，鲜颢气之清英。骋文成之丕诞，驰五利之所刑。庶松乔之群类，时游从乎斯庭。实列仙之攸馆，非吾人之所宁。

“尔乃盛娱游之壮观，奋泰武乎上囿。因兹以威戎夸狄，耀威灵而讲武事。命荆州使起鸟，诏梁野而驱兽。毛群内阗，飞羽上覆，接翼侧足，集禁林而屯聚。水衡虞人，修其营表。种别群分，部曲有署。罘网连纮，笼山络野。列卒周匝，星罗云布。于是乘銮舆，备法驾，帅群臣，披飞廉，入苑门。遂绕酆鄗，历上兰，六师发逐，百兽骇殚。震震爚爚[37]，雷奔电激。草木涂地，山渊反复。蹂蹒其十二三，乃拗怒而少息。尔乃期门[38]佽飞，列刃钻鍭，要趹追踪。鸟惊触丝，兽骇值锋。机不虚掎，弦不再控。矢不单杀，中必叠双。飑飑纷纷，缯缴相缠。风毛雨血，洒野蔽天。平原赤，勇士厉。猿狖失木，豺狼慑窜。尔乃移师趋险，并蹈潜秽。穷虎奔突，狂兕触蹶。许少[39]施巧，秦成[40]力折。掎僄狡，扼猛噬，脱角挫䚡，徒搏独杀。挟师豹，拖熊螭，曳犀犛，顿象罴。超洞壑，越峻崖，蹶崭岩。钜石隤，松柏仆；丛林摧。草木无余，禽兽殄夷。

“于是天子乃登属玉之馆，历长杨之榭。览山川之体势，观三军之杀获。原野萧条，目极四裔。禽相镇压，兽相枕藉。然后收禽会众，论功赐胙。陈轻骑以行炰，腾酒车以斟酌。割鲜野食，举烽命釂。飨赐毕，劳逸齐，大路鸣銮，容与徘徊。集乎豫章之宇，临乎昆明之池。左牵牛而右织女，似云汉之无涯。茂树荫蔚，芳草被隄。兰茝发色，晔晔猗猗，若摛锦布绣，烛燿乎其陂。鸟则玄鹤、白鹭、黄鹄、䴔鹳、鸧鸹、鸨鶂、凫鹥、鸿雁。朝发河海，夕宿江汉。沉浮往来，云集雾散。于是后宫乘辚辂，登龙舟，张凤盖，建华旗，袪黼帷，镜清流，靡微风，澹淡浮。棹女讴，鼓吹震，声激越，謍厉天。鸟群翔，鱼窥渊。招白鹇，下双鹄，揄文竿，出比目[41]，抚鸿罿，御矰缴。方舟并骛，俯仰极乐。

“遂乃风举云摇，浮游溥览。前乘秦岭，后越九嵕，东薄河华，西涉岐雍。宫馆所历，百有余区。行所朝夕，储不改供。礼上下而接山川，究休佑之所用。采游童之欢谣，第从臣之嘉颂。于斯之时，都都相望，邑邑相属。国藉十世之基，家承百年之业，士食旧德之名氏，农服先畴之畎亩，商循族世之所鬻，工用高曾之规矩。粲乎隐隐，各得其所。

“若臣者，徒观迹于旧墟，闻之乎故老，十分而未得其一端，故不能遍举也。”

【注释】

①长安：地名，今陕西西安北。

②隩：四方可定居的土地。

③六合：指上下与东南西北，泛指天下。

④三成帝畿：指周、秦、汉三朝都在这里建都。

⑤虎视：比喻凶狠、贪婪地注视。《易经·颐卦》："虎视眈眈，其欲逐逐。"

⑥东井之精：指五星聚于东井，迷信以为瑞应。

⑦河图之灵：指龙马背负图画从黄河出现，迷信以为瑞应。

⑧"奉春建策"二句：娄敬因为劝说汉高祖刘邦建都关中有功，拜为奉春君。建策，定立策略。留侯，指张良，被封为留侯。演成，推演促成。

⑨呀：空虚貌，此是挖空、挖掘之意。

⑩姬姜：春秋时，周的国姓为姬，齐的国姓为姜，所以用姬姜作为大国之女的代称。此处指贵族女子。《左传》成公九年引《诗经》："虽有姬姜，无弃蕉萃。"

⑪原、尝：指战国时的平原君赵胜、孟尝君田文，二人以好养士闻名。

⑫春、陵：指战国时的春申君黄歇、信陵君无忌，二人也以好养士闻名，与平原君赵胜、孟尝君田文合称战国四公子。

⑬绂：系印的丝带。

⑭冕：古代大夫以上贵族所戴的礼帽。

⑮三选七迁：选取三等人迁于七陵。

⑯逴跞：超越。

⑰郑、白：二渠名，即郑国渠、白渠。

⑱铺棻：茂盛貌，棻，同"纷"。

⑲太紫：即太微、紫宫，均为星宿名。

⑳抗应龙之虹梁：抗，高耸。应龙，有翅膀的龙。虹梁，指弯曲如虹的梁木。

㉑玉瑱：玉石制成的柱础。

㉒左墄右平：墄，台阶。左墄，左边砌成台阶，供人行。右平，右边用砖石排成斜面，供车行。

㉓阈：门槛儿。

㉔"合欢"句："合欢"以下所列均为宫殿名。

㉕纶连：有图纹的青丝绶带结成的网络。

㉖周阿：曲折貌。

㉗飒缵：长袖舞动貌。

㉘缤纷：繁盛貌。

㉙恺悌：和乐简易。

㉚“经骀荡”两句：骀荡、驳娑、枍诣、天梁，均为宫殿名。

㉛偃蹇：高耸貌。

㉜愕眙：惊愕貌。

㉝井干：楼台，汉武帝建。

㉞眴：通“眩”。

㉟前唐中而后太液：唐中，庭道。太液，池名。

㊱“滥瀛洲”二句：瀛洲即瀛洲，瀛洲、方壶、蓬莱，均为海中仙山。

㊲爚爚：电光闪闪貌。

㊳期门：官名，多由善骑射的人担任。《汉书·东方朔传》：“建元三年，微行始出。……八九月中，与侍中、常侍、武骑及待诏陇西北地良家子能骑射者，期诸殿门，故有期门之号自此始。”

㊴许少：古代身体灵巧的智慧之士。

㊵秦成：古代有勇力的壮士。

㊶比目：鱼名。

东都赋

东都主人喟然而叹曰：“痛乎风俗之移人也。子实秦人，矜夸馆室，保界河山，信识昭襄而知始皇矣，乌睹大汉之云为乎？

“夫大汉之开元也，奋布衣以登皇位，由数期而创万代，盖六籍所不能谈，前圣靡得言焉。当此之时，功有横而当天，讨有逆而顺民。故娄敬度势而献其说，萧公权宜而拓其制。时岂泰而安之哉？计不得以已也。吾子曾不是睹，顾曜后嗣之末造，不亦暗乎？今将语子以建武[①]之治，永平[②]之事，监于太清[③]，以变子之惑志。

“往者王莽作逆，汉祚中缺。天人致诛，六合相灭。于时之乱，生人几亡，鬼神泯绝。壑无完柩，郛罔遗室。原野厌人之肉，川谷流人之血。秦项之灾，犹不克半，书契以来，未之或纪。故下人号而上诉，上帝怀而降监，乃致命乎圣皇。于是圣皇乃握乾符，阐坤珍，披皇图，稽帝文。赫然发愤，应若兴云；霆击昆阳，凭怒雷震。遂超大河，跨北岳，立号高邑，建都河洛。绍百王之荒屯，因造化之荡涤。体元立制，继天而作。系唐统，接汉绪。茂育群生，恢复疆宇。勋兼乎在昔，事勤乎三五。岂特方轨并迹，纷纶后辟，治近古之所务，蹈一圣之险易云尔哉！

“且夫建武之元，天地革命。四海之内，更造夫妇，肇有父子，君臣初建，人伦实始，斯乃伏羲氏之所以基皇德也。分州土，立市朝，作舟舆，造器械，斯乃轩辕氏之所以开帝功也。龚行天罚，应天顺人，斯乃汤武之所以昭王业也。迁都改邑，有殷宗中兴之则焉。即土之中，有周成隆平之制焉。不阶尺土，一人之柄，同符乎高祖。克己复礼，以奉终始，允恭乎孝文。宪章稽古，封岱勒成，仪炳乎世宗。案六经而校德，眇古昔而论功，仁圣之事既该，而帝王之道备矣。

“至于永平之际，重熙而累洽。盛三雍之上仪[④]，修衮龙之法服[⑤]。铺鸿藻，信景铄，扬世庙，正雅乐，神人之和允洽，群臣之序既肃。乃动大辂，遵皇衢，省方巡狩，躬览万国之有无[⑥]，考声教之所被，散皇明以烛幽。然后增周旧，修洛邑，扇巍巍[⑦]，显翼翼，光汉京于诸夏，总八方而为之极。于是皇城之内，宫室光明，阙庭神丽，奢不可逾，俭不能侈。外则因原野以作苑，填流泉而为沼。发蘋藻以潜鱼，丰圃草以毓兽。制同乎梁邹[⑧]，谊合乎灵囿。

“若乃顺时节而蒐狩，简车徒以讲武，则必临之以《王制》，考之以《风》《雅》。历《驺虞》，览《驷铁》，嘉《车攻》，采《吉日》[⑨]，礼官整仪，乘舆乃出。于是发鲸鱼，铿华钟，登玉辂，乘时龙[⑩]。凤盖棽丽，龢鸾玲珑，天官景从，寖威盛容。山灵护野，属御方神，雨师泛洒，风伯清尘。千乘雷起，万骑纷纭，元戎竟野，戈铤彗云。羽旄扫霓，旌旗拂天，焱焱炎炎，扬光飞文。吐焰生风，欱野歕山[⑪]。日月为之夺明，丘陵为之摇震。遂集乎中囿，陈师按屯[⑫]。骈部曲，列校队，勒三军，誓将帅。然后举烽伐鼓，申令三驱，輶车霆激，骁骑电骛。由基发射，范氏施御[⑬]，弦不睼禽，辔不诡遇。飞者未及翔，走者未及去。指顾倏忽，获车已实。乐不极盘，杀不尽物。马踠余足，士怒未泄。先驱复路，属车案节。

“于是荐三牺，效五牲。礼神祇，怀百灵。觐明堂，临辟雍。扬缉熙，宣皇风。登灵台，考休征。俯仰乎乾坤，参象乎圣躬。目中夏而布德，瞰四裔而抗棱。西荡河源，东澹海漘，北动幽崖，南耀朱垠[14]。殊方别区，界绝而不邻。自孝武之所不征，孝宣之所未臣，莫不陆詟水栗，奔走而来宾。遂绥哀牢，开永昌。春王三朝，会同汉京。是日也，天子受四海之图籍，膺万国之贡珍。内抚诸夏，外绥百蛮。尔乃盛礼兴乐，供帐置乎云龙之庭。陈百僚而赞群后，究皇仪而展帝容。于是庭实千品，旨酒万钟。列金罍，班玉觞，嘉珍御，太牢[15]飨。尔乃食举雍彻，太师奏乐。陈金石，布丝竹，钟鼓铿锵，管弦烨煜。抗五声，极六律，歌九功，舞八佾，《韶》《武》备，泰古[16]毕。四夷间奏，德广所及，《僸》《佅》《兜》《离》[17]，罔不具集。万乐备，百礼暨。皇欢浃，群臣醉。降烟煴，调元气。然后撞钟告罢，百寮遂退。

"于是圣上睹万方之欢娱，又沐浴于膏泽，惧其侈心之将萌，而怠于东作也。乃申旧章[18]，下明诏，命有司，班宪度，昭节俭，示太素。去后宫之丽饰，损乘舆之服御，抑工商之淫业，兴农桑之盛务。遂令海内弃末而反本，背伪而归真。女修织纴，男务耕耘，器用陶匏，服尚素玄。耻纤靡而不服，贱奇丽而弗珍，捐金于山，沉珠于渊[19]。于是百姓涤瑕荡秽，而镜至清，形神寂漠，耳目弗营。嗜欲之源灭，廉耻之心生。莫不优游而自得，玉润而金声。是以四海之内，学校如林，庠序盈门。献酬交错，俎豆莘莘。下舞上歌，蹈德咏仁。登降饫宴之礼既毕，因相与嗟叹玄德。谠言弘说，咸含和而吐气，颂曰：盛哉乎斯世！

"今论者但知诵虞、夏之《书》，咏殷、周之《诗》，讲羲、文之《易》，论孔氏之《春秋》，罕能精古今之清浊，究汉德之所由。唯子颇识旧典，又徒驰骋乎末流。温故知新已难，而知德者鲜矣。且夫僻界西戎，险阻四塞，修其防御，孰与处乎土中，平夷洞达，万方辐凑？秦岭九嵕，泾渭之川，曷若四渎五岳，带河溯洛，图书之渊？建章甘泉，馆御列仙，孰与灵台明堂，统和天人？太液昆明，鸟兽之囿，曷若辟雍海流，道德之富？游侠逾侈，犯义侵礼，孰与同履法度，翼翼济济也？子徒习秦阿房之造天，而不知京洛之有制也；识函谷之可关，而不知王者之无外也。"

主人之辞未终，西都宾矍然失容，逡巡降阶，惵然意下，捧手欲辞。主人曰："复位。今将授子以五篇之诗。"宾既卒业，乃称曰："美哉乎斯诗！义正乎扬雄，事实乎相如。匪唯主人之好学，盖乃遭遇乎斯时也。小子狂简，不知所裁，既闻正道，请终身而诵之。"其诗曰：

明堂诗

于昭明堂，明堂孔阳。圣皇宗祀，穆穆煌煌。上帝宴飨，五位时序[20]。谁其配之？世祖光武。普天率土，各以其职。猗欤缉熙，允怀多福。

辟雍诗

乃流辟雍，辟雍汤汤。圣皇莅止，造舟为梁。皤皤国老[21]，乃父乃兄。抑抑威仪，孝友光明。于赫太上，示我汉行。洪化惟神，永观厥成。

灵台诗

乃经灵台，灵台既崇。帝勤时登，爰考休征。三光宣精，五行布序。习习祥风，祈祈甘雨。百谷蓁蓁，庶草蕃庑。屡惟丰年，于皇乐胥。

宝鼎诗

岳修贡兮川效珍，吐金景兮罢浮云。宝鼎见兮色纷缊，焕其炳兮被龙文。登祖庙兮享圣神，昭灵德兮弥亿年。

白雉诗

启灵篇兮披瑞图，获白雉兮效素乌，嘉祥阜兮集皇都。发皓羽兮奋翘英，容洁朗兮于纯精。彰皇德兮侔周成，永延长兮膺天庆。

【注释】

①建武：汉光武帝年号。

②永平：汉明帝年号。

③太清：指自然无为的教化。

④三雍之上仪：三雍，是辟雍、明堂、灵台的合称，为封建帝王举行祭祀、典礼的场所。上仪，指隆重的礼仪。

⑤衮龙之法服：衮龙，指卷龙衣，即画有龙纹的衣服。法服，即礼服，礼法所规定的标准服装。

⑥有无：指土产的有无。

⑦巍巍：高大貌。《论语·泰伯》："巍巍乎舜禹之有天下也。"

⑧梁邹：指天子田猎的地方。

⑨"历《驺虞》"四句：《驺虞》《驷铁》《车攻》《吉日》，都是《诗经》篇名。四诗皆与田猎有关，分别赞美为天子等管禽兽的官、秦襄公和周宣王。

⑩乘时龙：时龙，指随四时不同而选择的不同毛色的马。马高八尺为龙。

《易经·乾卦·彖传》："时乘六龙。"

⑪欱野歕山：欱，吮进；歕，同"喷"，吐气，吹气。

⑫屯：驻扎，防守。

⑬由基发射，范氏施御：由基，即养由基，楚国人，以善射著称。《左传》成公十六年："养由基蹲甲而射之，彻七札焉。"范氏，夏禹时善于驾车的人。

⑭朱垠：指南方。

⑮太牢：牛、羊、猪三牲齐全的祭品。

⑯泰古：远古，上古。指上古的音乐。

⑰《僸》《佅》《兜》《离》：都是少数民族的音乐。

⑱旧章：旧时典章。《左传》哀公三年："(季桓子)曰：'旧章不可忘也。'"

⑲"捐金于山"二句：捐，丢弃。捐金、沉珠见《庄子·天地》。

⑳五位时序：五位，指五方的神，即苍帝、赤帝、黄帝、白帝、黑帝。扬雄《河东赋》："灵祇既乡，五位时叙。"

㉑国老：古代告老退职的卿大夫。《礼记·王制》："养国老于上庠。"

王粲[1]登楼赋

登兹楼以四望兮，聊暇[2]日以销忧。览斯宇之所处兮，实显敞而寡仇。挟清漳[3]之通浦兮，倚曲沮[4]之长洲；背坟衍之广陆兮，临皋隰之沃流。北弥陶牧[5]，西接昭丘[6]，华实蔽野，黍稷盈畴。虽信美而非吾土兮，曾何足以少留！

遭纷浊[7]而迁逝兮，漫逾纪以迄今。情眷眷而怀归兮，孰忧思之可任？凭轩槛以遥望兮，向北风而开襟。平原远而极目兮，蔽荆山之高岑。路逶迤而修迥兮，川既漾[8]而济深。悲旧乡之壅隔兮，涕横坠而弗禁。昔尼父之在陈兮，有归欤之叹音。钟仪幽而楚奏[9]兮，庄舄显而越吟[10]。人情同于怀土兮，岂穷达而异心！

惟日月之逾迈兮，俟河清其未极。冀王道之一平兮，假高衢而骋力。惧匏瓜之徒悬兮，畏井渫[11]之莫食。步栖迟以徙倚兮，白日忽其将匿。风萧瑟而并兴兮，天惨惨而无色。兽狂顾以求群兮，鸟相鸣而举翼。原野阒其无人兮，征夫行而未息。心凄怆以感发兮，意忉怛[12]而憯恻。循阶除而下降兮，气交愤于胸臆。夜参半而不寐兮，怅盘桓[13]以反侧。

【注释】

①王粲：字仲宣，山阳高平（今山东邹县）人，东汉文学家。

②暇：又作“假”字。

③漳：漳水，今湖北江陵一带。

④沮：沮水，在湖北江陵一带。

⑤陶牧：地名，在荆州（今湖北江陵）西，因其地有陶朱公墓而得名。牧，郊外。

⑥昭丘：地名，今湖北当阳东南，因其地有楚昭王墓而得名。

⑦纷浊：纷扰污浊，比喻时世的混乱。

⑧漾：长。

⑨钟仪幽而楚奏：钟仪，春秋时楚国人，被俘，囚在晋国，仍弹奏楚国乐曲。《左传》成公九年：“晋侯观于军府，见钟仪，问之曰：‘南冠而絷者，谁也？’有司对曰：‘郑人所献楚囚也。’使税之。召而吊之，再拜稽首。问其族，对曰：‘泠人也。’公曰：‘能乐乎？’对曰：‘先人之职官也，敢有二事？’使与之琴，操南音。”

⑩庄舄显而越吟：庄舄，春秋时越国人。后在楚国做官显达。一次有病，楚王派人去探听，而庄舄正在唱着越国的歌。事见《史记·陈轸传》。

⑪井渫：除去井中污秽，掏清井水。

⑫忉怛：忧劳。

⑬盘桓：徘徊不进，此谓滞留。

鲍照[1]芜城赋

沵迤平原[2]，南驰苍梧[3]涨海，北走紫塞[4]雁门[5]。柂以漕渠[6]，轴以昆冈[7]。重江复关之隩，四会五达之庄。当昔全盛之时，车挂轊，人驾肩，廛闬扑地[8]，歌吹沸天。孳货盐田，铲利铜山。才力雄富，士马精妍。故能侈秦法，佚周令，划崇墉，刳浚洫[9]，图修世以休命。是以版筑雉堞之殷，井干烽橹之勤，格高五岳，袤广三坟，崪若断岸，矗似长云。制磁石以御冲，糊赪壤以飞文。观基扃之固护，将万祀而一君。出入三代，五百余载[10]，竟瓜剖而豆分。

泽葵依井，荒葛罥[11]途。坛罗虺蜮，阶斗麏鼯。木魅山鬼，野鼠城狐，风嗥雨啸，昏见晨趋。饥鹰厉吻，寒鸱吓雏。伏虣藏虎，乳血飧肤。崩榛塞路，峥嵘古馗。白杨早落，塞草前衰。稜稜[12]霜气，蔌蔌[13]风威。孤蓬自振，惊沙坐飞。灌莽杳而无际，丛薄纷其相依。通池既已夷，峻隅又已颓。直视千里外，惟见起黄埃。凝思寂听，心伤已摧。

若夫藻扃黼帐，歌堂舞阁之基，璇渊碧树，弋林钓渚之馆，吴、蔡、齐、秦之声，鱼龙爵马之玩，皆薰歇烬灭，光沉响绝。东都妙姬，南国丽人，蕙心纨质；玉貌绛唇，莫不埋魂幽石，委骨穷尘。岂忆同舆之愉乐，离宫之苦辛哉！

天道如何，吞恨者多。抽琴命操，为芜城之歌。歌曰："边风急兮城上塞，井径灭兮丘陇残。千龄兮万代，共尽[14]兮何言！"

【注释】

①鲍照：字明远，东海(今江苏连云港东)人。南朝宋文学家。曾任秣陵令、中书舍人等职。后做过临海王刘子顼的前军参军。子顼兵败，他也被乱兵杀死。

②平原：指广陵（今江苏扬州东北）一带。

③苍梧：汉代郡名，今广西。

④紫塞：古时长城的土色都是紫的，所以称为紫塞。

⑤雁门：郡名，今山西北部。

⑥漕渠：指运河。

⑦昆冈：山名，在广陵附近。

⑧廛闬扑地：形容居民住户很多。廛闬，住宅、街道、里弄的通称。

⑨刳浚洫：刳，挖掘。浚洫，深沟，此指护城河。

⑩出入三代，五百余载：广陵郡城为吴王濞所筑，历经汉、魏、晋三代，共约五百余年。

⑪罥：缭绕。

⑫稜稜：严寒貌。

⑬蔌蔌：风声劲疾貌。

⑭共尽：同归于尽，全都化为乌有。

江淹[1]恨赋

试望平原，蔓草萦骨，拱木敛魂[2]。人生到此，天道宁论！于是仆本恨人，心惊不已，直念古者，伏恨而死。

至如秦帝按剑[3]，诸侯西驰[4]，削平天下，同文共规。华山为城，紫渊为池，雄图既溢，武力未毕。方架鼋鼍以为梁，巡海右以送日，一旦魂断，宫车晚出[5]。

若乃赵王既虏，迁于房陵[6]，薄暮心动，昧旦神兴。别艳姬与美女，丧金舆及玉乘。置酒欲饮，悲来填膺[7]，千秋万岁，为怨难胜。

至如李君降北[8]，名辱身冤，拔剑击柱[9]，吊影惭魂。情往上郡[10]，心留雁门，裂帛系书，誓还汉恩。朝露[11]溘至，握手何言！

若夫明妃[12]去时，仰天太息。紫台[13]稍远，关山无极。摇风忽起，白日西匿。陇雁少飞，代云寡色。望君王兮何期，终芜绝兮异域。

至乃敬通[14]见抵，罢归田里，闭关却扫[15]，塞门不仕[16]。左对孺人，右顾稚子，脱略公卿，跌宕文史。赍志没地，长怀无已。

及夫中散下狱[17]，神气激扬，浊醪夕引，素琴晨张。秋日萧索，浮云无光。郁青霞之奇意[18]，入修夜之不旸。

或有孤臣危涕，孽子坠心，迁客海上[19]，流戍陇阴[20]。此人但闻悲风汩起，血下沾衿[21]。亦复含酸茹叹，销落湮沉。

若乃骑叠迹[22]，车屯轨[23]，黄尘匝地，歌吹四起，无不烟断火绝[24]，闭骨泉里。

已矣哉！春草暮兮秋风惊，秋风罢兮春草生。绮罗毕兮池馆尽，琴瑟灭兮丘陇平。自古皆有死，莫不饮恨而吞声！

【注释】

①江淹：字文通，济阳考城（今河南兰考东）人。南朝梁文学家。天监中为金紫光禄大夫，卒赠醴泉侯。

②敛魂：收敛狐魂。《蒿里曲》："蒿里谁家地，聚敛魂魄无贤愚。"

③秦帝按剑：秦帝，指秦始皇。

④西驰：向西奔跑，指诸侯归降秦国。

⑤宫车晚出：皇帝的车驾出来晚了。是对皇帝死去的委婉说法。

⑥“赵王”两句：赵王，张敖。秦灭赵，虏赵王，将他迁到房陵。

⑦填膺：充满胸怀。

⑧李君降北：李君，李陵。汉武帝天汉二年，李陵率领五千名士卒在浚稽山与匈奴作战，战败而降，后病死匈奴。

⑨拔剑击柱：此处形容情绪激愤。《汉书》：“汉高已并天下，尊为皇帝，群臣饮，争功，醉或妄呼，拔剑击柱。”

⑩上郡：地名，在今陕西延安、榆林一带。

⑪朝露：比喻人生短暂。《汉书·苏武传》：“单于使陵至海上，为武置酒设乐，因谓武曰：‘……人生如朝露，何久自苦如此！’”

⑫明妃：即王昭君。

⑬紫台：帝王的居处。

⑭敬通：即东汉的冯衍，字敬通。博通群书，有奇才，光武帝贬而不任用。

⑮闭关却扫：指不与外界相通。

⑯塞门不仕：指居于家中，不去做官。《三国志·张昭传》：“昭忿言之不用，称疾不朝。权恨之，土塞其门，昭又于内以土封之。”

⑰中散下狱：中散，即嵇康，三国魏人，曾官中散大夫，世称嵇中散。曾因东平吕安家事而下狱。因对当政不满，终被司马昭杀害。

⑱青霞之奇意：形容志向远大。

⑲迁客海上：迁客，被贬而到外地做官的人。海上，匈奴曾让苏武到北海上无人处牧羊，所以常用海上借指边远地区。

⑳流戍陇阴：流放戍守陇阴。陇阴，陇山之北，在今甘肃，借指边远地区。

㉑沾衿：形容痛哭流涕。

㉒叠迹：形容马匹很多。左思《吴都赋》：“跃马叠迹，朱轮累辙。”

㉓车屯轨：屯，聚合。轨，车辙。屈原《离骚》：“屯余车其千乘兮。”

㉔烟断火绝：比喻人死。

韩退之《昌黎集》精华

【著录】

韩愈（768～824），字退之，唐代古文家、诗人、哲学家。河南河阳（今河南孟州市）人。因郡望是昌黎（今河北昌黎县），常自称“昌黎韩愈”，后人也称韩昌黎。晚年任吏部侍郎，后世又称他韩吏部。死后谥号“文”，世人又称之为韩文公。

韩氏先祖，曾有人封侯、王，显赫一时，逐渐衰微，到中唐韩愈辈时，早已不是豪门大族了。韩愈一生历代宗、德宗、顺宗、宪宗、穆宗五朝。

韩愈少时，因社会动乱，家庭变故，从小过着流离困顿的生活。孤苦的身世，激发了他学习的意志。他研习古文，潜心古道，读书经世，确定了努力方向。贞元八年（792）考中进士，时年二十五岁，但以后一直不得志，先后在宣武节度使董晋，徐州节度使张建封幕下任观察推官。之后在国子监任四门博士，贞元十九年（803），迁监察御史，因关中大旱，向德宗上《论天旱人饥状》，恳求“请宽免民徭而免田租”，被贬阳山（今广东阳山）县令。宪宗即位，移江陵府法曹参军。元和六年（811）召拜国子监博士，以后几年屡经调迁，或升或降，因与宦官权要对抗，一直不得志。元和十二年（817），随裴度征讨吴元济叛乱，因功升刑部侍郎。元和十四年（819），宪宗迎佛骨到京城，韩愈上《论佛骨表》反对，触怒宪宗，贬为潮州刺史。穆宗即位，召拜国子祭酒。长庆元年（821）转兵部侍郎，平叛有功，转吏部侍郎。长庆三年（323）升京兆尹兼御史大夫，长庆四年（824）卒，赠礼部尚书。

韩愈一生，在政治、哲学、文学方面都有建树，苏轼称他“文起八代之衰，而道济天下之溺，忠犯人主之怒，而勇夺三军之帅”。他最大的成就是在文学上，他对中国文学最突出的贡献，是领导了唐代中期的古文运动，并提出了一套古文理论，主张“文以载道”。文道合而道为主，既学古，又变古，主张“词必己出”“唯陈言之务去”的写作原则，提出了“不平则鸣”的论点，反对因袭模拟乃至“剽贼”，风格求奇，内容求实，并以自己大量的优秀作品来实践自己的理论，在赋、诗、论、说、传、记、颂、赞、书、序、哀辞、祭文、碑志、状表、杂文各种散文体裁的创作上，都取得了卓越的成就，并“奋不顾流俗，犯笑侮，收召后学”，亲授指点，培养“韩门弟子”，壮大了古文运动的作者队伍。在当时收到了革新文体的效果，从而开辟了唐宋古文发展的道路，后人对韩愈的古文评价很高。杜牧把韩文与杜诗并列称“杜诗韩笔”，苏轼称韩愈“文起八代之衰”，茅坤选《唐宋八大家文钞》列韩愈为唐宋八大家之首。

原　毁

古之君子，其责己也重以周[①]，其待人也轻以约[②]。重以周，故不怠；轻以约，故人乐为善。闻古之人有舜者，其为人也，仁义人也。求其所以为舜者，责于己曰：“彼，人也；予，人也。彼能是而我乃不能是？”早夜以思，去其不如舜者，就其如舜者。闻古之人有周公者，其为人也，多才与艺[③]人也。求其所以为周公者，责于己曰：“彼，人也；予，人也；彼能是而我乃不能是？”早夜以思，去其不如周公者，就其如周公者。舜，大圣人也，后世无及焉；周公，大圣人也，后世无及焉。是人也，乃曰：“不如舜，不如周公，吾之病也。”是不亦责于身者重以周乎？其于人也，曰：“彼人也，能有是，是足为良人矣；能善是，是足为艺人矣。”取其一，不责其二；即其新，不究其旧。恐恐[④]然惟惧其人之不得为善之利。一善易修也，一艺易能也，其于人也，乃曰：“能有是，是亦足矣。”曰：“能善是，是亦足矣。”不亦待于人者轻以约乎？

今之君子则不然。其责人也详，其待己也廉。详，故人难于为善；廉，故自取也少。己未有善，曰：“我善是，是亦足矣。”己未有能，曰：“我能是，是亦足矣。”外以欺于人，内以欺于心，未少有得而止矣，不亦待其身者已廉乎？其于人也，曰：“彼虽能是，其人不足称也；彼虽善是，其用不足称也。”举其一，不计其十；究其旧，不图其新。恐恐然惟惧其人之有闻也。是不亦责于人者已详乎？夫是之谓不以众人待其身，而以圣人望于人，吾未见其尊己也。

虽然，为是者有本有原，怠与忌之谓也。怠者不能修，而忌者畏人修。吾常试之矣，尝试语于众曰：“某良士，某良士。”其应者必其人之与也；不然，则其所疏远，不与同其利者也；不然，则其畏也。不若是，强者必怒于言，懦者必怒于色矣。又尝语于众曰：“某非良士，某非良士。”其不应者必其人之与也；不然，则其所疏远，不与同其利者也；不然，则其畏也。不若是，强者必说于言，懦者必说于色矣。是故事修而谤兴，德高而毁来。呜呼！士之处此世，而望名誉之光，道德之行，难已！

将有作于上者，得吾说而存之，其国家可几而理欤？

【注释】

①重以周：严格而全面。

②轻以约：宽容而简约。

③艺：多能，如礼乐射御书数之类。

④恐恐：惊惶貌。

杂　说　录二

龙嘘气成云，云固弗灵于龙也。然龙乘是气，茫洋穷乎玄间[①]，薄[②]日月，伏[③]光景，感震电，神变化，水[④]下土，汩[⑤]陵谷，云亦灵怪矣哉！云，龙之所能使为灵也；若龙之灵，则非云之所能使为灵也。然龙弗得云，无以神其灵矣。失其所凭依，信不可欤？异哉！其所凭依，乃其所自为也。《易》曰：“云从龙。”既曰龙，云从之矣。

世有伯乐[⑥]，然后有千里马。千里马常有，而伯乐不常有。故虽有名马，只辱于奴隶人之手，骈[⑦]死于槽[⑧]枥[⑨]之间，不以千里称也。马之千里者，一食或尽粟一石，食马者不知其能千里而食也。是马也，虽有千里之能，食不饱，力不足，才美不外见，且欲与常马等不可得，安求其能千里也！策之不以其道，食之不能尽其材，鸣之而不能通其意，执策而临之曰：“天下无马。”呜呼，其真无马邪？其真不知马也？

【注释】

①玄间：指天空。

②薄：接近。

③伏：遮蔽。

④水：浸润。

⑤汩：漂没。

⑥伯乐：一名孙阳，周代善相马的人，曾过虞坂，有骐骥伏在盐车下，见伯乐而长鸣，伯乐下车为它而哭泣。

⑦骈：并列。

⑧槽：马食器。

⑨枥：马棚。

读荀子

始吾读孟轲书，然后知孔子之道尊，圣人之道易行，王易王，霸易霸也。以为孔子之徒没，尊圣人者孟氏而已。晚得扬雄书，益尊信孟氏。因雄书而孟氏益尊，则雄者亦圣人之徒欤！

圣人之道不传于世，周之衰，好事者各以其说干[①]时君，纷纷藉藉相乱，六经与百家之说错杂，然老师大儒犹在。火于秦，黄老于汉，其存而醇者，孟轲氏而止耳，扬雄氏而止耳。

及得荀氏[②]书，于是又知有荀氏者也。考其辞，时若不粹，要其归，与孔子异者鲜矣。抑犹在轲、雄之间乎！

孔子删《诗》《书》，笔削《春秋》，合于道者著之，离于道者黜去之。故《诗》《书》《春秋》无疵。余欲削荀氏之不合者，附于圣人之籍，亦孔子之志欤！孟氏醇乎醇者也，荀与扬，大醇而小疵。

【注释】

①干：干预。

②荀氏：战国时赵人，名况，亦称荀卿。他的学说以孔子为标准，提倡性恶之说，谓人性皆恶，不以礼义矫正，则不能为善。其说与孟子异。

获麟解

麟之为灵[1]，昭昭也。咏于《诗》，书于《春秋》，杂出于传记百家之书，虽妇人小子，皆知其为祥也。然麟之为物，不畜于家，不恒有于天下，其为形也不类，非若马牛犬豕豺狼麋鹿然，然则虽有麟，不可知其为麟也。角者吾知其为牛，鬣者吾知其为马，犬豕豺狼麋鹿，吾知其为犬豕豺狼麋鹿，唯麟也不可知。不可知，则其谓之不祥也亦宜。虽然，麟之出，必有圣人在乎位，麟为圣人出也。圣人者必知麟，麟之果不为不祥也。又曰：麟之所以为麟者，以德不以形，若麟之出不待圣人，则谓之不祥也亦宜。

【注释】

①灵：麟、凤、龟、龙为四灵。

师　　说

古之学者必有师。师者，所以传道授业解惑也。人非生而知之者，孰能无惑？惑而不从师，其为惑也终不解矣。

生乎吾前，其闻道也固先乎吾，吾从而师之；生乎吾后，其闻道也亦先乎吾，吾从而师之。吾师道也，夫庸知其年之先后生于吾乎！是故无贵无贱，无长无少，道之所存，师之所存也。

嗟乎！师道之不传也久矣，欲人之无惑也难矣。古之圣人，其出人也远矣，犹且从师而问焉；今之众人，其下圣人也亦远矣，而耻学于师。是故圣益圣，愚益愚，圣人之所以为圣，愚人之所以为愚，其皆出于此乎？

爱其子，择师而教之；于其身也，则耻师焉，惑矣！彼童子之师，授之书而习其句读者，非吾所谓传其道解其惑者也。句读之不知，惑之不解，或师焉，或不焉，小学而大遗，吾未见其明也。

巫医乐师百工之人，不耻相师。士大夫之族，曰师曰弟子云者，则群聚而笑之。问之，则曰："彼与彼年相若也，道相似也。位卑则足羞，官盛则近谀。"呜呼！师道之不复可知矣！巫医乐师百工之人，君子不齿，今其智乃反不能及，其可怪也欤！

圣人无常师。孔子师郯子、苌弘、师襄、老聃[①]。郯子之徒，其贤不及孔子。孔子曰："三人行，则必有我师。"是故弟子不必不如师，师不必贤于弟子。闻道有先后，术业有专攻，如是而已。

李氏子蟠[②]，年十七，好古文，六艺经传，皆通习之，不拘于时，学于余。余嘉其能行古道，作《师说》以贻之。

【注释】

①郯子、苌弘、师襄、老聃：孔子曾询问官名于郯子，询问音乐于苌弘，学琴于师襄，问礼于老聃。

②李蟠：唐贞元十九年（803）进士。

进学解

国子先生[①]晨入太学，招诸生立馆下，诲之曰："业精于勤，荒于嬉；行成于思，毁于随[②]。方今圣贤相逢，治具毕张[③]，拔去凶邪，登崇俊良。占小善者率以录，名一艺者无不庸。爬罗剔抉[④]，刮垢磨光[⑤]。盖有幸而获选，孰云多而不扬！诸生业患不能精，无患有司之不明；行患不能成，无患有司之不公。"

言未既，有笑于列者曰："先生欺予哉！弟子事先生，于兹有年矣。先生口不绝吟于六艺之文，手不停披于百家之编。记事者必提其要，纂言者必钩其玄。贪多务得，细大不捐。焚膏油以继晷，恒兀兀以穷年。先生之业，可谓勤矣。抵排异端，攘斥佛老；补苴罅漏，张皇幽眇[⑥]。寻坠绪之茫茫，独旁搜而远绍；障百川而东之，回狂澜于既倒。先生之于儒，可谓有劳矣。沉浸醲郁，含英咀华。作为文章，其书满家。上规姚姒[⑦]，浑浑无涯；周诰殷盘，佶屈聱牙[⑧]；《春秋》谨严，《左氏》浮夸；《易》奇而法，《诗》正而葩。下逮《庄》《骚》，太史所录；子云、相如，同工异曲。先生之于文，可谓闳其中而肆其外矣。少始知学，勇于敢为，长通于方，左右具宜。先生之于为人，可谓成矣。然而公不见信于人，私不见助于友。跋前踬后，动辄得咎。暂为御史，遂窜南夷。三年博士，冗不见治。命与仇谋，取败几时！冬暖而儿号寒，年丰而妻啼饥。头童齿豁，竟死何裨！不知虑此，而反教人为！”

先生曰：“吁！子来前！夫大木为宲[9]，细木为桷[10]，欂栌侏儒，椳闑扂楔，各得其宜，施以成室者，匠氏之工也。玉札丹砂，赤箭青芝，牛溲马勃，败鼓之皮，俱收并蓄，待用无遗者，医师之良也。登明选公，杂进巧拙，纡余为妍。卓荦为杰，较短量长，惟器是适者，宰相之方也。昔者孟轲好辩，孔道以明，辙环天下，卒老于行。荀卿守正，大论是弘，逃谗于楚，废死兰陵。是二儒者，吐辞为经，举足为法，绝类离伦，优人圣域，其遇于世何如也？今先生学虽勤而不繇其统，言虽多而不要其中，文虽奇而不济于用，行虽修而不显于众。犹且月费俸钱，岁靡廪粟，子不知耕，妇不知织，乘马从徒，安坐而食。踵长途之促促，窥陈编以盗窃。然而圣主不加诛，宰臣不见斥，兹非其幸欤？动而得谤，名亦随之。投闲置散，乃分之宜。若夫商财贿之有亡，计班资之崇庳，忘己量之所称，指前人之瑕疵，是所谓诘匠氏之不以杙为楹，而訾医师以昌阳[11]引年，欲进其豨苓[12]也。”

【注释】

①国子先生：韩愈自称。元和七年（813），韩愈复为国子博士。

②随：因循。

③治具毕张：治具，治理的工具，主要指法令。毕，完全，全部。张，指确立。

④爬罗剔抉：指搜取人才。

⑤刮垢磨光：指造就人才。

⑥张皇幽眇：指张大圣道之隐微处。

⑦姚姒：姚，虞姓；姒，夏姓。

⑧佶屈聱牙：指艰涩难读。

⑨宲：屋梁。

⑩桷：椽。

⑪昌阳：即菖蒲。

⑫豨苓：即猪苓，是一种利尿药。

柳子厚《柳河东集》精华

【著录】

柳宗元(773～819)字子厚。祖籍河东郡(今山西省永济市),后人称他为“柳河东”。晚年贬柳州刺史，并死在任上，故亦称“柳柳州”。唐代杰出的文学家和思想家。诗文与韩愈齐名，世称“韩柳”，成为唐宋八大家之一。

一生历代宗、德宗、顺宗、宪宗四朝。出身于一个大家族，幼年虽饱尝战乱之苦，但仍因母亲卢氏教诲，少有才名，并且深受父亲柳镇“守正为心，疾恶不惧”的精神影响。

德宗贞元年间与刘禹锡等同中进士，年二十一。二十六岁时登博学宏词科，授集贤殿书院正字。贞元十九年（803）任监察御史里行，年三十一，与韩愈同官。永贞元年（805），参与永贞革新，“二王刘柳”成了革新派核心，任礼部员外郎。革新失败，被贬永州(今湖南零陵县)司马。在贬谪生活中，“发文以愤激”，以天才的艺术笔触饱蘸着血泪写下了不少具有强烈现实主义精神的作品。著名的寓言《三戒》、游记《永州八记》和《䰶䰹传》《哀溺文》《招海贾文》《骂尸虫文》《愚溪对》等富有战斗性的杂文，揭露现实苛政的《捕蛇者说》《河间传》《宋清传》《段太尉逸事状》等文，便写于此时。永州之贬，是柳宗元仕途之不幸，却是文学创作之大幸，创作了大量的优秀文学作品，深刻反映了当时的社会现实。

在贬谪生活中，他不但以大量的创作丰富了唐代文学宝库，而且提出了比较系统的文学理论，并对许多青年给予指点。对唐代古文运动起到了重要的推动作用。

他主张“文以明道”并非要人们用文字进行抽象说教，而是主张作品应对现实社会起褒贬和讽喻作用。他既重视文学“明道”的社会作用，又非常重视文采，认为好文章应是既“有乎内”又“饰乎外”，思想性和艺术性完美统一。欲求好作品，他认为，首要条件是必须有好的行为和品德，“文以行为本，在先诚其中”，另外，既要多方面地吸取前人的写作经验，又要有独创，还强调写作态度对作品好坏的影响。柳宗元的作品也正是他文学见解的实践，他许多优秀、富有现实主义精神的作品，正是在这种创作思想指导下产生的。

元和十年（815），被召入京，随即又被贬为柳州（今广西柳州市）刺史，做了不少兴利除弊的好事。长期的贬谪生活，精神上、物质上所受的磨难，严重损坏了他的健康。经朋友大力营救，元和十四年（819），宪宗大赦天下，才同意召回京师，然而诏书未到，柳宗元已含冤长逝，年仅四十七岁。

生命虽短，但他的许多优秀作品，将永远在中国文学史和思想史上闪耀着光辉。

答韦中立论师道书

二十一日，宗元白：

辱书云欲相师，仆道不笃，业甚浅近，环顾其中，未见可师者。虽尝好言论为文章，甚不自是也。不意吾子自京师来蛮夷间，乃幸见取。仆自卜固无取，假令有取，亦不敢为人师，为众人师且不敢，况敢为吾子师乎？

孟子称：人之患在好为人师。由魏晋氏以下，人益不事师。今之世不闻有师，有辄哗笑之以为狂人。独韩愈奋不顾流俗，犯笑侮，收召后学，作《师说》，因抗颜而为师。世果群怪聚骂，指目牵引，而增与为言辞。愈以是得狂名，居长安，炊不暇熟，又挈挈而东。如是者数矣。

屈子赋曰：“邑犬群吠，吠所怪也。”仆往闻庸蜀[①]之南，恒雨少日，日出则犬吠，余以为过言。前六七年仆来南，二年冬，幸大雪，逾岭，被南越中数州。数州之犬，皆苍黄[②]吠噬，狂走者累日，至无雪乃已。然后始信前所闻者。今韩愈既自以为蜀之日，而吾子又欲使吾为越之雪，不以病乎！非独见病，亦以病吾子。然雪与日岂有过哉？顾吠者犬耳。

度今天下不吠者几人？而谁敢衒怪于群目，以召闹取怒乎？

仆自谪过以来，益少志虑。居南中九年，增脚气病，渐不喜闹，岂可使呶呶者早暮咈吾耳，骚吾心？则固僵仆烦愦，愈不可过矣。平居望外遭齿舌不少，独欠为人师耳。

抑又闻之，古者重冠礼，将以责成人之道，是圣人所尤用心者也。数百年来，人不复行。近有孙昌胤者，独发愤行之。既成礼，明日造朝，至外廷，荐笏，言于卿士曰："某子冠毕。"应之者咸怃然。京兆尹郑叔则怫然曳笏却立曰："何预我耶？"廷中皆大笑。天下不以非郑尹而快孙子，何哉？独为所不为也。今之命师者大类此。

吾子行厚而辞深，凡所作，皆恢恢然有古人形貌。虽仆敢为师，亦何所增加也？假而以仆年先吾子，闻道著书之日不后，诚欲往来言所闻，则仆固愿悉陈中所得者。吾子苟自择之，取某事，去某事，则可矣。若定是非以教吾子，仆材不足，而又畏前所陈者，其为不敢也决矣。吾子前所欲见吾文，既悉以陈之，非以耀明于子，聊欲以观子气色，诚好恶何如也。今书来，言者皆大过，吾子诚非佞誉诬谀之徒，直见爱甚故然耳。

始吾幼且少，为文章以辞为工。及长，乃知文者以明道，是固不苟为炳炳烺烺[③]，务采色夸声音而以为能也。凡吾所陈，皆自谓近道，而不知道之果近乎远乎？吾子好道而可吾文，或者其于道不远矣。故吾每为文章，未尝敢以轻心掉之，惧其剽而不留也；未尝敢以怠心易之，惧其弛而不严也；未尝敢以昏气出之，惧其昧没而杂也；未尝敢以矜气作之，惧其偃蹇而骄也。抑之欲其奥，扬之欲其明，疏之欲其通，廉之欲其节，激而发之欲其清，固而存之欲其重。此吾所以羽翼夫道也。

本之《书》以求其质，本之《诗》以求其恒，本之《礼》以求其宜，本之《春秋》以求其断，本之《易》以求其动。此吾所以取道之原也。参之《谷梁氏》以厉其气，参之《孟》《荀》以畅其支，参之《庄》《老》以肆其端，参之《国语》以博其趣，参之《离骚》以致其幽，参之《太史》以著其洁。此吾所以旁推交通而以为之文也。

凡若此者，果是耶，非耶？有取乎，抑其无取乎？吾子幸观焉择焉，有余以告焉。苟亟来以广是道，子不有得焉，则我得矣。又何以师云尔哉？取其实而去其名，无招越蜀吠怪而为外廷所笑，则幸矣。宗元复白。

【注释】

①庸蜀：古国名。

②苍黄：同“仓皇”，匆忙，慌张貌。

③炳炳烺烺：明亮的意思。

与韩愈论史官书

正月二十一日，某顿首十八丈退之侍者：

前获书言史事，云具与刘秀才书，及今乃见书稿，私心甚不喜，与退之往年言史事甚大谬。

若书中言，退之不宜一日在馆下，安有探宰相意，以为苟以史荣一韩退之耶？若果尔，退之岂宜虚受宰相荣已，而冒居馆下，近密地，食奉养，役使掌故，利纸笔为私书，取以供子弟费？古之志于道者，不宜若是。

且退之以为纪录者有刑祸，避不肯就，尤非也。史以名为褒贬，犹且恐惧不敢为，设使退之为御史中丞大夫，其褒贬成败人愈益显，其宜恐惧尤大也，则又将扬扬入台府，美食安坐，行呼唱于朝廷而已耶？在御史犹尔，设使退之为宰相，生杀、出入、升黜天下士，其敌益众，则又将扬扬入政事堂，美食安坐，行呼唱于内庭外衢而已耶？何以异不为史而荣其号、利其禄者也？

又言“不有人祸，则有天刑”，若以罪夫前古之为史者，然亦甚惑。凡居其位，思直其道，道苟直，虽死不可回也，如回之，莫若亟去其位。孔子之困于鲁、卫、陈、宋、蔡、齐、楚者，其时暗，诸侯不能行也。其不遇而死，不以作《春秋》故也。当其时，虽不作《春秋》，孔子犹不遇而死也。若周公、史佚虽纪言书事，犹遇且显也，又不得以《春秋》为孔子累。范晔[①]悖乱，虽不为史，其宗族亦赤。司马迁[②]触天子喜怒，班固[③]不检下，崔浩[④]沽其直以斗暴虏，皆非中道。左丘明以疾盲，出于不幸；子夏不为史亦盲。不可以是为戒，其余皆不出此。是退之宜守中道，不忘其直，无以他事自恐。退之之恐，唯在不直，不得中道，刑祸非所恐也。

凡言二百年文武士多有，诚如此者。今退之曰：我一人也，何能明？则同职者又所云若是，后来继今者又所云若是，人人皆曰“我一人”，则卒谁能纪传之耶？如退之但以所闻知，孜孜不敢怠，同职者后来继今者，亦各以所闻知，孜孜不敢怠，则庶几不坠，使卒有明也。不然，徒信人口语，每每异辞，日以滋久，则所云磊磊轩天地者，决必不沉没，且乱杂无可考，非有志者所忍恣也。果有志，岂当待人督责迫蹙然后为官守耶？

又凡鬼神事，渺茫荒惑无可准，明者所不道。退之之智而犹惧于此，今学如退之，辞如退之，好议论如退之，慷慨自谓正直行行焉如退之，犹所云若是，则唐之史述其卒无可托乎？明天子、贤宰相得史才如此，而又不果，甚可痛哉！退之宜更思，可为速为。果卒以为恐惧不敢，则一日可引去。又何以云“行且谋”也？今人当为而不为，又诱馆中他人及后生者，此大惑已。不勉己而欲勉人，难矣哉！

【注释】

①范晔：南北朝宋顺阳（今河南淅川东）人，为宣城太守，不得志，于是删定《后汉书》。

②司马迁：汉夏阳（今陕西韩城南）人，因论李陵事，被腐刑，遂撰《史记》。

③班固：后汉扶风安陵（今陕西咸阳东北）人。著《前汉书》未完，受窦宪党的牵连，免官，死在狱中。

④崔浩：北魏清河东武城（今山东武城）人，字伯渊。作《国史》三十卷，并把它刻在石碑上，来显示自己的直笔。国人愤嫉，罗织罪名向皇帝告发崔浩，于是杀了他。

与萧翰林俛书

思谦兄足下：昨祁县王师范过永州，为仆言得张左司书，道思谦蹇然有当官之心，乃诚助太平者也。仆闻之喜甚，然微王生之说，仆岂不素知耶？所喜者耳与心叶，果于不谬焉耳。

仆不幸，向者进当觤脆[①]不安之势，平居闭门，口舌无数，况又有久与游者，乃岌岌而操其间[②]！其求进而退者，皆聚为仇怨，造作粉饰，蔓延益肆。非的然昭晰，自断于内，则孰能了仆于冥冥之间哉？然仆当时年三十三，甚少，自御史里行得礼部员外郎，超取显美，欲免世之求进者怪怒媢嫉，其可得乎？凡人皆欲自达，仆先得显处，才不能逾同列，名不能压当世，世之怒仆宜也。与罪人交十年，官又以是进，辱在附会。圣朝弘大，贬黜甚薄，不能塞众人之怒，谤语转侈，嚣嚣嗷嗷，渐成怪民。饰智求仕者，更言仆以悦仇人之心，日为新奇，务相喜可，自以速援引之路。而仆辈坐益困辱，万罪横生，不知其端。伏自思念，过大恩甚，乃以致此。悲夫！人生少得六七十者，今已三十七矣。长来觉日月益促，岁岁更甚，大都不过数十寒暑，则无此身矣，是非荣辱，又何足道？云云不已，祇益为罪，兄知之，勿为他人言也。

居蛮夷中久，惯习炎毒，昏眊重膇，意以为常。忽遇北风晨起，薄寒中体，则肌革惨懔，毛发萧条。瞿然注视，怵惕[③]以为异候，意绪殆非中国人。楚越间声音特异，鴂舌啅噪[④]，今听之怡然不怪，已与为类矣。家生小童，皆自然哓哓，昼夜满耳，闻北人言，则啼呼走匿，虽病夫亦怛然骇之。出门见适州闾市井者，其十有八九，杖而后兴。自料居此尚复几何？岂可更不知止，言说长短，重为一世非笑哉！读《周易·困卦》，至“有言不信，尚口乃穷也”，往复益喜，曰：“嗟乎！余虽家置一喙，以自称道，诟益甚耳！”用是更乐喑默，思与木石为徒，不复致意。

今天子兴教化，定邪正，海内皆欣欣怡愉，而仆与四五子者，独沦陷如此，岂非命欤？命乃天也，非云云者所制，余又何恨？独喜思谦之徒，遭时言道，道之行，物得其利。仆诚有罪，然岂不在一物之数耶？身被之，目睹之，足矣！何必攘袂用力，而矜自我出耶？果矜之，又非道也。事诚如此！然居理平之世，终身为顽人之类，犹有少耻，未能尽忘。傥因贼平，庆赏之际，得以见白，使受天泽余润，虽朽株[⑤]败腐，不能生植，犹足蒸出芝菌，以为瑞物。一释废痼，移数县之地，则世必曰罪稍解矣。然后收召魂魄，置土一廛为耕甿，朝夕歌谣，使成文章，庶木铎者采取，献之法宫，增圣唐大雅之什。虽不得位，亦不虚为太平之人矣。此在望外，然终欲为兄一言焉。宗元再拜。

【注释】

①䠶䟸：不安貌。

②及岌岌而操其间：一作“乃岌岌而造其门哉”。何焯《义门读书记》：“若作‘造其门’，则‘岌岌’当为‘汲汲’。”

③怵惕：心动貌，凄怆之意。

④鸩舌啅噪：蛮人言语，聒噪难听。

⑤朽株：砍伐后剩余的朽木。

送薛存义之任序

河东薛存义将行，柳子载肉于俎[1]，崇[2]酒于觞，追而送之江浒[3]，饮食之，且告曰：

凡吏于土者，若知其职乎？盖民之役，非以役民而已也。凡民之食于土者，出其什一佣乎吏，使司平于我也。今我受其直，怠其事者，天下皆然。岂惟怠之，又从而盗之。向使佣一夫于家，受若直，怠若事，又盗若货器，则必甚怒而黜罚之矣。以今天下多类此，而民莫敢肆其怒而黜罚者，何哉？势不同也。势不同而理同，如吾民何？有达于理者，得不恐而畏乎！

存义假令零陵二年矣。蚤作而夜思，勤力而劳心，讼者平，赋者均，老弱无怀诈暴憎。其为不虚取直也的矣，其知恐而畏也审矣。吾贱且辱，不得与考绩幽明[4]之说，于其往也，故赏以酒肉而重之以辞。

【注释】

①俎：盛肉的器皿。

②崇：充满。

③浒：江边。

④考绩幽明：考绩，意思是考核工作人员的成绩；幽明，意思是贬斥罢黜昏恶的人，升迁贤明的人。

送澥序

人咸言吾宗宜硕大，有积德焉。在高宗时，并居尚书省[1]二十二人，遭诸武[2]，以故衰耗。武氏败，犹不能兴，为尚书吏者，间十数岁乃一人。永贞年，吾与族兄登并为礼部属。吾黜而季父公绰更为刑部郎，则加稠焉。又观宗中为文雅者，炳炳然以十数，仁义固其素也，意者复兴乎！自吾为戮人[3]，居南乡，后之颖然出者，吾不见之也。其在道路，幸而过余者，独得澥。

澥质厚不谄，敦朴有裕，若器焉必隆然大而后可以有受，择所以入之者而已矣。其文蓄积甚富，好慕甚正，若墙焉必基之广而后可以有蔽，择其所以出之者而已矣。勤圣人之道，辅以孝悌，复向时之美，吾于澥焉是望。汝往哉！见诸宗人，为我谢而勉焉。无若太山之麓，止而不得升也，其唯川之不已乎！吾去子，终老于夷矣。

【注释】

①尚书省：官署名，为三省之一，尚书省长官为尚书令，左右仆射次之，统六尚书，又各分领四司，共理国政。

②诸武：高宗立武则天为后。高宗崩，武则天废中宗，改国号曰周，宠用内侄三思等，出入宫禁，擅权弄威，朝宪大乱，时人视为诸武之乱。

③戮人：有罪的人。

箕子[①]碑

凡大人[②]之道有三：一曰正蒙难，二曰法授圣，三曰化及民。殷有仁人曰箕子，实具兹道，以立于世。故孔子述六经之旨，尤殷勤焉。

当纣之时，大道悖乱，天威之动不能戒，圣人之言无所用，进死以并命，诚仁矣，无益吾祀，故不为；委身以存祀，诚仁矣，与亡吾国，故不忍。具是二道，有行之者矣，是用保其明哲，与之俯仰，晦是谟范，辱于囚奴，昏而无邪，隤而不息。故在《易》曰：箕子之明夷。正蒙难[③]也。及天命既改，生人以正，乃出大法，用为圣师，周人得以序彝伦而立大典。故在《书》曰：以箕子归，作《洪范》[④]。法授圣也。及封朝鲜，推道训俗，惟德无陋，惟人无远，用广殷祀，俾夷为华。化及民也。率是大道，聚于厥躬，天地变化，我得其正，其大人欤！

於戏，当其周时未至，殷祀未殄，比干已死，微子已去，向使纣恶未稔而自毙，武庚念乱以图存，国无其人，谁与兴理？是固人事之或然者也。然则先生隐忍而为此，其有志于斯乎！

唐某年，作庙汲郡，岁时致祀，嘉先生独列于《易》象，作是颂云：

蒙难以正，授圣以谟。宗祀用繁，夷民其苏。宪宪大人，显晦不渝。

圣人之仁，道合隆污。明哲在躬，不陋为奴。冲让居礼，不盈称孤。高而无危，卑不可逾。非死非去，有怀故都。时诎而伸，卒为世模。《易》象是列，文王为徒。大明宣昭，崇祀式孚。古阙颂辞，继在后儒。

【注释】

①箕子：殷朝的太师，谏纣被囚，佯狂为奴，武王灭殷，箕子率五千人逃避到朝鲜而做了朝鲜的国君。

②大人：有道德的人。

③正蒙难：为了正义而宁可蒙受苦难。

④《洪范》：《周书》篇名。《尚书·洪范》："天乃锡禹《洪范》。"

零陵[1]郡复乳穴记

石钟乳[2]，饵之最良者也。楚越之山多产焉。于连于韶者，独名于世。连之人告尽焉者五载矣。以贡则买诸他部。

今刺史崔公至，逾月，穴人来，以乳复告。邦人悦是祥也，杂然谣曰："甿之熙熙[3]，崔公之来。公化所彻，土石蒙烈。以为不信，起视乳穴。"穴人笑之曰："是恶知所谓祥耶？向吾以刺史之贪戾嗜利，徒吾役而不吾货也，吾是以病而绐[4]焉。今吾刺史令明而志洁，先赖而后力，欺诬屏息，信顺休洽，吾以是诚告焉。且夫乳穴必在深山穷林，冰雪之所储，豺虎之所庐。由而入者，触昏雾，扞龙蛇，束火以知其物，縻绳以志其返。其勤若是，出又不得吾直，吾用是安得不以尽告？今而乃诚，吾告故也，何祥之为！"

吾闻之曰："谣者之祥也，乃其所谓怪者也。笑者之非祥也，乃其所谓真祥者也。君子之祥也，以政不以怪。诚乎物而信乎道，人乐用命，熙熙然以效其有，斯其为政也，而独非祥也欤！"

【注释】

①零陵：今湖南省。

②石钟乳：产于山中，可以作药。

③熙熙：和乐貌。

④绐：欺哄，欺骗。

曾子固《南丰集》精华

【著录】

曾巩（1019～1083年），字子固，世称南丰先生，北宋建昌军南丰县（今江西南丰县）人。

曾巩出生于富有文化修养的官僚家庭。受父亲的影响，幼年开始，便对经书和历代作家的文章产生了浓厚的兴趣，因而决心振兴儒道，与古今著作名家并驾齐驱。宋仁宗景祐三年（1036），曾巩十八岁，初次考进士，未中。庆历元年（1041）又考，再次落榜。于是他上书欧阳修，并献上《杂文》和《时务策》。欧阳修读后，十分惊奇，评价说："昆仑倾黄河，渺漫盈百川。"同时教导他写文章的方法。从此，曾巩便成了欧阳修的得意门生，成为欧阳修所倡导的古文运动的主要作家之一。

宋仁宗嘉祐二年（1057），欧阳修知贡举，曾巩与弟弟曾牟、曾布同登进士第，同榜的还有苏轼、苏辙兄弟，时年三十九岁。第二年曾巩被任命为太平州司法参军，此后历任馆阁校勘、集贤校理兼判官告院。宋神宗熙宁元年（1068），诏修《英宗实录》，任检讨官，不久被罢免。次年，自求外补，被任命为赵州通判，结束了虽表面为官实为研究学问的生活，真正踏上仕途。此后又历任齐州、襄州、洪州、福州、亳州知州。元丰三年（1080）拜中书舍人。元丰六年（1083）病逝于江宁府（今南京），终年六十五岁，追谥文定。

曾巩精于校勘，他收集古今篆刻，编成《金石录》五百卷，著有《元丰类稿》五十卷、《续元丰类稿》四十卷、《外集》十卷等。今存《元丰类稿》《隆平集》。1984年，中华书局出版了以清顾崧龄刻本为底本的《元丰类稿》点校本，辑补了若干佚诗佚文，更名《曾巩集》。

曾巩的文学成就主要在散文方面。他继承发扬了“文以载道”的传统，认为“世之大贤者”要“明圣人之心于百世之上”“口讲之，身行之，以其余者又书存之，三者必相表里”。曾巩未尝为写作而写作，“皆因事而发”，他的作品宣传儒家思想，阐述自己对时政的见解和对解决社会问题的主张，因而内容充实，绝少空谈。曾巩兼擅议论、书启、杂记、序跋、赠序、制诰、表状、碑铭等多种文体。无论哪种，他都能匠心独具，准确地表情达意。“纡徐而不繁，简奥而不晦”。

曾巩的散文以“古雅”“平正”见称，讲究章法的严谨和布局的分明，叙事议论委曲周详，节奏舒缓平和，用词素朴，表现沉着，思路清晰，形成了自己独特的风格。曾巩长于叙事，他的叙事散文文字简洁凝练，言约义丰。《越州赵公救灾记》记述的是熙宁八年（1075）越州知州主持救灾的始末，全文八百字左右，从灾害发生前的种种部署，到救灾过程中的妥善安排，以及其“蚤夜惫心，力不少懈，事巨细必亲躬”的负责精神，虽然千头万绪，文章却叙述得层次分明，不枝不蔓，细密而有条理。《抚州颜鲁公祠堂记》采用倒叙、补叙等手段，使文章错落有致。曾巩散文的另一特色是说理透彻。他的议论文章立论明确，善于用充足的论据，围绕中心步步深入，从不同的侧面和角度反复阐明道理，有很强的说服力，如《战国策目录序》。还常常寓说理于叙事之中，这种夹叙夹议的方法，既让道理得到了透彻的说明，又避免了平铺直叙，文章有起有伏，趣味无穷，如《墨池记》。曾巩还善于用历史故事说明问题，他学有根底，博古通今，具有较高的文学修养。他的许多文章都旁征博引，借古喻今，使说理周密严谨，如《列女传目录序》。

曾巩的诗歌，大致古体诗承李白、韩愈，律诗学杜甫。他的部分作品继承了杜甫忧国忧民的传统，内容丰富，表现了诗人关心国家命运和人民生活的积极态度。咏物托志，讽喻现实，是曾巩诗歌的另一重要内容。应当指出的是，作为宋诗的议论化、散文化的共同特点，在曾巩诗歌（特别是古体诗）中也表现得相当明显。

曾巩生前已负天下文章大名，并以其突出的创作成就为古文运动在宋代的最后胜利做出了重要贡献，在明代被列入“唐宋八大家”之中。从宋代到清代桐城派，凡学习古文的人们，大多从曾巩入手，将他的作品作为范文，其影响广泛而深远。

列女传目录序

刘向所叙《列女传》凡八篇，事具《汉书·刘向列传》，而《隋书》及《崇文总目》皆称向《列女传》十五篇，曹大家注。以《颂义》考之，盖大家所注，离其七篇为十四，与《颂义》凡十五篇，而益以陈婴母，及东汉以来，凡十六事，非向书本然也。盖向旧书之亡久矣。嘉祐中，集贤校理苏颂始以《颂义》为篇次，复定其书为八篇，与十五篇者并藏于馆阁。而《隋书》以《颂义》为刘歆作，与向列传不合。今验《颂义》之文，盖向之自叙，又《艺文志》有向《列女传颂图》，明非歆作也。自唐之乱，古书之在者少矣，而唐志录《列女传》凡十六家，至大家注十五篇者亦无录。然其书今在，则古书之或有录而亡，或无录而在者亦众矣，非可惜哉？今校雠其八篇及十五篇者已定，可缮写。

初汉承秦之敝，风俗已大坏矣。而成帝后宫赵、卫之属尤自放，向以谓王政必自内始，故列古女善恶所以致兴亡者，以戒天子，此向述作之大意也。

其言太任之娠文王也，目不视恶色，耳不听淫声，口不出敖言，又以谓古之人胎教者此。夫能正其视听言动者，此大人之事，而有道者之所畏也。顾令天下之女子能之，何其盛也！以臣所闻，盖为之师傅保姆之助，诗书图史之戒，珩璜琚瑀之节，威仪动作之度。其教之者，虽有此具，然古之君子，未尝不以身化也。故《家人》之义，归于反身；《二南》之业，本于文王，夫岂自外至哉？世皆知文王之所以兴，能得内助，而不知其所以然者，盖本于文王之躬化。故内则后妃有《关雎》[①]之行，外则群臣有《二南》[②]之美，与之相成。其推而及远，则商辛之昏俗，江汉之小国，兔罝[③]之野人，莫不好善而不自知。此所谓身修，故家国天下治者也。后世自学问之士，多徇于外物，而不安其守，其室家既不见可法，故竞于邪侈。岂独无相成之道哉？士之苟于自恕，顾利冒耻而不知反己者，往往以家自累故也。故曰："身不行道，不行于妻子。"信哉！如此人者，非素处显也，然去《二南》之风，亦已远矣，况于南乡天下之主哉！向之所述，劝戒之意，可谓笃矣。

然向号博极群书，而此传称《诗·芣苢》《柏舟》《大车》[4]之类，与今序《诗》者之说尤乖异，盖不可考。至于《式微》[5]之一篇，又以谓二人之作，岂其所取者博，故不能无失欤？其曰象计谋杀舜，及舜所以自脱者，颇合于《孟子》，然此传或有之，而《孟子》所不道者，盖亦不足道也。凡后世诸儒之言经传者，固多如此，览者采其有补，而择其是非可也。故为之序论以发其端云。

【注释】

①《关雎》：《诗经·国风》首篇，后世附会为文王后妃所作，欲求淑女帮助自己。

②《二南》：指《诗经·周南》《诗经·召南》二国之风。

③兔罝：即兔网。

④《芣苢》《柏舟》《大车》：皆《诗经·国风》篇名。

⑤《式微》：《诗经·邶风》篇名，今通称国势家事由盛而衰为式微。

战国策目录序

刘向所定[1]《战国策》三十三篇，《崇文总目》[2]称十一篇者阙。臣访之士大夫家，始尽得其书，正其误谬，而疑其不可考者，然后《战国策》三十三篇复完。叙曰：

向叙此书，言周之先，明教化，修法度，所以大治；及其后，谋诈用，而仁义之路塞，所以大乱。其说既美矣。卒以谓此书战国之谋士，度时君之所能行，不得不然，则可谓惑于流俗，而不笃于自信者也。夫孔孟之时，去周之初已数百岁，其旧法已亡，旧俗已熄久矣。二子乃独明先王之道，以谓不可改者，岂将强天下之主以后世之所不可为哉？亦将因其所遇之时，所遭之变，而为当世之法，使不失乎先王之意而已。二帝三王之治，其变固殊，其法固异，而其为国家天下之意，本末先后，未尝不同也。二子之道，如是而已。盖法者所以适变也，不必尽同；道者所以立本也，不可不一。此理之不易者也。故二子者守此，岂好为异论哉？能勿苟而已矣。可谓不惑乎流俗而笃于自信者也。

战国之游士则不然，不知道之可信，而乐于说之易合，其设心注意，偷为一切之计而已。故论诈之变而讳其败，言战之善而蔽其患。其相率而为之者，莫不有利焉而不胜其害也，有得焉而不胜其失也。卒至苏秦、商鞅、孙膑、吴起、李斯之徒，以亡其身，而诸侯及秦用之者，亦灭其国，其为世之大祸明矣。而俗犹莫之寤也。惟先王之道，因时适变，为法不同，而考之无疵，用之无弊，故古之圣贤，未有以此而易彼也。

或曰：邪说之害正也，宜放而绝之，则此书之不泯其可乎？对曰：君子之禁邪说也，固将明其说于天下，使当世之人，皆知其说之不可从，然后以禁则齐；使后世之人，皆知其说之不可为，然后以戒则明。岂必灭其籍哉？放而绝之，莫善于是。是以孟子之书，有为神农之言者，有为墨子之言者，皆著而非之。至于此书之作，则上继《春秋》，下至楚、汉之起，二百四十五年之间，载其行事，固不可得而废也。

此书有高诱注者二十一篇，或曰二十二篇，《崇文总目》存者八篇，今存者十篇云。

【注释】

①刘向所定：汉成帝诏刘向校定经传诸子诗赋，刘向逐篇审定，察其意旨，书成上奏，其定《战国策》为三十三篇。

②崇文总目：书名，宋景祐年间，命王尧臣等校勘整理三馆及秘阁藏书，书成，赐名《崇文总目》。

先大夫集后序

公所为书，号《仙凫羽翼》者三十卷，《西陲要纪》者十卷，《清边前要》五十卷，《广中台志》八十卷，《为臣要纪》三卷，《四声韵》五卷，总一百七十八卷，皆刊行于世。今类次诗赋书奏一百二十三篇，又自为十卷，藏于家。

方五代之际，儒学既摈焉。后生小子，治术业于闾巷，文多浅近。是时公虽少，所学已皆知治乱得失兴坏之理。其为文闳深隽美，而长于讽谕，今类次乐府已下是也。

宋既平天下，公始出仕。当此之时，太祖、太宗已纲纪大法矣。公于是勇言当世之得失，其在朝廷，疾当事者不忠，故凡言天下之要，必本天子忧怜百姓，劳心万事之意，而推大臣从官执事之人，观望怀奸，不称天子属任之心，故治久未洽。至其难言，则人有所不敢言者。虽屡不合而出，而所言益切，不以利害祸福动其意也。

始公尤见奇于太宗，自光禄寺丞、越州[①]监酒税召见，以为直史馆，遂为两浙转运使。未久而真宗即位，益以材见知。初试以知制诰，及西兵[②]起，又以为自陕以西经略判官。而公尝激切论大臣，当时皆不悦，故不果用。然真宗终感其言，故为泉州[③]。未尽一岁，拜苏州。五日又为扬州，将复召之也。而公于是时又上书，语斥大臣尤切，故卒以龃龉终。

公之言，其大者，以自唐之衰，民穷久矣，海内既集，天子方修法度，而用事者尚多烦碎，治财利之臣又益急。公独以谓宜遵简易，罢管榷，以与民休息，塞天下望。祥符初，四方争言符应，天子因之，遂用事泰山，祠汾阴[④]，而道家之说亦滋甚。自京师至四方，皆大治宫观。公益诤，以谓天命不可专任，宜绌奸臣，修人事，反覆至数百千言。呜呼！公之尽忠，天子之受尽言，何必古人？此非传之所谓主圣臣直者乎？何其盛也！何其盛也！

公在两浙，奏罢苛税二百三十余条。在京西，又与三司争论免民租，释逋负之在民者，盖公之所试如此。所试者大，其庶几矣。公所尝言甚众，其在上前及书亡者，盖不得而集。其或从或否，而后常可思者，与历官行事，庐陵[⑤]欧阳修公已铭公之碑特详焉，此故不论，论其不尽载者。公卒以龃龉终，其功行或不得在史氏记。藉令记之，当时好公者少，史其果可信欤？后有君子，欲推而考之，读公之碑与书，及予小子之序其意者，具见其表里，其于虚实之论可核矣。

公卒乃赠谏议大夫，姓曾氏，讳某，南丰[⑥]人。序其书者，公之孙巩也。

至和元年十二月二日谨序。

【注释】

①越州：今属浙江绍兴市。

②西兵：指契丹兵。因契丹位于宋朝疆土西边，故名西兵。

③泉州：今福建晋江市。

④汾阴：今山西万荣县。

⑤庐陵：今江西吉安市。

⑥南丰：今江西南丰县。

范贯之奏议集序

尚书户部郎中、直龙图阁范公贯之之奏议，凡若干篇，其子世京，集为十卷，而属予序之。

盖自至和以后，十余年间，公常以言事任职。自天子大臣至于群下，自掖庭至于四方幽隐，一有得失善恶，关于政理，公无不极意反复，为上力言。或矫拂情欲，或切劘计虑，或辨别忠佞，而处其进退。章有一再或至于十余上，事有阴争独陈，或悉引谏官、御史合议肆言。仁宗常虚心纳采，为之变命令，更废举，近或立从，远或越月逾时，或至于其后卒从听用。盖当是时，仁宗在位岁久，熟于人事之情伪与群臣之能否，方以仁厚清静休养元元[①]，至于是非与夺，则一归之公议，而不自用也。其所引拔以言为职者，如公皆一时之选[②]。而公与同时之士，亦皆乐得其言，不曲从苟止。故天下之情，因得毕闻于上。而事之害理者，常不果行。至于奇邪恣睢[③]，有为之者，亦辄败悔。故当此之时，常委事七八大臣，而朝政无大阙失，群臣奉法遵职，海内乂安。夫因人而不自用者，天也。仁宗之所以其仁如天，至于享国四十余年，能承太平之业者，由是而已。后世得公之遗文而论其世，见其上下之际，相成如此，必将低回感慕，有不可及之叹。然后知其时之难得。则公言之不没，岂独见其志，所以明先帝之盛德于无穷也。

公为人温良慈恕，其从政宽易爱人。及在朝廷，危言正色，人有所不能及也。凡同时与公有言责者，后多至大官，而公独早卒。公讳师道，其世次、州里、历官、行事，有今资政殿学士赵公抃为之墓志铭云。

【注释】

①元元：指老百姓。

②一时之选：指当时知名的人。

③奇邪恣睢：指奇异暴戾的事情。

谢杜相公书

伏念昔者，方巩之得罪，罚于河滨，去其家四千里之远，南向而望，迅河大淮，埭堰湖江，天下之险，为其阻阨。而以孤独之身，抱不测之疾，茕茕[1]路隅，无攀缘之亲、一见之旧，以为之托。又无至行上之可以感人，利势下之可以动俗。惟先人之医药，与凡丧之所急，不知所以为赖，而旅榇之重大，惧无以归者。明公独于此时，闵闵[2]勤勤，营救护视，亲屈车骑，临于河上，使其方先人之病，得一意于左右，而医药之有与谋。至其既孤，无外事之夺其哀，而毫发之私，无有不如其欲，莫大之丧得以卒致而南。其为存全之恩、过越之义如此。

窃惟明公相天下之道，吟诵推说者穷万世，非如曲士[3]汲汲一节之善；而位之极，年之高，天子不敢烦以政，岂乡闾新学危苦之情、丛细之事，宜以彻于视听而蒙省察？然明公存先人之故，而所以尽于巩之德如此。盖明公虽不可起而寄天下之政，而爱育天下之人材，不忍一夫失其所之道，出于自然，推而行之，不以进退，而巩独幸遇明公于此时也。

在丧之日，不敢以世俗浅意，越礼进谢。丧除，又惟大恩之不可名，空言之不足陈，徘徊迄今，一书之未进。顾其惭生于心，无须臾[4]废也，伏维明公终赐亮察。夫明公存天下之义，而无有所私，则巩之所以报于明公者，亦惟天下之义而已。誓之则然，未敢谓能也。

【注释】

①茕茕：孤独貌。

②闵闵：关切貌。

③曲士：孤陋寡闻的人。《庄子·秋水》："曲士不可以语于道者，束于教也。"

④须臾：片刻。

寄欧阳舍人书

巩顿首载拜舍人先生：去秋人还，蒙赐书及所撰先大父墓碑铭，反覆观诵，感与惭并。夫铭志之著于世，义近于史，而亦有与史异者。盖史之于善恶，无所不著。而铭者，盖古之人有功德材行志义之美者，惧后世之不知，则必铭而见之。或纳于庙，或存于墓，一也。苟其人之恶，则于铭乎何有？此其所以与史异也。其辞之作，所以使死者无有所憾，生者得致其严。而善人喜于见传，则勇于自立；恶人无有所纪，则以愧而惧。至于通材达识，义烈节士，嘉言善状，皆见于篇，则足为后法。警劝之道，非近乎史，其将安近？

及世之衰，人之子孙者，一欲褒扬其亲而不本乎理。故虽恶人，皆务勒铭以夸后世。立言者既莫之拒而不为，又以其子孙之所请也。书其恶焉，则人情之所不得，于是乎铭始不实。后之作铭者，当观其人。苟托之非人，则书之非公与是[1]，则不足以行世而传后。故千百年来，公卿大夫，至于里巷之士，莫不有铭，而传者盖少。其故非他，托之非人，书之非公与是故也。

然则孰为其人而能尽公与是欤？非畜道德而能文章者，无以为也。盖有道德者之于恶人，则不受而铭之，于众人则能辨焉。而人之行，有情善而迹非，有意奸而外淑，有善恶相悬而不可以实指，有实大于名，有名侈于实。犹之用人，非畜道德者，恶能辨之不惑，议之不徇？不惑不徇，则公且是矣。而其辞之不工，则世犹不传。于是又在其文章兼胜焉，故曰：非畜道德而能文章者，无以为也。岂非然哉？

然畜道德而能文章者，虽或并世而有，亦或数十年或一二百年而有之。其传之难如此，其遇之难又如此。若先生之道德文章，固所谓数百年而有者也。先祖之言行卓卓，幸遇而得铭，其公与是，其传世行后无疑也。而世之学者，每观传记所书古人之事，至其所可感，则往往衋然不知涕之流落也，况其子孙也哉！况巩也哉！其追睎祖德，而思所以传之之由，则知先生推一赐于巩而及其三世，其感与报，宜若何而图之？

抑又思，若巩之浅薄滞拙，而先生进之，先祖之屯蹶[2]否塞[3]以死，而先生显之。则世之魁闳豪杰不出世之士，其谁不愿进于门？潜遁幽抑之士，其谁不有望于世？善谁不为？恶谁不愧以惧？为人之父祖者，孰不欲教其子孙？为人子孙者，孰不欲宠荣其父祖？此数美者，一归于先生。既拜赐之辱，且敢进其所以然。

所论世族之次，敢不承教而加详焉。

愧甚，不宣。

巩再拜。

【注释】

①非公与是：指徇于私情而不公平、不真实。

②屯蹶：颠仆倒地。

③否塞：命运困厄。

墨池记

临川[①]之城东，有地隐然而高，以临于溪，曰新城。新城之上，有池洼然而方以长，曰王羲之之墨池者，荀伯子《临川记》云也。羲之尝慕张芝[②]临池学书，池水尽黑。此为其故迹，岂信然邪？

方羲之之不可强以仕，而尝极东方，出沧海，以娱其意于山水之间，岂有徜徉肆恣而又尝自休于此邪？羲之之书晚乃善，则其所能，盖亦以精力自致者，非天成也。然后世未有能及者，岂其学不如彼邪？则学固岂可少哉？况欲深造道德者邪？

墨池之上，今为州学舍。教授王君盛恐其不章也，书“晋王右军墨池”六字于楹间以揭之，又告于巩曰：“愿有记。”推王君之心，岂爱人之善，虽一能不以废，而因以及乎其迹邪？其亦欲推其事以勉其学者邪？夫人之有一能，而使后人尚之如此，况仁人庄士[③]之遗风余思，被于来世者何如哉！

庆历八年九月十二日，曾巩记。

【注释】

①临川：县名，今属江西省。

②张芝：字伯英，东汉酒泉人，善草书，世称草圣。

③庄士：指品行端庄正直的人。

欧阳永叔《文忠集》精华

【著录】

欧阳修（1007 ~ 1072），字永叔，自号醉翁，晚年又自号六一居士。北宋庐陵（今江西吉安市）人。

欧阳修幼年家境贫寒，四岁时父亲去世，靠母亲一人把他教养成人。他父亲生前是个清官，母亲常常给他讲父亲的事迹，这对他思想的成长产生了很大影响。欧阳修自幼聪敏过人，读书过目成诵。到二十岁时，已经名重当时。天圣八年（1030）正月，欧阳修考中进士，出任西京推官，景祐元年（1034）任满回朝，担任馆阁校勘，编崇文阁藏书总目。景祐三年（1036）欧阳修因为致信指责高若讷，被贬为峡州夷陵令。四年（1037）改任光化军乾德令。宝元二年（1039），迁武成军节度判官，康定元年（1040）元月，复馆阁校勘，仍修《崇文总目》。庆历元年（1041）书成，改集贤校理。多次上书言事，未被采纳，于是对朝政感到失望。庆历二年（1042）自请外调，任滑州通判。庆历三年（1043），仁宗广开言路，欧阳修被荐还朝，任谏官，促成了庆历新政。庆历四年（1044）四月，奉使河东，七月还朝。五年（1045）正月，范仲淹等被罢相，他也被新政反对者所忌恨，加以构陷，十月贬知滁州，八年（1048）正月迁知扬州。皇佑元年（1049）迁知颍州。二年（1050）复龙图阁直学士改知应天府兼南京留守司事。四年（1052）因母丧去职。至和元年（1054），五月丧满，任尚书吏部郎中判流内铨，后迁翰林学士，修《唐书》。嘉祐二年（1057）主持礼部贡举，应试举子所作文字凡涉怪僻雕刻者，一律黜去。此次科举苏轼兄弟、曾巩等均登榜，为古文运动壮大了声势。嘉祐六年（1061）闰八月，任参知政事。此后被妻弟诬陷，政敌们也借机攻击他“帷薄不修”。欧阳修胆寒心冷，只好要求罢去相位，出京任亳州知州。从此他一直在地方官任上辗转迁徙。神宗熙宁年间，反对王安石变法，为安石所诋。熙宁四年（1071）在知蔡州任上写章告老，六月获准退休。五年（1072）七月去世，终年六十六岁。

欧阳修一生著述甚丰。南宋绍熙、庆元年间，周必大等编定《欧阳文忠公文集》一百五十三卷，约百万言。1986年，北京中国书店据世界书局1936年版本影印出版了《欧阳修全集》。他的史学专著有《新五代史》七十四卷，并与宋祁合著了《新唐书》。

欧阳修是古文运动的领袖，他一生首先看中的是做人，认为“文章止于润身，政事可以及物”，以此为出发点他倡导一种朴实、致用的古文，一扫五代宋初的雕章琢句、险怪艰涩、浮艳侈靡的文风。

欧阳修继承了韩愈和柳宗元的文学理论，对文与道的关系问题作了进一步阐释。他强调“六经之所载，皆人事之切于世者”，因而把儒家的道与现实生活中的百事直接联系起来，认为文人如果“弃万事不关于心”，终日不出书斋，就谈不上能学得道，也写不出好文章来。他发展了韩愈“不平则鸣”的思想，提出了“先穷而后工”的学说，更深一层地阐述了创作与现实生活的关系。

对于欧阳修文章的风格与特点，苏洵有过精当的评述：“纡徐委备，往复百折而条达舒畅，无所间断，气尽语急，急言竭论，而容与闲易，无艰难劳苦之态。”在委婉含蓄、平易自然的总风格中，他的多数文章又有其独到之处。他的政论文逻辑严密，对问题逐层分析，一步步探究，说理透彻，语言明快，具有很强的说服力；他的史论文常常充满激情，选择不同时代的类似史实作适当的对比，经过反复论证，最后自然地得出切合现实的经验教训；他的记事文往往运用形象化的语言，生动地表现出人物的活动或山水的景色；他的抒情文能吸收骈文的长处，利用声韵、对仗加强思想感情的表达，使整篇文章产生一种内在的韵律美，读来朗朗上口；他的碑志文能慎重地取舍素材，结构严谨，真正做到事信言文，不虚美、不溢恶等等。另外欧阳修的笔记写得生动活泼，富有情趣，并常能描摹细节，刻画人物。在成就很大的宋代笔记文写作中起着带头作用。他的《六一诗话》还开创了自由谈诗论艺的我国文学批评的一种新形式。不过，由于太强调尚简和春秋笔法，他的某些文章特别是史传文却有意排斥接近小说笔记体的文字，轻视对人物形象或具体事物的细节描写，这就损害了他这类文章的形象性和生动性。

与散文相反，欧阳修的词作基本沿袭唐五代以来的“花间派”词人的老路，一直在艳情花月之间流连，固守婉约词人的藩篱。他的诗歌平易流畅，率直自然，但也带有宋人“以议论为诗”的毛病，满足于理念的阐明，成就不高。

欧阳修主张改革弊政，但他的这些功劳后世往往湮没不彰。真正使他声誉鹊起的是他在文学、学术方面的成就，后世称他为“宋学”的开创者之一。他既是散文家，也是诗人、词人，又是史学家、经学家、金石学家，散文成就尤为突出。“唐宋八大家”中的其他五位宋人，或出欧门，或曾得到他的扶掖，足见其影响之大。

秋声赋

欧阳子方夜读书，闻有声自西南来者，悚然[①]而听之，曰：“异哉！初淅沥以萧飒[②]，忽奔腾而砰湃[③]，如波涛夜惊，风雨骤至。其触于物也，鏦鏦铮铮，金铁皆鸣，又如赴敌之兵，衔枚[④]疾走，不闻号令，但闻人马之行声。”余谓童子：“此何声也？汝出视之。”童子曰：“星月皎洁，明河在天，四无人声，声在树间。”

余曰：“噫嘻悲哉！此秋声也，胡为乎来哉？盖夫秋之为状也，其色惨淡，烟霏云敛；其容清明，天高日晶；其气栗冽[⑤]，砭人肌骨；其意萧条，山川寂寥。故其为声也，凄凄切切，呼号奋发。丰草绿缛而争茂，佳木葱茏[⑥]而可悦。草拂之而色变，木遭之而叶脱。其所以摧败零落者，乃一气之余烈。

“夫秋，刑官[⑦]也，于时为阴；又兵象也，于行为金。是谓天地之义气，常以肃杀而为心。天之于物，春生秋实。故其在乐也，商声主西方之音，夷则为七月之律。商，伤也，物既老而悲伤；夷，戮也，物过盛而当杀。

“嗟乎！草木无情，有时飘零。人为动物，惟物之灵。百忧感其心，万事劳其形。有动乎中，必摇其精。而况思其力之所不及，忧其智之所不能？宜其渥然丹者[⑧]为槁木，黟然黑者为星星[⑨]。奈何非金石之质，欲与草木而争荣！念谁为之戕贼[10]，亦何恨乎秋声！”

童子莫对，垂头而睡。但闻四壁虫声唧唧，如助予之叹息。

【注释】

①悚然：惊惧貌。

②萧飒：风声。

③砰湃：波涛汹涌的声音。

④衔枚：古代行军，为了不让士兵出声，每人发一小棒，叼在口中，故称衔枚。

⑤栗冽：指秋天寒冷将至，使人身体颤抖。

⑥葱茏：青翠茂盛貌。

⑦刑官：《周礼》称秋官为刑官。

⑧渥然丹者：渥然，润泽貌。丹，红的意思，指人的面貌红润。

⑨星星：点点的意思，指人的黑发渐渐变成白发。

⑩戕贼：残害。

石曼卿墓表

曼卿讳延年，姓石氏，其上世为幽州[1]人。幽州入于契丹，其祖自成治以其族间走南归。天子嘉其来，将禄之，不可，乃家于宋州之宋城。父讳补之，官至太常博士。

幽燕俗劲武，而曼卿少亦以气自豪。读书不治章句，独慕古人奇节伟行非常之功。视世俗屑屑，无足动其意者。自顾不合于时，乃一混于酒。然好剧饮大醉，颓然自放。由是益与时不合。而人之从其游者，皆知爱曼卿落落可奇，而不知其才之有以用也。年四十八，康定二年二月四日，以太子中允秘阁校理卒于京师。

曼卿少举进士不第，真宗推恩，三举进士皆补奉职。曼卿初不肯就，张文节公素奇之，谓曰：“母老乃择禄耶？”曼卿矍然起就之，迁殿直。久之，改太常寺太祝，知济州金乡县。叹曰：“此亦可以为政也。”县有治声，通判乾宁军。丁母永安县君李氏忧，服除，通判永静军。皆有能名。

充馆阁校勘，累迁大理寺丞，通判海州。还为校理。

庄献明肃太后临朝，曼卿上书，请还政天子。其后太后崩，范讽以言见幸，引尝言太后事者，遽得显官。欲引曼卿，曼卿固止之，乃已。

自契丹通中国，德明尽有河南而臣属，遂务休兵养息，天下晏然，内外弛武三十余年。曼卿上书言十事，不报。已而元昊[②]反，西方用兵，始思其言，召见。稍用其说，籍河北、河东、陕西之民，得乡兵数十万。曼卿奉使籍兵河东，还称旨，赐绯衣银鱼[③]。天子方思尽其才，而且病矣。既而闻边将有欲以乡兵捍贼者，笑曰："此得吾粗也。夫不教之兵，勇怯相杂，若怯者见敌而动，则勇者亦牵而溃矣。今或不暇教，不若募其敢行者，则人人皆胜兵也。"

其视世事，蔑若不足为。及听其设施之方，虽精思深虑，不能过也。状貌伟然，喜酒自豪，若不可绳以法度。退而质其平生取舍大节，无一悖于理者。遇人无贤愚，皆尽忻欢。及可否天下是非善恶，当其意者无几人。其为文章，劲健称其意气。

有子济、滋。天子闻其丧，官其一子，使禄其家。既卒之三十七日，葬于太清之先茔，其友欧阳修表于其墓曰：

呜呼曼卿，宁自混以为高，不少屈以合世，可谓自重之士矣。世之所负者愈大，则其自顾也愈重；自顾愈重，则其合愈难。然欲与共大事，立奇功，非得难合自重之士，不可为也。故古之魁雄之人，未始不负高世之志，故宁或毁身污迹，卒困于无闻；或老且死，而幸一遇，犹克少施于世。若曼卿者，非徒与世难合，而不克所施，亦其不幸。不得至乎中寿，其命也夫！其可哀也夫！

【注释】

①幽州：今北京市大兴区。

②元昊：指西夏王赵元昊。

③绯衣银鱼：绯衣，红袍。唐制，四品官服深红色，五品浅红色。银鱼，五品官以上出入宫廷的符信。

河南府司录张君墓表

故大理寺丞河南府司隶张君，讳汝士，字尧夫，开封襄邑人也。明道二年八月壬寅，以病卒于官，享年三十有七。卒之七日，葬洛阳北邙山下。其友人河南尹师鲁志其墓，而庐陵欧阳修为之铭。以其葬之速也，不能刻石，乃得金谷古砖，命太原王顾以丹为隶书，纳于圹中。嘉祐二年某月某日，其子吉甫、山甫改葬君于伊阙之教忠乡积庆里。君之始葬北邙也，吉甫才数岁，而山甫始生，余及送者相与临穴，视窆[①]且封，哭而去。今年春，余主试天下贡士[②]，而山甫以进士[③]试礼部，乃来告以将改葬其先君，因出铭以示余。盖君之卒距今二十有五年矣。

初，天圣、明道之间，钱文僖公守河南，公王家子，特以文学仕至贵显。所至多招集文士，而河南吏属，适皆当世贤材知名士，故其幕府号为天下之盛，君其一人也。文僖公善待士，未尝责以吏职，而河南又多名山水、竹林茂树，奇花怪石，其平台清池上下，荒墟草莽之间，余得日从贤人长者赋诗饮酒以为乐。而君为人静默修洁，常坐府治事，省文书，尤尽心于狱讼。初以辟为其府推官，既罢，又辟司录。河南人多赖之，而守尹屡荐其材。君亦工书，喜为诗。闲则从余游，其语言简而有意，饮酒终日不乱，虽醉，未尝颓堕。与之居者，莫不服其德。故师鲁志之曰："饬身临事，余尝愧尧夫，尧夫不余愧也。"

始君之葬，皆以其地不善，又葬速，其礼不备。君夫人崔氏，有贤行，能教其子，而二子孝谨，克自树立，卒能改葬君如吉卜[④]，君其可谓有后矣。自君卒后，文僖公得罪，贬死汉东，吏属亦各引去。今师鲁死且十余年，王顾者死亦六七年矣，其送君而临穴者及与君同府而游者，十盖八九死矣，其幸而在者，不老则病且衰，如予是也。呜呼！盛衰生死之际，未始不如是，是岂足道哉？惟为善者能有后，而托于文字者可以无穷。故于其改葬也，书以遗其子，俾碣于墓，且以写余之思焉。

吉甫今为大理寺丞，知缑氏县；山甫始以进士赐出身云。

翰林学士右谏议大夫史馆修撰欧阳修撰。

【注释】

①窆：指葬礼时棺材下葬。

②贡士：指在州郡考试中合格的人。

③进士：唐宋时凡举人试于礼部的，均称进士。

④吉卜：指通过占卜选择的风水宝地。

胡先生墓表

先生讳瑗，字翼之，姓胡氏。其上世为陵州人，后为泰州如皋人。先生为人师，言行而身化之，使诚明者达，昏愚者励，而顽傲者革[①]。故其为法严而信，为道久而遵。师道废久矣，自景祐[②]、明道以来，学者有师，惟先生暨泰山孙明复、石守道三人，而先生之徒最盛。其在湖州之学，弟子去来常数百人，各以其经转相传授。其教学之法最备，行之数年，东南之士，莫不以仁义礼乐为学。

庆历四年，天子开天章阁，与大臣讲天下事，始慨然诏州县皆立学。于是建太学[③]于京师，而有司请下湖州，取先生之法以为太学法，至今著为令。后十余年，先生始居太学。学者自远而至，太学不能容，取旁官署以为学舍。礼部贡举，岁所得士，先生弟子十常居四五。其高第者知名当时，或取甲科，居显仕。其余散在四方，随其人贤愚，皆循循雅饬，其言谈举止，不问可知为先生弟子；其学者相语称先生，不问可知为胡公也。

先生初以白衣[④]见天子，论乐，拜秘书省校书郎，辟丹州军事推官，改密州观察推官。丁父忧去职，服除，为保宁军节度推官，遂居湖学。召为诸王宫教授，以疾免。已而以太子中舍致仕，迁殿中丞于家。皇祐中，驿召至京师议乐，复以为大理评事，兼太常寺主簿，又以疾辞。岁余，为光禄寺丞、国子监直讲，乃居太学。迁大理寺丞，赐绯衣银鱼。嘉祐元年，迁太子中允，充天章阁侍讲，仍居太学。已而病不能朝，天子数遣使者存问，又以太常博士致仕。东归之日，太学之诸生与朝廷贤士大夫，送之东门，执弟子礼，路人嗟叹以为荣。

以四年六月六日卒于杭州，享年六十有七。以明年十月五日，葬于乌程何山之原。其世次官邑与其行事，莆阳蔡君谟具志于幽堂。呜呼！先生之德在乎人，不待表而见于后世，然非此无以慰学者之思，乃揭于其墓之原。

六年八月三日，庐陵欧阳修述。

【注释】

①顽傲者革：顽傲，指没有才学却骄傲自满；革，改正，去掉。

②景祐：宋仁宗年号。

③太学：我国古代的大学。

④白衣：古代称没有功名的人为白衣。

泷冈阡表

呜呼！惟我皇考[①]崇公卜吉于泷冈[②]之六十年，其子修始克表于其阡。非敢缓也，盖有待也。

修不幸，生四岁而孤。太夫人守节自誓，居贫，自力于衣食，以长以教，俾至于成人。太夫人告之曰："汝父为吏，廉而好施与，喜宾客。其俸禄虽薄，常不使有余。曰：'毋以是为我累。'故其亡也，无一瓦之覆，一垅之植，以庇[③]而为生。吾何恃而能自守邪？吾于汝父知其一二，以有待于汝也。自吾为汝家妇，不及事吾姑，然知汝父之能养也。汝孤而幼，吾不能知汝之必有立，然知汝父之必将有后也。吾之始归也，汝父免于母丧[④]方逾年。岁时祭祀，则必涕泣曰：'祭而丰，不如养之薄也。'间御酒食，则又涕泣曰：'昔常不足而今有余，其何及也！'吾始一二见之，以为新免于丧适然耳。既而其后常然，至其终身未尝不然。吾虽不及事姑，而以此知汝父之能养也。汝父为吏，尝夜烛治官书，屡废而叹。吾问之，则曰：'此死狱也，我求其生不得尔！'吾曰：'生可求乎？'曰：'求其生而不得，则死者与我皆无恨也，矧求而有得邪！以其有得，则知不求而死者有恨也。夫常求其生，犹失之死，而世常求其死也！'回顾乳者抱汝而立于旁，因指而叹曰：'术者[⑤]谓我岁行在戌将死，使其言然，吾不及见儿之立也，后当以我语告之。'其平居教他子弟常用此语，吾耳熟焉，故能详也。其施于外事，吾不能知；其居于家，无所矜饰而所为如此，是真发于中者邪！呜呼！其心厚于仁者邪！此吾知汝父之必将有后也。汝其勉之！夫养不必丰，要于孝。利虽不得博于物，要其心之厚于仁。吾不能教汝，此汝父之志也。"修泣而志之，不敢忘。

先公少孤力学，咸平三年进士及第。为道州判官[⑥]，泗、绵二州推官[⑦]，又为秦州判官。享年五十有九，葬沙溪之泷冈。太夫人姓郑氏，考讳德仪，世为江南名族。太夫人恭巷俭仁爱而有礼，初封福昌县太君，进封乐安、安康、彭城三郡太君。自其家少微时，治其家以俭约，其后常不使过之，曰："吾儿不能苟合于世，俭薄所以居患难也。"其后修贬夷陵，太夫人言笑自若，曰："汝家固贫贱也，吾处之有素矣。汝能安之，吾亦安矣。"

自先公之亡二十年，修始得禄而养。又十有二年，列官于朝，始得赠封其亲。又十年，修为龙图阁直学士、尚书吏部郎中，留守南京。太夫人以疾终于官舍，享年七十有二。又八年，修以非才，入副枢密[8]，遂参政事。又七年而罢。自登二府，天子推恩，褒其三世。盖自嘉祐以来，逢国大庆，必加宠锡。皇曾祖府君累赠金紫光禄大夫、太师、中书令，曾祖妣累封楚国太夫人；皇祖府君累赠金紫光禄大夫、太师、中书令兼尚书令，祖妣累封吴国太夫人；皇考崇公累赠金紫光禄大夫、太师、中书令兼尚书令，皇妣累封越国太夫人。今上初郊，皇考赐爵为崇国公，太夫人进号魏国。

于是小子修泣而言曰："呜呼！为善无不报，而迟速有时，此理之常也。惟我祖考，积善成德，宜享其隆。虽不克有于其躬，而赐爵受封，显荣褒大，实有三朝之锡命。是足以表见于后世，而庇赖其子孙矣。"乃列其世谱，具刻于碑。既又载我皇考崇公之遗训，太夫人之所以教而有待于修者，并揭于阡。俾知夫小子修之德薄能鲜，遭时窃位，而幸全大节，不辱其先者，其来有自。

熙宁三年岁次庚戌四月辛酉朔十有五日乙亥，男推诚保德崇仁翊戴功臣、观文殿学士、特进、行兵部尚书、知青州军州事、兼管内劝农使、充京东东路安抚使、上柱国、乐安郡开国公，食邑四千三百户、食实封一千二百户修表。

【注释】

①皇考：古代称死去的父亲为皇考。

②泷冈：地名，在今江西永丰县南。

③庇：庇护，依靠。

④免于母丧：指母丧期满脱去丧服。

⑤术者：以占卜、星相为职业的人。

⑥判官：宋时节度、观察、防御、团练等使都设有判官，为地方长官的僚属。

⑦推官：唐置，州府的幕僚。

⑧副枢密：枢密院副使。宋制，文事出中书省，武事出枢密院，号为二府。

苏明允《老泉集》精华

【著录】

苏洵（1009～1066），字明允，号老泉，人称老苏，眉州眉山（今四川眉山市）人。

苏洵出身书香门第，幼年父亲苏序为他们兄弟准备了良好的学习条件："门前万竿竹，堂上四库书。"由于社会风气的影响，他"幼而读书，固有意于从宦"，但科举文章的刻板、枯燥使他非常厌恶读书，遂废学游荡。到二十七岁时，"谢绝平时交往少年，闭户读书"，岁末，举进士不中，又举茂才异才等也未中。岁余，贡举仍不中，退而兴叹，将以前所写文章都烧掉，闭门阅读先秦两汉及唐韩愈等人之文，一读七年。庆历五年（1045），苏洵再次进京赶考，却没有结果，于是游山玩水自娱。七年（1047），父去世，归里守丧。家中十年，他精心培养自己的两个儿子苏轼和苏辙，这也是他散文创作的旺盛时期，《中策》《权书》《衡论》等文辞优美之文皆写于此时。嘉祐元年（1056），在张方平等人的推荐、帮助下，苏洵携二子赴京赶考。五月抵京，九月谒见欧阳修。欧阳修对苏洵的文章"大称叹，以为未始见夫人也"，由是名声大振，公卿士大夫争相传阅。苏氏文章，遂博天下，"时文为之一变"。次年正月，欧阳修主持礼部贡举，揭晓，苏轼兄弟均高登榜首。正当苏氏踌躇满志时，夫人程氏不幸病故，匆忙携二子回家里。嘉祐三年（1058）十月，朝廷根据两年前欧阳修推荐苏洵的呈文，诏令眉州遣送他赴京试策论于舍人院，苏洵辞而不召，写了长达六千字的《上皇帝书》，申述己见，希朝廷能破格任用。四年（1059），诏令又下，仍辞而不就。十月，二子守丧满，遂又率之赴京。五年（1060）二月抵京。八月，韩琦奏明皇上给苏洵一个秘书省试校书郎的职务，迫于生计，勉强接受。六年（1061）为霸州文安县主簿，与陈州项城县令姚辟同修《太常因革礼》一百卷。书成，上奏，批文未下来就病逝，终年五十八岁。

苏洵大器晚成，兼之写作态度严谨，遗下诗文、学术著作不多。自辑《嘉祐集》二十卷。除《太常因革礼》一百卷外，还有《谥法》三卷，《谥录》二十卷，未完稿《易传》十卷。今存康熙年间邵仁泓所刻《苏老泉先生全集》二十卷。

苏洵的文章“务一出己见”，文章杂糅百家之说，以其在宋明理学的立场观之，未免离经叛道，却正是以“三苏”为代表的蜀学的精髓，政治主张建立于进步的历史观和精辟的形势分析上。

苏洵的论辩文，格调高古，抑扬顿挫，波澜起伏。首先质而实绮，简而多姿，古朴精炼，新鲜生动。苏洵驾驭文字造诣超拔，宜长则长，宜短则短，皆都气势磅礴，语句流畅。如《管仲论》用五十四个字表达十一句话。他还利用排偶句，连类引发，一气贯注，去骈文之短而取其长，此乃散文终能战胜骈文并取而代之的重要原因之一。其次，妙喻连篇，穷情尽变。如《谏论下》，为了说明人臣有“性忠义，不悦赏，不畏罪”而“无不谏”者，有“赏而后谏”者，有“刑而后谏”者，故人臣是否能谏，要在君主以势趋之，他用“勇者”“勇怯半者”“怯者”这三种人作了生动比喻。再次，用典纯熟，征引贴切。如《谏论上》，为“使君必纳谏”，应该像战国游说之士那样得其术，列举五种谏法，用了十五个典故。其典故晓畅易懂，明白如话。此外开合抑扬，结构严谨，也是苏文一大特色。

苏洵书、说二十余篇，风格多样。或铺叙事物，随物赋形；或借物寓情，畅抒情怀。但都比较注意描摹刻画，宛转曲尽，感情真挚，格调高昂。前者以《上欧阳内翰第五书》为代表，后者以《木假山》为代表。他的两篇用“说”做标题的文章，各有特色。《名二子说》八十余字，语言凝练而内涵丰富，类似托物寓意的小品；另一篇《仲兄字文甫说》，采取类似辞赋的写法，用一连串生动、变化莫测的形象比喻宏伟壮丽，美不胜收。

清人邵仁泓在《苏老泉先生全集》的序言中评价苏洵的文章“驰骋于孟、刘、贾、董之间，而后成一家者也”，又说“上继韩、欧，下开长公兄弟”。

苏洵为古文运动的最后胜利立下卓著功勋，名列唐宋八大家之中，为后人所效仿所称道。

六　国

六国[①]破灭，非兵不利，战不善，弊在赂秦[②]。赂秦而力亏，破灭之道也。或曰："六国互丧，率赂秦耶？"曰："不赂者以赂者丧。"盖失强援，不能独完，故曰弊在赂秦也。秦以攻取之外，小则获邑，大则得城，较秦之所得，与战胜而得者，其实百倍。诸侯之所亡，与战败而亡者，其实亦百倍。则秦之所大欲，诸侯之所大患，固不在战矣。

思厥先祖父，暴霜露，斩荆棘，以有尺寸之地。子孙视之不甚惜，举以与人，如弃草芥。今日割五城，明日割十城，然后得一夕安寝。起视四境，而秦兵又至矣。然则诸侯之地有限，暴秦之欲无厌，奉之弥繁，侵之愈急，故不战而强弱胜负已判矣。至于颠覆，理固宜然。古人云："以地事秦，犹抱薪救火，薪不尽，火不灭。"此言得之。

齐人未尝赂秦，终继五国迁灭，何哉？与嬴而不助五国也。五国既丧，齐亦不免矣。燕、赵之君，始有远略，能守其土，义不赂秦，是故燕虽小国而后亡，斯用兵之效也。至丹以荆卿[③]为计，始速祸焉。赵尝五战于秦，二败而三胜。后秦击赵者再，李牧[④]连却之。洎牧以谗诛，邯郸为郡，惜其用武而不终也。且燕、赵处秦革灭殆尽之际，可谓智力孤危，战败而亡，诚不得已。向使三国各爱其地，齐人勿附于秦，刺客不行，良将犹在，则胜负之数，存亡之理，当与秦相较，或未易量。

呜呼！以赂秦之地，封天下之谋臣；以事秦之心，礼天下之奇才，并力西向，则吾恐秦人食之不得下咽也。悲夫！有如此之势，而为秦人积威之所劫，日削月割，以趋于亡。为国者，无使为积威之所劫哉！夫六国与秦皆诸侯，其势弱于秦，而犹有可以不赂而胜之之势；苟以天下之大，而从六国破亡之故事，是又在六国下矣！

【注释】

①六国：指战国除秦以外，位于函谷关以东的楚、齐、燕、韩、赵、魏

六个国家。

②赂秦：贿赂秦国，此处指战国时秦国最强，六国害怕，为了求得暂时的安宁，争相割地贿秦。

③荆卿：名轲，卫人，侠客。受燕太子丹派遣刺杀秦王，事情败露，被杀。秦王大怒，发兵攻燕，燕人杀太子丹，秦遂灭燕。

④李牧：赵国大将，屡败秦军，后因赵王听信谗言被冤杀。

御　　将

人君御臣相易，而将难。将有二：有贤将，有才将，而御才将尤难。御相以礼，御将以术。御贤将之术以信，御才将之术以智。不以礼，不以信，是不为也；不以术，不以智，是不能也。故曰御将难，而御才将尤难。

六畜其初皆兽也，彼虎豹能搏能噬，而马亦能蹄，牛亦能触。先王知能搏能噬者，不可以人力制，故杀之；杀之不能，驱之而后已。蹄者可驭以羁绁[①]，触者可拘以楅衡[②]，故先王不忍弃其材而废天下之用。如曰是能蹄，是能触，当与虎豹并杀而同驱，则是天下无骐骥，终无以福乘也。

先王之选才也，自非大奸剧恶，如虎豹之不可以变其搏噬者，未尝不欲制之以术，而全其才以适于用。况为将者，又不可责以廉隅细谨，顾其才何如耳。汉之卫、霍、赵充国，唐之李靖、李绩，贤将也；汉之韩信、黥布、彭越，唐之薛万彻、侯君集、盛彦师，才将也。贤将既不多有，得才者而任之可也。苟又曰是难御，则是不肖者而后可也。

结以重恩，示以赤心，美田宅，丰饮馔，歌童舞女，以极其口腹耳目之欲，而折之以威，此先王之所以御才将者也。近之论者或曰："将之所以毕志竭力，犯霜露，蹈白刃而不辞者，冀赏耳。为国家者，不如先勿赏以邀其成功。"或曰："赏所以使人，不先赏，人不为我用。"是皆一隅之说，非通论也。将之才固有大小，杰然于庸将之中者，才小者也；杰然于才将之中者，才大者也。才小志亦小，才大志亦大。人君当观其才之小大，而为制御之术以称其志，一隅之说不可用也。

夫养骐骥者，丰其刍粒，洁其羁络，居之新闲，浴之清泉，而后责之千里。彼骐骥者，其志常在千里也，夫岂以一饱而废其志哉！至于养鹰则不然，获一雉饲以一雀，获一兔饲以一鼠，彼知不尽力于击搏，则其势无所得食，故然后为我用。才大者骐骥也，不先赏之，是养骐骥者饥之而责其千里，不可得也；才小者鹰也，先赏之，是养鹰者饱之而求其击搏，亦不可得也。是故先赏之说，可施之才大者；不先赏之说，可施之才小者。兼而用之可也。

昔者汉高帝一见韩信，而授以上将，解衣衣之，推食哺之；一见黥布，而以为淮南王，供具饮食如王者；一见彭越，而以为相国。当是时，三人者未有功于汉也。厥后追项籍垓下，与信越期而不至，捐数千里之地以畀之，如弃敝屣。项氏未灭，天下未定，而三人者已极富贵矣。何则？高帝知三人者之志大，不极于富贵则不为我用；虽极于富贵而不灭项氏，不定天下，则其志不已也。至于樊哙、滕公、灌婴之徒则不然，拔一城，陷一阵，而后增数级之爵，否则终岁不迁也。项氏已灭，天下已定，樊哙、滕公、灌婴之徒，计百战之功，而后爵之通侯。夫岂高帝至此而啬哉？知其才小而志小，虽不先赏不怨；而先赏之，则彼将泰然自满，而不复以立功为事故也。

噫，方韩信之立于齐，蒯通、武涉之说未去也，当是之时，而夺之王，汉其殆哉！夫人岂不欲三分天下而自立者？而彼则曰："汉王不夺我齐也。"故齐不捐，则韩信不怀；韩信不怀，则天下非汉之有。呜呼！高帝可谓知大计矣。

【注释】

①羁绁：羁，马笼头；绁，马缰绳。

②楅衡：楅，架在牛角上的横木；衡，穿在牛鼻子上的横木。

易　论

圣人之道，得礼而信，得《易》而尊。信之而不可为，尊之而不敢废。故圣人之道所以不废者，礼为之明，而《易》为之幽[①]也。

生民之初，无贵贱，无尊卑，无长幼，不耕而不饥，不蚕[②]而不寒，故其民逸。民之苦劳而乐逸也，若水之走下。而圣人者，独为之君臣，而使天下贵役贱；为之父子，而使天下尊役卑；为之兄弟，而使天下长役幼。

蚕而后衣，耕而后食，率天下而劳之。一圣人之力，固非足以胜天下之民之众，而其所以能夺其乐而易之以其所苦，而天下之民亦遂肯弃逸而即劳，欣然戴之以为君师，而尊蹈其法制者，礼则使然也。

圣人之始作礼也，其说曰："天下无贵贱，无尊卑，无长幼，是人之相杀无已也；不耕而食鸟兽之肉，不蚕而衣鸟兽之皮，是鸟兽与人相食无已也。有贵贱，有尊卑，有长幼，则人不相杀；食吾之所耕，而衣吾之所蚕，则鸟兽与人不相食。"人之好生也甚于逸，而恶死也甚于劳。圣人夺其逸死，而与之劳生，此虽三尺竖子，知所趋避矣。故其道之所以信于天下而不可废者，礼为之明也。

虽然，明则易达，易达则亵，亵则易废。圣人惧其道之废，而天下复于乱也，然后作《易》。观天地之象以为爻，通阴阳之变以为卦，考鬼神之情以为辞。探之茫茫，索之冥冥，童而习之，白首而不得其源。故天下视圣人，如神之幽，如天之高，尊其人，而其教亦随而尊。故其道之所以尊于天下而不敢废者，《易》为之幽也。凡人之所以见信者，以其中无所不可测者也；人之所以获尊得，以其中有所不可窥者也。是以礼无所不可测，而《易》有所不可窥，故天下之人，信圣人之道而尊之。不然，则《易》者，岂圣人务为新奇秘怪以夸后世邪?

圣人不因天下之至神，则无所施其教。卜筮者，天下之至神也，而卜者听乎天而人不预焉者也，筮者决之天而营之人者也。龟漫而无理者也，灼荆而钻之，方功义弓[③]，惟其所为，而人何预焉? 圣人曰："是纯乎天技耳。技何所施吾教? "于是取筮。夫筮之所以或为阳，或为阴者，必自分而为二始。挂一，吾知其为一而挂之也；揲之以四，吾知其为四而揲之也；归奇于颖，吾知其为一为二为三为四而归之也，人也。分而为二，吾不知其为几而分之也，天也。圣人曰："是天人参焉，道也。道有所施吾教矣。"于是因而作《易》，以神天下之耳目，而其道遂尊而不废。此圣人用其机权，以持天下之心，而济其道于无穷也。

【注释】

①幽：隐藏而不明显。

②蚕：昆虫名，善吐丝，蚕丝可用来织布。此处用如动词，指养蚕抽丝而织。

③方功义弓：《周礼·春官·龟人》："卜师掌开龟之四兆，一曰方兆，二曰功兆，三曰义兆，四曰弓兆。"指四种兆象。

乐　论

礼之始作也，难而易行；既行也，易而难久。天下未知君之为君，父之为父，兄之为兄，而圣人为之君、父、兄；天下未有以异其君、父、兄，而圣人为之拜起坐立；天下未肯靡然以从我拜起坐立，而圣人身先之以耻。呜呼！其亦难矣。天下恶夫死也久矣，圣人招之曰："来，吾生尔。"既而其法果可以生天下之人。天下之人，视其向也如此之危，而今也如此之安，则宜何从？故当其时虽难而易行。既行也，天下之人，视君、父、兄如头足之不待别白而后识，视拜起坐立如寝食之不待告语而后从事。虽然，百人从之，一人不从，则其势不得遽至乎死。天下之人，不知其初之无礼而死，而见其今之无礼而不至乎死也，则曰："圣人欺我。"故当其时虽易而难久。

呜呼！圣人之所恃以胜天下之劳逸者，独有死生之说耳。死生之说不信于天下，则劳逸之说将出而胜之。劳逸之说胜，则圣人之权去矣。酒有鸩[①]，肉有堇[②]，然后人不敢饮食；药可以生死，然后人不以苦口为讳。去其鸩，彻其堇，则酒肉之权固胜于药。圣人之始作礼也，其亦逆知其势之将必如此也，曰："告人以诚而后人信之。幸今之时，吾之所以告人者，其理诚然，而其事亦然，故人以为信。吾知其理，而天下之人知其事。事有不必然者，则吾之理不足以折天下之口。此告语之所不及也。告语之所不及，必有以阴驱而潜率之。"于是观之天地之间，得其至神之机，而窃之以为乐。

雨，吾见其所以湿万物也；日，吾见其所以燥万物也；风，吾见其所以动万物也。隐隐谹谹[③]而谓之雷者，彼何用也？阴凝而不散，物蹙而不遂，雨之所不能湿，日之所不能燥，风之所不能动，雷一震焉，而凝者散，蹙者遂。曰雨者、曰日者、曰风者，以形用；曰雷者以神用。用莫神于声，故圣人因声以为乐。为之君臣、父子、兄弟者，礼也。礼之所不及，而乐及焉。正声入乎耳，而人皆有事君、事父、事兄之心，则礼者固吾心之所有也。而圣人之说，又何从而不信乎?

【注释】

①鸩：毒鸟。喜吃蛇，它的羽毛有剧毒，和酒喝即死。

②堇：即乌头，一种有毒植物。

③硡硡：形容声音很大。扬雄《法言·向道》：“非雷非霆，隐隐鍧鍧。”

谏论上

古今论谏，常与讽[①]而少直[②]，其说盖出于仲尼。吾以为讽直一也，顾用之术何如耳。伍举进隐语，楚王淫益甚；茅焦解衣危论，秦帝立悟。讽固不可尽与，直亦未易少之。吾故曰：顾用之术何如耳。

然则仲尼之说非乎?曰：仲尼之说，纯乎经者也；吾之说，参乎权而归乎经者也。如得其术，则人君有少不为桀纣者，吾百谏而百听矣，况虚己者乎?不得其术，则人君有少不若尧舜者。吾百谏而百不听矣，况逆忠者乎?

然则奚术而可?曰：机智勇辩，如古游说之士而已。夫游说之士，以机智勇辩济其诈；吾欲谏者，以机智勇辩济其忠。请备论其效：周衰，游说炽于列国，自是世有其人。吾独怪夫谏而从者百一，说而从者十九；谏而死者皆是，说而死者未尝闻。然而抵触忌讳，说或甚于谏。由是知不必乎讽谏，而必乎术也。说之术，可为谏法有五：理谕之，势禁之，利诱之，激怒之，隐讽之谓也。触龙以赵后爱女贤于爱子，未旋踵而长安君出质；甘罗以杜邮之死诘张唐，而相燕之行有日；赵卒以两贤王之意语燕，而立归武臣。此理而谕之也。子贡以内忧教田常，而齐不得伐鲁；武公以麋鹿胁顷襄，而楚不敢图周；鲁连以烹醢惧垣衍，而魏不果帝秦。此势而禁之也。田生以万户侯启张卿，而刘泽封；朱建以富贵饵闳孺，而辟阳赦；邹阳以爱幸悦长君，而梁王释。此利而诱之也。苏秦以牛后羞韩，而惠王按剑太息；范睢以无王耻秦，而昭王长跪请教；郦生以助秦陵汉，而沛公辍洗听计。此激而怒之也。苏代以土偶笑田文，楚人以弓缴感襄王，蒯通以娶妇悟齐相。此隐而讽之也。五者相倾险诐之论，虽然，施之忠臣，足以成功，何则?

理而谕之，主虽昏必悟；势而禁之，主虽骄必惧；利而诱之，主虽怠必奋；激而怒之，主虽懦必立；隐而讽之，主虽暴必容。悟则明，惧则恭，奋则勤，立则勇，容则宽。致君之道，尽于此矣。

吾观昔之臣，言必从，理必济，莫若唐魏郑公[3]。其初实学纵横之说，此所谓得其术者欤？噫！龙逢、比干不获称良臣，无苏秦、张仪之术也；苏秦、张仪不免为游说，无龙逢、比干之心也。是以龙逢、比干，吾取其心，不取其术；苏秦、张仪，吾取其术，不取其心，以为谏法。

【注释】

①与讽：称赞讽劝的好处。与，称赞。

②少直：批评犯颜直谏。

③魏郑公：即魏徵。唐太宗时，他敢于犯颜敢谏，二百多条谏议，无不切中要害。被封为郑国公。

谏论下

夫臣能谏，不能使君必纳谏，非真能谏之臣；君能纳谏，不能使臣必谏，非真能纳谏之君。欲君必纳乎？向之论备矣；欲臣必谏乎？吾其言之。

夫君之大，天也；其尊，神也；其威，雷霆也。人之不能抗天、触神、忤雷霆，亦明矣。圣人知其然，故立赏以劝之，《传》曰“兴王赏谏臣”是也。犹惧其选耎阿谀，使一日不得闻其过，故制刑以威之，《书》曰“臣不下正，其刑墨”是也。人之情，非病风丧心，未有避赏而就刑者，何苦而不谏哉？赏与刑不设，则人之情又何苦而抗天、触神、忤雷霆哉？是非性忠义、不悦赏、不畏罪，谁欲以言博死者？人君又安能尽得性忠义者而任之？

今有三人焉，一人勇，一人勇怯半，一人怯。有与之临乎渊谷者，且告之曰：“能跳而越，此谓之勇，不然为怯。”彼勇者耻怯，必跳而越焉；其勇怯半者与怯者，则不能也。又告之曰：“跳而越者与千金，不然则否。”彼勇怯半者奔利，必跳而越焉，其怯者犹未能也。须臾顾见猛虎，暴然向逼，则怯者不待告而越之如康庄[1]矣。然则人岂有勇怯哉？要在以势驱之耳。

君之难犯，犹渊谷之难越也。所谓性忠义、不悦赏、不畏罪者，勇者也，故无不谏焉；悦赏者，勇怯半者也，故赏而后谏焉；畏罪者，怯者也，故刑而后谏焉。

先王知勇者不可常得，故以赏为千金，以刑为猛虎，使其前有所趋，后有所避，其势不得不极言规失，此三代所以兴也。末世不然，迁其赏于不谏，迁其刑于谏，宜乎臣之禁口卷舌，而乱亡随之也！间或贤君欲闻其过，亦不过赏之而已。呜呼！不有猛虎，彼怯者肯越渊谷乎？此无他，墨刑之废耳。三代之后，如霍光[2]诛昌邑不谏之臣者，不亦鲜哉！

今之谏赏，时或有之；不谏之刑，缺然无矣，苟增其所有，有其所无，则谀者直，佞者忠，况忠直者乎？诚如是，欲闻谠言而不获，吾不信也。

【注释】

①康庄：平坦大道。

②霍光：汉平阳（今山西临汾）人，字子孟。昌邑王因罪被废，对负有责任、不进谏的昌邑王的家臣，霍光辄杀之，百官震惊。

管仲论

管仲相桓公，霸诸侯，攘夷狄，终其身，齐国富强，诸侯不敢叛。管仲死，竖刁[1]、易牙[2]、开方[3]用，桓公薨于乱，五公子[4]争立，其祸蔓延，讫简公，齐无宁岁。

夫功之成，非成于成之日，盖必有所由起；祸之作，不作于作之日，亦必有所由兆。故齐之治也，吾不曰管仲，而曰鲍叔；及其乱也，吾不曰竖刁、易牙、开方，而曰管仲。何则？竖刁、易牙、开方三子，彼固乱人国者，顾其用之者，桓公也。夫有舜而后知放四凶，有仲尼而后知去少正卯[5]，彼桓公何人也？顾其使桓公得用三子者，管仲也。

仲之疾也，公问之相。当是时也，吾以仲且举天下之贤者以对，而其言乃不过曰“竖刁、易牙、开方三子，非人情不可近”而已。呜呼！仲以为桓公果能不用三子矣乎？仲与桓公处几年矣，亦知桓公之为人矣。桓公声不绝于耳，色不绝乎目，而非三子者，则无以遂其欲。彼其初之所以不用者，徒以有仲焉耳！一日无仲，则三子者可以弹冠相庆矣。仲以为将死之言，可以絷桓公之手足耶？夫齐国不患有三子，而患无仲，有仲，则三子者三匹夫耳。不然，天下岂少三子之徒哉？虽桓公幸而听仲，诛此三人，而其余者，仲能悉数而去之耶？呜呼！仲可谓不知本者矣。因桓公之问，举天下之贤者以自代，则仲虽死，而齐国未为无仲也，夫何患三子者，不言可也。

五霸莫盛于桓、文。文公之才，不过桓公，其臣又皆不及仲；灵公之虐，不如孝公之宽厚。文公死，诸侯不敢叛晋。晋袭文公之余威，得为诸侯之盟主者百有余年。何者？其君虽不肖，而尚有老成人焉。桓公之薨也，一败涂地，无惑也，彼独恃一管仲，而仲则死矣。夫天下未尝无贤者，盖有有臣无君者矣。桓公在焉，而曰天下不复有管仲者，吾不信也。

仲之书，有记其将死，论鲍叔、宾须无之为人，且各疏其短。是其心以为是数子者，皆不足以托国，而又逆知其将死，则其书诞谩，不足信也。吾观史鳅以不能进蘧伯玉而退弥子瑕，故有身后之谏；萧何且死，举曹参以自代。大臣之用心，固宜如此也。夫国以一人兴，以一人亡，贤者不悲其身之死，而忧其国之衰。故必复有贤者而后可以死。彼管仲者，何以死哉？

【注释】

①竖刁：宦者，自己削弱自己的势力，被桓公所宠幸。

②易牙：厨师，善烹调，因味美取悦桓公，被用为侍人。

③开方：卫公子，背叛卫君投奔齐国，得桓公的宠爱。

④五公子：指公子武孟、公子昭（即孝公）、公子潘（即昭公）、公子商人（即懿公）、公子元（即惠公）。

⑤少正卯：鲁国人。孔子为鲁司寇时，将其杀掉。

苏子瞻《东坡全集》精华

【著录】

苏轼（1037～1101），字子瞻，又字仲和，号东坡居士，谥文忠。眉州眉山（今四川眉山市）人。与其父苏洵、其弟苏辙并称“三苏”，为唐宋八大家之一，北宋著名文学家。

苏轼自幼好学，年纪虽轻即博通经史，驰骋文场。嘉祐二年（1057）进士及第，得欧阳修赏识。嘉佑六年（1061）以对制策入三等，任命为大理评事，签书凤翔府判官。治平二年（1065）返回京师，判登闻鼓院，召试直史馆。后丁父忧，熙宁二年（1069）还朝，判官告院，代理开封府推官。因对新法变革有所保留，与王安石政见不合，被迫离京外任，出判杭州，继知密、徐、湖三州。在湖州期间，因乌台诗案，于元丰二年（1079）押解回京，投入御史台监狱。后幸免杀身之祸，贬谪黄州团练副使安置，不得签署公事。后神宗下诏，量移汝州，乞居常州。元丰八年（1085）神宗病逝，哲宗继位，高太后临朝，旧党重新执政。苏轼受命知登州，旋即还朝，召为礼部郎中，升迁为起居舍人，寻除翰林学士兼侍读，拜龙图阁直学士。又与旧党政见相左，遭受排挤。元祐四年（1089）获准外任，出知杭州，任职三年。继而，被召还朝，复任翰林学士。数月后知颍州、扬州。复召为兵部尚书兼侍读，改礼部，兼端明殿翰林侍读两学士。哲宗亲政后，又离京外任，出知定州。绍圣元年（1094），贬为宁远军节度副使，惠州安置。绍圣四年（1097），再贬琼州别驾，居昌化。元符三年（1100），哲宗病逝，徽宗继位，苏轼被命内迁廉州，又改迁舒州团练副使，永州安置。更三赦，遂提举玉局观，复朝侍郎。

晚年移居常州，远避京师政治风云。时已老病交加，建中靖国元年（1101）卒，终年六十六岁。

苏轼政治上有自己的独立见解，既反对新党峻切，又反对旧党因循，刚正不阿，不苟同权贵，一生坎坷，屡遭贬斥。他较能体察民间疾苦，任职期间曾为当地百姓做过一些好事。因备受打击，难免消沉，但终不失达观。仕途失意，难以实现自己的政治抱负，却造就了一代文豪，在中国文学史上留下了他光辉的一页。

著有《东坡七集》一百一十卷，是集包括前集、后集、续集、奏议集、外制集、内制集、应诏集等七种，即为苏轼的诗文总集。有《四部备要》本。今《东坡全集》有商务印书馆与北京中国书店等刊本流行。另，不在全集中的词集《东坡乐府》二卷，有单刻本，上海古典文学出版社、中华书局都有影印本。此外，注释经书的《东坡书传》十三卷，有嘉庆十一年刻本，今有商务印书馆影印本。另有《答谢民师论文帖》《赤壁赋》《竹石图》等书画墨迹存世。

苏轼多才多艺，诗、词、文、书、画俱佳。其散文代表了北宋古文运动的最高成就，众体兼备，戛戛独造。其中政论、史论踔厉风发，代表作为《进策》《进论》。针砭时世，纵论肯綮，立论超拔，言之有物。而杂记、题跋、书信一类小品，自然活脱，别有情趣，汪洋恣肆，摇曳多姿。如《前后赤壁赋》《喜雨亭记》《超然台记》《记承天寺夜游》《书吴道子画后》等均称佳作。《宋史·苏轼传》：轼"尝自谓作文如行云流水，初无定质，但常行于所当行，止于所不可不止，虽嬉笑怒骂之辞，皆可书而诵之。其体浑涵光芒，雄视百代，有文章以来，盖亦鲜矣。"吴北江说："东坡天仙化人，其于文章，驱使惟心，无不如志，最为流俗所慕爱。"指出其散文之特色。苏诗今存二千七百余首，广泛反映了当时的社会生活，恰似时代画卷，广阔如江河湖海，故苏诗素有"诗海"之称。其中有相当部分诗篇描写了农民的贫苦悲惨生活。揭露时弊，指出官府横征暴敛，地主无尽盘剥，造成人民苦难。作者任地方官时，曾与百姓一起抗洪、抗蝗、兴修水利。凡此诗中均有反映。苏诗中还有一部分表现爱国热忱以及对外交、时局的关注。苏轼写景抒怀的诗篇，一向最为人所称道。他阅历甚广，足迹遍天下，大好河山，壮观景象，都展现在他的笔下。他精于观察，体物入微；善写动景，气势磅礴；借景抒情，参以人生哲理。这些小诗，大多意趣无穷，耐人寻味。此外，一些题画诗，颇能再现画境，并加以引发，阐述画论，也很精彩。当然，苏诗也有议论过多、凝练不足、炫才太过、意旨太露等缺点。苏诗各体皆工，尤擅长古体长篇，七律、七绝亦很出色，五律、五绝用力较少。苏词有三百四十余篇，于婉约派之外另辟蹊径，开拓了题材，创立了豪放派词风。

苏轼在文学史上的影响十分深远，他在世时便有人研究他的作品，后代的研究著作更是汗牛充栋。宋代黄庭坚等人、明公安派、豪放派词人辛弃疾等都曾受到他的影响，苏轼的文学创作在文学发展史上有着十分重大的意义。

前后赤壁赋

壬戌[1]之秋，七月既望，苏子与客泛舟，游于赤壁[2]之下。清风徐来，水波不举，举酒属客，诵明月之诗，歌窈窕之章。少焉，月出于东山之上，徘徊于斗牛[3]之间。白露横江，水光接天。纵一苇[4]之所如，凌万顷之茫然。浩浩乎如冯虚御风，而不知其所止；飘飘乎如遗世独立，羽化[5]而登仙。

于是饮酒乐甚，扣舷而歌之。歌曰："桂棹兮兰桨，击空明兮溯流光。渺渺兮予怀，望美人兮天一方。"客有吹洞箫者，倚歌而和之。其声呜呜然，如怨如慕，如泣如诉，余音袅袅，不绝如缕，舞幽壑之潜蛟，泣孤舟之嫠妇。

苏子愀然，正襟危坐，而问客曰："何为其然也？"

客曰："'月明星稀，乌鹊南飞。'此非曹孟德之诗乎？西望夏口，东望武昌，山川相缪，郁乎苍苍，此非孟德之困于周郎者乎？方其破荆州，下江陵，顺流而东也，舳舻千里，旌旗蔽空，酾酒临江，横槊赋诗，固一世之雄也，而今安在哉？况吾与子渔樵于江渚之上，侣鱼虾而友麋鹿，驾一叶之扁舟，举匏尊以相属。寄蜉蝣[6]于天地，渺沧海之一粟。哀吾生之须臾，羡长江之无穷。挟飞仙以遨游，抱明月而长终。知不可乎骤得，托遗响于悲风。"

苏子曰："客亦知夫水与月乎？逝者如斯，而未尝往也；盈虚者如彼，而卒莫消长也。盖将自其变者而观之，则天地曾不能以一瞬；自其不变者而观之，则物与我皆无尽也，而又何羡乎？且夫天地之间，物各有主，苟非吾之所有，虽一毫而莫取。惟江上之清风，与山间之明月，耳得之而为声，目遇之而成色，取之无禁，用之不竭，是造物者之无尽藏也，而吾与子之所共适。”

客喜而笑，洗盏更酌。肴核既尽，杯盘狼藉⑦。相与枕藉乎舟中，不知东方之既白。

是岁十月之望，步自雪堂，将归于临皋⑧。二客从予，过黄泥之坂。霜露既降，木叶尽脱，人影在地，仰见明月。顾而乐之，行歌相答。

已而叹曰："有客无酒，有酒无肴，月白风清，如此良夜何？”客曰："今者薄暮，举网得鱼，巨口细鳞，状如松江之鲈。顾安所得酒乎？”归而谋诸妇，妇曰："我有斗酒，藏之久矣，以待子不时之需。”

于是携酒与鱼，复游于赤壁之下。江流有声，断岸千尺，山高月小，水落石出。曾日月之几何，而江山不可复识矣。予乃摄衣而上，履巉岩，披蒙茸⑨，踞虎豹⑩，登虬龙⑪，攀栖鹘之危巢，俯冯夷⑫之幽宫。盖二客不能从焉。划然长啸，草木震动，山鸣谷应，风起水涌。予亦悄然而悲，肃然而恐，凛乎其不可留也。反而登舟，放乎中流，听其所止而休焉。时夜将半，四顾寂寥。适有孤鹤，横江东来，翅如车轮，玄裳缟衣，戛然长鸣，掠余舟而西也。

须臾客去，予亦就睡。梦一道士，羽衣蹁跹，过临皋之下，揖予而言曰："赤壁之游乐乎？”问其姓名，俯而不答。"呜呼噫嘻！吾知之矣。畴昔之夜，飞鸣而过我者，非子也耶？”道士顾笑，余亦惊寤。开户视之，不见其处。

【注释】

①壬戌：宋神宗元丰五年（1082）。

②赤壁：有两处，一在湖北嘉鱼县东北，是三国时赤壁之战发生地；一在黄州（今湖北黄冈市），是当地名胜。苏轼所游，是黄州赤壁。

③斗牛：二星宿名，即南斗和牵牛。

④一苇：比喻小船。《诗经·卫风·河广》："谁谓河广，一苇杭之。”

⑤羽化：道家指人飞升而成仙。

⑥蜉蝣：虫名，朝生暮死，生命十分短暂。

⑦狼藉：零散杂乱貌。

⑧雪堂、临皋：雪堂，是苏轼在黄州时自建的厅堂。临皋，指临皋亭，在湖北黄冈市南，苏轼在黄州的寓所。

⑨蒙茸：草木丛生、十分稠密貌。

⑩虎豹：指虎豹形状的怪石。

⑪虬龙：没有角的龙，这里用来指虬龙状的盘曲古树。

⑫冯夷：传说中的河神。

荀卿[1]论

尝读《孔子世家》，观其言语文章，循循莫不有规矩，不敢放言高论，言必称先王，然后知圣人忧天下之深也，茫乎不知其畔岸而非远也，浩乎不知其津涯而非深也。其所言者，匹夫匹妇之所共知；而所行者，圣人有所不能尽也。呜呼！是亦足矣。使后世有能尽吾说者，虽为圣人无难，而不能者，不失为寡过而已矣。

子路之勇，子贡之辩，冉有之智，此三者，皆天下之所谓难能而可贵者也，然三子者，每不为夫子之所悦。颜渊默然，不见其所能，若无以异于众人者，而夫子亟称之。且夫学圣人者，岂必其言之云尔哉？亦观其意之所向而已。夫子以为后世必有不足行其说者矣，必有窃其说而为不义者矣，是故其言平易正直，而不敢为非常可喜之论，要在于不可易也。

昔者常怪李斯[2]事荀卿，既而焚灭其书，大变古先圣王之法，于其师之道不啻若寇仇。及今观荀卿之书，然后知李斯之所以事秦者，皆出于荀卿而不足怪也。

荀卿者，喜为异说而不让，敢为高论而不顾者也。其言，愚人之所惊，小人之所喜也。子思、孟轲，世之所谓贤人君子也，荀卿独曰："乱天下者，子思、孟轲也。"天下之人，如此其众也，仁人义士，如此其多也，荀卿独曰："人性恶。桀纣性也，尧舜伪也。"由是观之，意其为人必也刚愎不逊，而自许太过。

彼李斯者，又特甚者耳。今夫小人之为不善，犹必有所顾忌，是以夏、商之亡，桀、纣之残暴，而先王之法度、礼乐、刑政犹未至于绝灭而不可考者，是桀、纣犹有所存，而不敢尽废也。彼李斯者，独能奋而不顾，焚烧夫子之六经，烹灭三代之诸侯，破坏周公之井田，此亦必有所恃者矣。彼见其师，历诋天下之贤人，自是其愚，以为古先圣王皆无足法者。不知荀卿特以快一时之论，而不知其祸之至于此也。

其父杀人报仇，其子必且行劫。荀卿明王道，述礼乐，而李斯以其学乱天下，其高谈异论有以激之也。孔孟之论未尝异也，而天下卒无有及者，苟天下果无有及者，则尚安以求异为哉?

【注释】

①荀卿：即荀子，名况，战国时赵人。游学于齐，曾为稷下学宫祭酒。后到楚国，为兰陵（今山东枣庄东南）令，老死该地。著有《荀子》。

②李斯：上蔡（今河南上蔡西南）人。曾从荀子学习帝王术，战国末入秦，曾任廷尉。秦统一后，任丞相。主张实行郡县制、焚书坑儒，以加强专制主义中央集权的统治。还曾统一整理过文字。因遭赵高忌恨，后为秦二世所杀。

韩非论

圣人之所为恶夫异端，尽力而排之者，非异端之能乱天下，而天下之乱所由出也。昔周之衰，有老聃、庄周、列御寇之徒，更为虚无淡泊之言，而治其猖狂浮游之说，纷纭颠倒，而卒归于无有。由其道者，荡然莫得其当，是以忘乎富贵之乐，而齐乎死生之分。此不得志于天下、高世远举之人，所以放心而无忧。虽非圣人之道，而其用意，固亦无恶于天下。自老聃之死百余年，有商鞅[①]、韩非[②]，著书言治天下无若刑名之贤。及秦用之，终于胜、广之乱，教化不足而法有余，秦以不祀，而天下被其毒。

后世之学者，知申、韩之罪，而不知老聃、庄周之使然，何者？仁义之道，起于夫妇、父子、兄弟相爱之间，而礼法、刑政之原，出于君臣上下相忌之际。相爱则有所不忍，相忌则有所不敢。不敢与不忍之心合，而后圣人之道得存乎其中。今老聃、庄周，论君臣父子之间，泛泛乎若萍游于江湖而适相值也。夫是以父不足爱，而君不足忌。不忌其君，不爱其父，则仁不足以怀，义不足以劝，礼、乐不足以化。此四者皆不足用，而欲置天下于无有。夫无有，岂诚足以治天下哉？商鞅、韩非求为其说而不得，得其所以轻天下而齐万物之术，是以敢为残忍而无疑。今夫不忍杀人而不足以为仁，而仁亦不足以治民，则是杀人不足以为不仁，而不仁亦不足以乱天下。如此，则举天下唯吾之所为，刀、锯、斧、钺，何施而不可？

昔者夫子未尝一日易其言，虽天下之小物，亦莫不有所畏。今其视天下眇然若不足为者，此其所以轻杀人欤？太史迁曰："申子卑卑，施于名实；韩子引绳墨，切事情，明是非，其极惨核少恩，皆原于《道德》之意。"尝读而思之，事固有不相谋而相感者。庄、老之后，其祸为申、韩。由三代之衰至于今，凡所以乱圣人之道者，其弊固已多矣，而未知其所终。奈何其不为之所也？

【注释】

①商鞅：战国时卫人，公孙氏，名鞅，故亦称公孙鞅、卫鞅。少好刑名之学，相秦孝公，实行变法。以战功封商，号商君，因称商鞅。孝公死后，为贵族诬害，车裂而死。著有《商君书》。

②韩非：战国时韩人。曾与李斯一起从荀子学习刑名法术之学。后仕秦，被李斯陷害，自杀于狱中。著有《韩非子》。

留侯论

古之所谓豪杰之士者，必有过人之节。人情有所不能忍者，匹夫见辱，拔剑而起，挺身而斗，此不足为勇也。天下有大勇者，卒然临之而不惊，无故加之而不怒，此其所挟持者甚大，而其志甚远也。

夫子房受书于圯上之老人[①]也，其事甚怪。然亦安知其非秦之世有隐君子者，出而试之？观其所以微见其意者，皆圣贤相与警戒之义，世人不察，以为鬼物，亦已过矣。且其意不在书。当韩之亡，秦之方盛也，以刀锯鼎镬待天下之士，其平居无罪夷灭者，不可胜数。虽有贲、育[②]，无所复施。夫持法太急者，其锋不可犯，而其势未可乘。子房不忍忿忿之心，以匹夫之力，而逞于一击之间。当此之时，子房之不死者，其间不能容发，盖亦已危矣。千金之子，不死于盗贼，何者？其身之可爱，而盗贼之不足以死也。子房以盖世之才，不为伊尹、太公之谋，而特出于荆轲、聂政之计，以侥幸于不死，此圯上老人之所为深惜者也。是故倨傲鲜腆而深折之。彼其能有所忍也，然后可以就大事，故曰："孺子可教也。"

楚庄王伐郑，郑伯[③]肉袒牵羊[④]以逆，庄王曰："其君能下人，必能信用其民矣。"遂舍之。勾践之困于会稽[⑤]，而归臣妾于吴者，三年而不倦。且夫有报人之志，而不能下人者，是匹夫之刚也。夫老人者，以为子房才有余，而忧其度量之不足，故深折其少年刚锐之气，使之忍小忿而就大谋。何则？非有平生之素，卒然相遇于草野之间，而命以仆妾之役，油然而不怪者，此固秦皇帝之所不能惊，而项籍之所不能怒也。

观夫高祖之所以胜，而项籍之所以败者，在能忍与不能忍之间而已矣。项籍惟不能忍，是以百战百胜，而轻用其锋。高祖忍之，养其全锋，以待其弊。此子房教之也。当淮阴破齐而欲自王，高祖发怒，见于辞色。由此观之，犹有刚强不忍之气，非子房其谁全之？

太史公疑子房，以为魁梧奇伟，而其状貌乃如妇人女子，不称其志气。呜呼！此其所以为子房欤！

【注释】

①圯上之老人：圯，楚方言称桥。传说张良在下邳圯上游玩，遇一老人，老人故意将鞋掉桥下，使张良拣回并给穿上，张良一一做到。于是老人赠给张良一部兵书，并告诉他，读了这本书，可当帝王之师，十三年后，你见到济北谷城山下黄石，即是我，言毕，老人遁云。事见《史记·留侯世家》。

②贲、育：即孟贲、夏育，都是战国时代著名的勇士。

③郑伯：郑襄公。

④肉袒牵羊：肉袒，脱衣露体，表示任凭责打；牵羊，指用羊作为奉献的礼物。《左传》宣公十二年："十二年者，楚子围郑……克之。入自皇门，至于逵路。郑伯肉袒牵羊以逆。"

⑤勾践之困于会稽：春秋时，越王勾践被吴国击败，困于会稽。于是勾践与吴媾和，亲赴吴国做吴王奴婢。三年后，勾践被放回。事见《国语·越语下》及《史记·越王勾践世家》。

范增论

汉用陈平[1]计，间疏楚君臣。项羽疑范增[2]与汉有私，稍夺其权。增大怒曰："天下事大定矣，君王自为之，愿赐骸骨归卒伍。"归，未至彭城，疽发背死。

苏子曰：增之去，善矣；不去，羽必杀增。独恨其不早耳。然则当以何时去？增劝羽杀沛公，羽不听，终以此失天下。当于此去耶？曰：否。增之欲杀沛公，人臣之分也；羽之不杀，犹有人君之度也，增曷为以此去哉！《易》曰："知几其神乎！"《诗》曰："相彼雨雪，先集维霰。"增之去，当于羽杀卿子冠军[3]时也。

陈涉之得民也，以项燕、扶苏。项氏之兴也，以立楚怀王孙心；而诸侯叛之也，以弑义帝[4]。且义帝之立，增为谋主矣；义帝之存亡，岂独为楚之盛衰，亦增之所与同祸福也。未有义帝亡而增独能久存者也。羽之杀卿子冠军也，是弑义帝之兆也；其弑义帝，则疑增之本也，岂必待陈平哉？物必先腐也，而后虫生之；人必先疑也，而后谗入之。陈平虽智，安能间无疑之主哉？

吾尝论义帝，天下之贤主也。独遣沛公入关，而不遣项羽，识卿字冠军于稠人之中，而擢以为上将，不贤而能如是乎？羽既矫杀卿子冠军，义帝必不能堪；非羽弑帝，则帝杀羽，不待智者而后知也。增始劝项梁立义帝，诸侯以此服从；中道而弑之，非增之意也。夫岂独非其意，将必力争而不听也。不用其言，而杀其所立，羽之疑增必自是始矣。方羽杀卿子冠军，增与羽比肩而事义帝，君臣之分未定也。为增计者，力能诛羽则诛之，不能则去之，岂不毅然大丈夫也哉！增年已七十，合则留，不合则去。不以此时明去就之分，而欲依羽以成功名，陋矣！

虽然，增，高帝之所畏也。增不去，项羽不亡。呜呼，增亦人杰也哉！

【注释】

①陈平：汉初阳武（今河南原阳东南）人，事高祖刘邦，任护军都尉，屡出奇计。汉朝建立，被封为曲逆侯。在惠帝、文帝时曾任丞相。

②范增：项羽谋臣，被尊亚父。居鄛（今安徽桐城南）人，项羽中刘邦

反间计，削夺他的权力。范增愤而告老还乡，病死途中。

③卿子冠军：楚怀王所封大将军宋义的称号。

④义帝：楚怀王孙心。初项梁起义，范增劝其立楚王之后以资号召，于是项梁从民间得到楚怀王之孙（名心），即立为王，仍称楚怀王。后项羽尊称其为义帝。

战国任侠论

春秋之末，至于战国，诸侯卿相，皆争养士[①]。自谋夫说客、谈天雕龙、坚白同异之流，下至击剑扛鼎、鸡鸣狗盗之徒，莫不宾礼。靡衣玉食以馆于上者，何可胜数！越王勾践有君子六千人，魏无忌、齐田文、赵胜、黄歇、吕不韦皆有客三千人，而田文招致任侠奸人六万家于薛。齐稷下谈者亦千人。魏文侯、燕昭王、太子丹皆致客无数。下至秦汉之间，张耳、陈余号多士，宾客厮养，皆天下豪杰。而田横亦有士五百人。其略见于传记者如此，度其余当倍官吏而半农夫也。此皆奸民蠹国者，民何以支而国何以堪乎?

苏子曰：此先王之所不能免也。国之有奸也，犹鸟兽之有猛鸷，昆虫之有毒螫也。区处条理，使各安其处，则有之矣；锄而尽去之，则无是道也。吾考之世变，知六国之所以久存，而秦之所以速亡者，盖出于此，不可以不察也。

夫智、勇、辩、力，此四者，皆天民之秀杰者也，类不能恶衣食以养人，皆役人以自养者也，故先王分天下之富贵与此四者共之。此四者不失职，则民靖矣。四者虽异，先王因俗设法，使出于一：三代以上出于学，战国至秦出于客，汉以后出于郡县吏，魏晋以来出于九品中正，隋唐至今出于科举，虽不尽然，取其多者论之。

六国之君，虐用其民，不减始皇、二世。然当是时，百姓无一人叛者，以凡民之秀杰者多以客养之，不失职也。其力耕以奉上，皆椎鲁无能为者，虽欲怨叛而莫为之先，此其所以少安而不即亡也。

始皇初欲逐客，用李斯之言而止；既并天下，则以客为无用，于是任法而不任人。谓民可以恃法而治，谓吏不必才，取能守吾法而已。故望名城，杀豪杰，民之秀异者，散而归田亩。向之食于四公子[②]、吕不韦之徒者，皆安归哉？不知其能槁项黄馘[③]以老死于布褐乎？抑将辍耕太息以俟时也？秦之乱虽成于二世，然使始皇知畏此四人者，有以处之，使不失职，秦之亡不至若是速也。纵百万虎狼于山林而饥渴之，不知其将噬人，世以始皇为智，吾不信也。

楚、汉之祸，生民尽矣，豪杰宜无几，而代相陈苍，从车千乘，萧、曹为政，莫之禁也。至文、景、武帝之世，法令至密，然吴王濞、淮南、梁王、魏其、武安之流，皆争致宾客，世主不问也。岂惩秦之祸，以为爵禄不能尽縻天下士，故少宽之，使得或出于此也邪？若夫先王之政则不然，曰："君子学道则爱人，小人学道则易使也。"呜呼，此岂秦汉之所及也哉！

【注释】

①养士：蓄养食客，为招引贤才。

②四公子：战国时齐国孟尝君、魏国信陵君、赵国平原君、楚国春申君都以招纳天下游侠、贤士，门下三千食客而名重于世，后称四公子。

③槁项黄馘：槁，干枯。项，脖子。馘，这里指脸孔。槁项黄馘，形容面黄肌瘦。《庄子·列御寇》："夫处穷闾陋巷，困窘织屦，槁项黄馘者，商之所短也。"

始皇扶苏论

秦始皇时，赵高[①]有罪，蒙毅按之，当死，始皇赦而用之。长子扶苏好直谏，上怒，使北监蒙恬兵于上郡。始皇东游会稽，并海走琅琊，少子胡亥、李斯、蒙毅、赵高从，道病，使蒙毅还祷山川，未及还，上崩。李斯、赵高矫诏立胡亥，杀扶苏、蒙恬、蒙毅，卒以亡秦。

苏子曰：始皇制天下轻重之势，使内外相形，以禁奸备乱者，可谓密矣。蒙恬将三十万人，威震北方，扶苏监其军，而蒙毅侍帷幄为谋臣，虽有大奸贼，敢睥睨其间哉？不幸道病，祷祠山川，尚有人也，而遣蒙毅，故高、斯得成其谋。始皇之遣毅，毅见始皇病，太子未立，而去左右，皆不可以言智。

虽然，天之亡人国，其祸败必出于智所不及。圣人为天下，不恃智以防乱，恃吾无致乱之道耳。始皇致乱之道，在用赵高。夫阉尹[②]之祸，如毒药猛兽，未有不裂肝碎首者也。自书契以来，惟东汉吕强、后唐张承业二人号称善良，岂可望一二于千万，以邀必亡之祸哉！然世主皆甘心而不悔。如汉桓、灵，唐肃、代，犹不足深怪；始皇、汉宣皆英主，亦湛于赵高、恭、显之祸。彼自以为聪明人杰也，奴仆熏腐之余何能为？及其亡国乱朝，乃与庸主不异。吾故表而出之，以戒后世人主如始皇、汉宣者。

或曰：李斯佐始皇定天下，不可谓不智。扶苏亲始皇子，秦人戴之久矣，陈胜假其名，犹足以乱天下，而蒙恬持重兵在外，使二人不即受诛，而复请之，则斯、高无遗类矣。以斯之智而不虑此，何哉？

苏子曰：呜呼！秦之失道，有自来矣，岂独始皇之罪？自商鞅变法，以殊死为轻典，以参夷为常法，人臣狼顾胁息，以得死为幸，何暇复请！方其法之行也，求无不获，禁无不止，鞅自以为轶尧舜而驾汤武矣。及其出亡而无所舍，然后知为法之弊。夫岂独鞅悔之？秦亦悔之矣。荆轲之变，持兵者熟视始皇环柱而走，莫之救者，以秦法重故也。李斯之立胡亥，不复忌二人者，知威令之素行，而臣子不敢复请也。二人之不敢复请，亦知始皇之鸷悍而不可回也，岂料其伪也哉？

周公曰："平易近民，民必归之。"孔子曰："有一言而可以终身行之，其恕矣乎！"夫以忠恕为心，而以平易为政，则上易知而下易达，虽有卖国之奸，无所投其隙，仓卒之变，无自发焉。然其令行禁止，盖有不及商鞅者矣，而圣人终不以彼易此。商鞅立信于徙木，立威于弃灰，刑其亲戚师傅，积威信之极以至始皇。秦人视其君如雷电鬼神，不可测也。

古者公族有罪，三宥然后制刑；今至使人矫杀其太子而不忌，太子亦不敢请，则威信之过也。故夫以法毒天下者，未有不反中其身，及其子孙者也。汉武与始皇皆果于杀者也，故其子如扶苏之仁，则宁死而不请，如戾太子之悍，则宁反而不诉，知诉之必不察也。戾太子岂欲反者哉？计出于无聊也。故为二君之子者，有死与反而已。李斯之智，盖足以知扶苏之必不反也。吾又表而出之，以戒后世人主之果于杀者。

【注释】

①赵高：秦国的宦官。本为赵国人，入秦后，任中车府令。始皇死，与李斯伪造遗诏，立秦始皇少子胡亥为二世皇帝。后杀死李斯，任丞相。不久，又杀二世，立子婴为帝。最终为子婴所杀。

②阉尹：太监。

放鹤亭记

熙宁十年秋，彭城大水，云龙山人[①]张君之草堂，水及其半扉。明年春，水落，迁于故居之东，东山之麓。升高而望，得异境焉，作亭于其上。彭城之山，冈岭四合，隐然如大环，独缺其西一面，而山人之亭，适当其缺。春夏之交，草木际天；秋冬雪月，千里一色。风雨晦明之间，俯仰百变。山人有二鹤，甚驯而善飞。旦则望西山之缺而放焉，纵其所如，或立于陂田，或翔于云表，暮则傃[②]东山而归，故名之曰“放鹤亭”。

郡守苏轼，时从宾佐僚吏[③]，往见山人，饮酒于斯亭而乐之。挹山人而告之曰：“子知隐居之乐乎？虽南面之君，未可与易也。《易》曰：‘鸣鹤在阴，其子和之。’《诗》曰：‘鹤鸣于九皋[④]，声闻于天。’盖其为物，清远闲放，超然于尘埃之外，故《易》《诗》人以比贤人君子。隐德之士，狎而玩之，宜若有益而无损者，然卫懿公好鹤，则亡其国。周公作《酒诰》，卫武公作《抑戒》，以为荒惑败乱，无若酒者；而刘伶、阮籍之徒，以此全其真而名后世。嗟夫！南面之君，虽清远闲放如鹤者，犹不得好，好之则亡其国；而山林遁世之士，虽荒惑败乱如酒者，犹不能为害，而况于鹤乎？由此观之，其为乐未可以同日而语也。”山人欣然而笑曰：“有是哉？”乃作放鹤、招鹤之歌曰：

鹤飞去兮，西山之缺，高翔而下览兮，择所适。翻然敛翼，宛将集兮，忽何所见，矫然而复击。独终日于涧谷之间兮，啄苍苔而履白石。

鹤归来兮，东山之阴。其下有人兮，黄冠草屦，葛衣而鼓琴。躬耕而食兮，其余以汝饱。归来归来兮，西山不可以久留。

【注释】

①云龙山人：张天骥的号。云龙山，今江苏徐州南面，张天骥在此隐居，故自以为号。

②傃：依傍，沿着。

③宾佐僚吏：宾客、属官。

④九皋：水泽深处。

苏子由《栾城集》精华

【著录】

苏辙（1039～1112），字子由，一字同叔，号栾城，又号颍滨遗老，谥文定。眉州眉山（今四川眉山市）人。宋代著名散文家，唐宋八大家之一，与其父苏洵、其兄苏轼齐名，合称“三苏”。

嘉祐二年（1057），与兄苏轼同榜登进士第，嘉祐六年（1061），又同策制举。宰相因其词过激，置于下等，授商州军事推官。徙大名。后丁父忧，宋神宗熙宁二年（1069），除父丧，上书言事，得召对。时王安石为参知政事，设制置三司条例司，王安石与陈升之任其事，命苏辙为之属。吕惠卿为条例司检详文字，苏辙常与之议论相左。实行青苗法之时，苏辙上书王安石，力陈不可，触其怒，于熙宁五年（1072）徙为河南府留守推官。元丰二年（1079），因兄苏轼下狱所牵连，贬谪筠州监盐酒税，五年不得调，移知绩溪县。哲宗即位之后，元祐元年（1086），召为右司谏，累迁御史中丞。元祐六年（1091），拜尚书右丞，次年，进门下侍郎。绍圣初，因忤逆权贵，降职外放，初知汝州，再斥知袁州，未至，降秩试少府监分司南京，筠州居住。绍圣三年（1096），斥降为化州别驾，雷州安置，移循州。徽宗即位，徙永州、岳州。不久，复为太中大夫奉祠。蔡京当国时，又降职罢祠居许州，后再复为太中大夫致仕。晚年居颍州，过田园隐逸生活，读书著述，默坐参禅。政和二年（1112）卒。死后追复端明殿学士。苏辙政治上反对新法，必随新旧两派的轮番更替，而遭遇也就起伏不定，平生多有坎坷。

苏辙著作宏富，有《诗传》《春秋传》《论语拾遗》《孟子解》《左史》

《老子解》《龙川志略》《栾城集》等。《栾城集》为其诗文总集，因曾官中奉大夫护军栾城县，以题书名。计有正集五十卷、后集二十四卷、三集十卷，均自编，有《四部丛刊》本与《四部备要》本。另有《三苏全集》收入《栾城集》正集四十八卷、后集二十四卷、三集十卷，收《栾城文集》二十卷、《栾城应诏集》十二卷。

苏辙一生和学问及思想与创作都深受其父兄影响。他尊崇儒道，虽通览诸子百家，最敬佩者为孟子。创作上主张"养气"，注重内心的道德修养，他在《上枢密韩太尉书》中说："辙生好为文，思之至深，以为文者气之所形。然文不可以学而能，气可以养而致。"同时，他对作家本身广泛的生活阅历也比较重视，赞司马迁："太史公行天下，周览四海名山大川，与燕、赵间豪俊交游，故其文疏荡，颇有奇气。"言论主张，在文学创作上都有一定的意义。

苏辙文学创作的主要成就是散文，其次为诗赋。他的散文有政论、史论与游记等。其政论纵谈天下大事，分析当时政局，探讨治乱得失，颇能一针见血，切中要害。本于经书，谈论王道、教化。如《新论》《上皇帝书》《进策》《进论》等篇，大率如此。其史论敢于针砭时弊，古为今用。如他在《商论》中说："盖物之强者易以折，而柔顺者可以久存；柔者可以久存，而常困于不胜；强者易以折，而其末也乃可以有所立。"在《六国论》中说："夫韩、魏诸侯之障，而使秦人得出入于其间，此岂知天下之势耶？委区区之韩、魏以当狼虎之强秦，彼安得不折而入于秦哉？"在《三国论》中说："世之言者曰：'孙不如曹，而刘不如孙。'刘备唯智短而勇不足，故有所不若于二人者，而不知因其所不足以求胜，则亦已惑矣。"都针对北宋王朝一味屈膝妥协外侮，后方安于享乐，不知利用有利条件以御强敌，寓意深刻。其游记思致高远，意境深邃，融写景、叙事、抒情、议论于一炉，行文流畅，文笔洒脱。总观苏辙的文章，风格质朴，平实舒缓纡徐，畅晓明达，内含秀逸。正如苏轼所评论："其为人深不愿人知之，其文如其为人，故汪洋澹泊，有一唱三叹之声，而其秀桀之气，终不可没。"（见《答张文潜书》）苏辙诗作颇多，早期常写身边琐事、咏物绘景、与苏轼唱和之作。晚年写出反映现实、抒写情怀的诗篇，成就超过前期。他的诗作亦如其文，淳朴少华，意境恬淡，偶有清新流丽之作。重视诗歌思想内容，对李白、白居易等人有所讥评，如说李白诗"华而不实""唐人工于为诗而陋于闻道"等，可见他在诗歌创作上的追求，在宋代有一定的代表性。苏辙的赋体文章，也有写得相当出色的，如《墨竹赋》赞美画家文同所作墨竹，描摹细腻，状写逼真，诗意盎然。

上枢密韩太尉书

太尉[①]执事：辙生好为文，思之至深，以为文者气之所形。然文不可以学而能，气可以养而致。孟子曰："我善养吾浩然之气。"今观其文章，宽厚宏博，充乎天地之间，称其气之小大。太史公行天下，周览四海名山大川，与燕、赵间豪俊交游，故其文疏荡，颇有奇气。此二子者，岂尝执笔学为如此之文哉？其气充乎其中而溢乎其貌，动乎其言而见乎其文，而不自知也。

辙生十有九年矣。其居家所与游者，不过其邻里乡党之人；所见不过数百里之间，无高山大野可登览以自广；百氏[②]之书，虽无所不读，然皆古人之陈迹，不足以激发其志气。恐遂汩没[③]，故决然舍去，求天下奇闻壮观，以知天地之广大。过秦、汉之故都，恣观终南、嵩、华之高；北顾黄河之奔流，慨然想见古之豪杰；至京师，仰观天子宫阙之壮，与仓廪府库城池苑囿之富且大也，而后知天下之巨丽；见翰林欧阳公，听其议论之宏辩，观其容貌之秀伟，与其门人贤士大夫游，而后知天下之文章聚乎此也。太尉以才略冠天下，天下之所恃以无忧，四夷之所惮以不敢发，入则周公、召公，出则方叔、召虎[④]，而辙也未之见焉。

且夫人之学也，不志其大，虽多而何为？辙之来也，于山见终南、嵩、华之高，于水见黄河之大且深，于人见欧阳公，而犹以为未见太尉也。故愿得观贤人之光耀，闻一言以自壮，然后可以尽天下之大观而无憾矣。

辙年少，未能通习吏事。向之来，非有取于升斗之禄，偶然得之，非其所乐。然幸得赐归待选，使得优游数年之间，将以益治其文，且学为政。太尉苟以为可教而辱教之，又幸矣。

【注释】

①太尉：官名，地位与丞相相等。

②百氏：即诸子百家。

③汩没：沉没、埋没。

④方叔、召虎：均为周宣王之贤臣。荆蛮背叛，王命方叔南征，荆蛮归服。淮夷不服，王命召虎率领军队沿着江汉讨平他们。

武昌九曲亭记

子瞻迁于齐安[1]，庐于江上。齐安无名山，而江之南武昌诸山，陂陀蔓延，涧谷深密，中有浮图精舍。西曰西山，东曰寒溪。依山临壑，隐蔽松枥，萧然绝俗，车马之迹不至。每风止日出，江水伏息，子瞻杖策载酒，乘渔舟乱流而南。山中有二三子，好客而喜游，闻子瞻至，幅巾迎笑，相携徜徉而上，穷山之深，力极而息，扫叶席草，酌酒相劳，意适忘反，往往留宿于山上。以此居齐安三年，不知其久也。

然将适西山，行于松柏之间，羊肠九曲而获少平，游者至此必息。倚怪石，荫茂木，俯视大江，仰瞻陵阜，旁瞩溪谷，风云变化，林麓向背，皆效于左右。有废亭焉，其遗址甚狭，不足以席众客；其旁古木数十，其大皆百围千尺，不可加以斤斧。子瞻每至其下，辄睥睨[2]终日。一旦大风雷雨，拔出其一，斥其所据，亭得以广。子瞻与客入山视之，笑曰："兹欲以成吾亭邪？"遂相与营之。亭成而西山之胜始具，子瞻于是最乐。

昔余少年，从子瞻游，有山可登，有水可浮，子瞻未始不褰裳先之，有不得至，为之怅然移日。至其翩然独往，逍遥泉石之上，撷林卉，拾涧实，酌水而饮之，见者以为仙也。盖天下之乐无穷，而以适意为悦。方其得意，万物无以易之；及其既厌，未有不洒然自笑者也。譬之饮食，杂陈于前，要之一饱而同委于臭腐，夫孰知得失之所在？惟其无愧于中，无责于外，而姑寓焉。此子瞻之所以有乐于是也。

【注释】

①齐安：地名，在今湖北黄冈市西北一百二十里。

②睥睨：斜视貌。

黄州快哉亭记

江出西陵[①]，始得平地，其流奔放肆大。南合湘沅，北合汉沔[②]，其势益张。至于赤壁之下，波流浸灌，与海相若。清河张君梦得谪居齐安，即其庐之西南为亭，以览观江流之胜，而余兄子瞻名之曰“快哉”。

盖亭之所见，南北百里，东西一舍。涛澜汹涌，风云开阖。昼则舟楫出没于其前，夜则鱼龙悲啸于其下，变化倏忽，动心骇目，不可久视。今乃得玩之几席之上，举目而足。西望武昌诸山，冈陵起伏，草木行列，烟消日出，渔夫樵父之舍，皆可指数，此其所以为快哉者也。至于长洲之滨，故城之墟，曹孟德、孙仲谋[③]之所睥睨，周瑜、陆逊[④]之所驰骛，其流风遗迹，亦足以称快世俗。

昔楚襄王从宋玉、景差于兰台之宫，有风飒然而至者，王披襟当之曰：“快哉此风！寡人所与庶人共者耶？”宋玉曰：“此独大王之雄风耳，庶人安得共之！”玉之言，盖有讽焉。夫风无雄雌之异，而人有遇不遇之变。楚王之所以为乐，与庶人之所以为忧，此则人之变也，而风何与焉！

士生于世，使其中不自得，将何往而非病？使其中坦然，不以物伤性，将何适而非快？今张君不以谪为患，收会计[⑤]之余功，而自放山水之间，此其中宜有以过人者。将蓬户瓮牖[⑥]，无所不快，而况乎濯长江之清流，揖西山之白云，穷耳目之胜以自适也哉！不然，连山绝壑，长林古木，振之以清风，照之以明月，此皆骚人思士[⑦]之所以悲伤憔悴而不能胜者，乌睹其为快也哉！

【注释】

①西陵：即西陵峡，又名巴峡，长江三峡之一，在湖北巴东至宜昌一带。

②汉沔：即汉水。古代汉水上游称沔水。

③曹孟德、孙仲谋：即曹操、孙权。

④周瑜、陆逊：周瑜，字公瑾，三国时吴将，曾经在赤壁大败曹操。陆逊，字伯言，亦吴将，曾率兵驻扎在黄州。

⑤会计：掌管钱粮税收事务，即任职的公务。

⑥蓬户瓮牖：编结蓬草做成门，用破瓮做成窗户，指贫贱者的住房。

⑦骚人思士：诗人与不得志之士。

代三省祭司马丞相文

呜呼！元丰末命，震惊四方，号令所从，帷幄是望。公来自西，会哭于庭。缙绅咨嗟，复见老成。太任[①]在位，成王在左。曰予蘖蘖，谁恤予祸？白发仓颜，三世之臣。不留相予，孰左右民？公出于道，民聚而呼。皆曰吾父，归欤归欤！公畏莫当，遄返洛师。授之宛丘，实将用之。公之来思，岌然特立。身如槁木，心如金石。时当宅忧[②]，恭默不言。一二卿士，代天斡旋。事棼如丝，众比如栉。治乱之机，间不容发。公身当之，所恃惟诚。吾民苟安，吾君则宁。以顺得天，以信得人。锄去太甚，复其本原。白叟黄童，织妇耕夫。庶几休焉，日月以须。公乘安舆，入见延和。裕民之言，之死靡他。将享合宫，百辟咸事。公病于家，卧不时起。明日当斋，公讣暮闻。天以雨泣，都人酸辛。礼成不贺，人识君意。龙衮蝉冠，遂以往襚。公之初来，民执弓矛；逮公永归，既耕且耰。公虽云亡，其志则存。国有成法，朝有正人。持而守之，有一毋陨。匪以报公，维以报君。天子圣明，神母万年。民不告勤，公志则然。死者复生，信我此言。呜呼哀哉！

【注释】

①太任：周文王父亲王季之妻，任姓，挚国国君的第二个女儿。《诗经·大雅·思齐》："思齐太任，文王之母。"

②宅忧：居丧。《尚书·说命》："王宅忧，亮阴三祀。"

商　论

商之有天下者三十世，而周之世三十有七。商之既衰而复兴者五王，而周之既衰而复兴者，宣王一人而已。夫商之多贤君，宜若其世之过于周，周之贤君不如商之多，而其久于商者乃数百岁，其故何也？盖周公之治天下，务以文章繁缛之礼，和柔驯扰刚强之民。故其道本于尊尊而亲亲，贵老而慈幼，使民之父子相爱，兄弟相悦。以无犯上难制之气，行其至柔之道，以揉天下之戾心，而去其刚毅果敢之志，故其享天下之久。而诸侯内侵，京师不振，卒于废为至弱之国，何者？优柔和易可以为久，而不可以为强也。

若夫商人之所以为天下者，不可复见矣，尝试求之《诗》《书》。《诗》之宽缓而和柔，《书》之委曲而繁重者，举皆周也。而商人之《诗》骏发而严厉，其《书》简洁而明肃，以为商人之风俗盖在于此矣。夫惟天下有刚强不屈之俗也，故其后世有以自振于衰微；然其至败也，一散而不可复止。盖物之强者易以折，而柔顺者可以久存；柔者可以久存，而常困于不胜；强者易以折，而其末也乃可以有所立。此商之所以不长，而周之所以不振也。

鸣呼！圣人之虑天下，亦有所就而已，不能使之无弊也。使之能久而不能强，能以自振而不能以及远，此二者，存乎其后世之贤与不贤矣。太公封于齐，尊贤而尚功，周公曰："后世必有篡弑之臣。"周公治鲁，亲亲而尊尊，太公曰："后世寖衰矣。"夫尊贤尚功，则近于强；亲亲尊尊，则近于弱。终之齐有田氏之祸[①]，而鲁人困于盟主之令。盖商之政近于齐，而周公之所以治周者，其所以治鲁也。故齐强而鲁弱，鲁未亡而齐亡也。

【注释】

①田氏之祸：战国时，田氏并齐以后称田齐。田氏先祖陈完由陈奔齐，曰田敬仲，桓公让他担任工正。齐景公时，田桓子用大斗出贷、小斗收进等办法来笼络人心。景公死时，因爱少子荼，嘱托国子、高子拥立他。田氏与诸大夫攻灭国子、高子，废荼，立景公子阳生，田氏遂独揽大政。至田成子又弑简公，立平公。至田盘担任齐宣公相，与晋国的韩、魏、赵氏共谋篡国。

六国论

尝读六国世家，窃怪天下之诸侯，以五倍之地、十倍之众，发愤西向，以攻山西千里之秦，而不免于灭亡。尝为之深思远虑，以为必有可以自安之计。盖未尝不咎其当时之士虑患之疏，而见利之浅，且不知天下之势也。

夫秦之所与诸侯争天下者，不在齐、楚、燕、赵也，而在韩、魏之郊；诸侯之所与秦争天下者，不在齐、楚、燕、赵也，而在韩、魏之野。秦之有韩、魏，譬如人之有腹心之疾也。韩、魏塞秦之冲，而蔽山东之诸侯，故夫天下之所重者，莫如韩、魏也。昔者范雎[①]用于秦而收韩，商鞅[②]用于秦而收魏，昭王未得韩、魏之心，而出兵以攻齐之刚、寿，而范雎以为忧。然则秦之所忌者可以见矣。秦之用兵于燕、赵，秦之危事也。越韩过魏而攻人之国都，燕、赵拒之于前，而韩、魏乘之于后，此危道也。而秦之攻燕、赵，未尝有韩、魏之忧，则韩、魏之附秦故也。夫韩、魏诸侯之障，而使秦人得出入于其间，此岂知天下之势耶？委区区之韩、魏以当狼虎之强秦，彼安得不折而入于秦哉？韩、魏折而入于秦，然后秦人得通其兵于东诸侯，而使天下遍受其祸。

夫韩、魏不能独当秦，而天下之诸侯，藉之以蔽其西，故莫如厚韩亲魏以摈秦。秦人不敢逾韩、魏以窥齐、楚、燕、赵之国，而齐、楚、燕、赵之国，因得以自完于其间矣。以四无事之国，佐当寇之韩、魏，使韩、魏无东顾之忧，而为天下出身以当秦兵。以二国委秦，而四国休息于内，以阴助其急。若此，可以应夫无穷，彼秦者将何为哉？不知出此而乃贪疆埸尺寸之利，背盟败约，以自相屠灭，秦兵未出，而天下诸侯已自困矣。至使秦人得伺其隙，以取其国，可不悲哉！

【注释】

①范雎：战国时魏人。用远交近攻的谋略劝谏秦昭王，立为相，封为应侯。

②商鞅：战国时卫人。喜好刑名之学，担任秦孝公的相，实行变法，被封商地，号商君。

三国论

天下皆怯而独勇，则勇者胜；皆暗而独智，则智者胜。勇而遇勇，则勇者不足恃也；智而遇智，则智者不足恃也。夫惟智勇之不足以定天下，是以天下之难，蜂起而难平。盖尝闻之，古者英雄之君，其遇智勇也以不智不勇，而后真智大勇乃可得而见也。

悲夫！世之英雄其处于世，亦有幸不幸耶！汉高祖、唐太宗，是以智勇独过天下而得之者也；曹公、孙、刘，是以智勇相遇而失之者也。以智攻智，以勇击勇，此譬如两虎相捽，齿牙气力，无以相胜，其势足以相扰，而不足以相毙。当此之时，惜乎无有以汉高帝之事制之者也。昔者项籍[①]乘百战百胜之威，而执诸侯之柄，咄嗟叱咤，奋其暴怒，西向以逆高祖，其势飘忽震荡，如风雨之至，天下之人，以为遂无汉矣。然高帝以其不智不勇之身，横塞其冲，徘徊而不得进，其顽钝椎鲁，足以为笑于天下，而卒能摧折项氏而待其死。此其故何也？夫人之勇力用而不已，则必有所耗竭；而其智虑久而无成，则亦必有所倦怠而不举。彼欲用其所长，以制我于一时，而我闭门而拒之，使之失其所求，逡巡求去而不能去，而项籍固已惫矣。

今夫曹公、孙权、刘备，此三人者，皆知以其才相处，而未知以不才取人也。世之言者曰："孙不如曹，而刘不如孙。"刘备唯智短而勇不足，故有所不若于二人者，而不知因其所不足以求胜，则亦已惑矣。盖刘备之才，近似于高祖，而不知所以用之之术。昔高祖之所以自用其才者，其道有三焉耳：先据势胜之地，以示天下之形；广收信、越出奇之将以自辅其所不逮；有果锐刚猛之气而不用，以深折项籍猖狂之势。此三事者，三国之君，其才皆无有能行之者。独有一刘备近之而未至其中，犹有翘然自喜之心，欲为椎鲁而不能钝，欲为果锐而不能达，二者交战于中而未有所定，是故所为而不成，所欲而不遂。弃天下而入巴蜀，则非地也；用诸葛孔明治国之才而当纷纭征伐之冲，则非将也；不忍忿忿之心，犯其所短，而自将以攻人，则是其气不足尚也。嗟夫！方其奔走于二袁之间，困于吕布[②]，而狼狈于荆州[③]，百败而其志不折，不可谓无高祖之风矣，而终不知所以自用之方。夫古之英雄，惟汉高帝为不可及也夫！

【注释】

①项籍：字羽，秦末下相（今江苏宿迁西南）人。力能扛鼎，才气过人。与叔父项梁在吴中起兵。项梁战败而死，项籍领兵大败秦军，自立为西楚霸王。与汉高祖刘邦争夺天下，后被汉军及诸侯军围在垓下，战败而死。

②吕布：东汉五原郡九原（今内蒙古包头市西北）人，字奉先。事董卓，誓为父子，因卓行暴虐，与王允设计杀卓。后被卓余党打败。往依袁术，复投袁绍，曾在徐州围困刘备，后被曹操缢死。

③狼狈于荆州：狼狈，困顿。刘备在荆州，曹操率精兵攻打，战于当阳长坂。刘备大败，弃妻子，与诸葛亮、赵云等数十骑逃奔夏口。

王介甫《临川集》精华

【著录】

王安石（1021～1086），字介甫，小字獾郎，晚号半山，抚州临川（今江西省抚州市临川县）人。宋仁宗庆历二年（1042）中进士，任淮南节度判官。后任鄞县县令、舒州通判、常州知州、江南提点刑狱等地方官，为官兢兢业业，兴利除弊，颇有政绩。嘉祐三年（1058），向仁宗进《上仁宗皇帝言事书》，即“万言书”，提出了一整套改革措施，未被采纳。神宗即位后，王安石又任江宁知府、翰林学士等职，熙宁二年（1069）任参知政事，次年擢升宰相，开始历史上有名的“熙宁变法”，积极推行农田水利、青苗、均输、免役、市易、保甲等，以期富国强兵、巩固宋朝的封建统治。但新法在推行过程中，不甚得力，流弊颇多，收效甚微，遭到保守派的强烈反对。王安石曾于熙宁七年（1074）和熙宁九年（1076）两度罢相，新法至此名存实亡。晚年退居金陵，不再过问政事；信奉佛道，以游山玩水、读书著述为事。元丰中封荆国公，卒谥文，世称王荆公、王文公。王安石既是杰出的政治家，又是一位杰出的文学家。他反对西昆派，主张为文须“有补于世，”强调文章要明道、经世致用，重视作品的社会意义。至于文章形式之美，认为只能占从属地位。王安石的文章，以政论文、学术论文为主，此外还有一些墓志、游记。即使是如《游褒禅山记》《伤仲永》类游记、短文，也不放过大发议论之机会，以致他的作品给人造成一种艺术感染力较弱的感觉。然而王安石在我国古典散文发展史上的影响却不容忽视。他驾驭语言的能力之强，在以文章为政治服务和巩固北宋古文革新运动的成果方面起了不可低估的作用。其政论文在唐宋八大家中可谓鳌头独占。表现形式，王安石继承并发展了传统政论文之特色，无论长篇或是短文，都结构严谨，说理透彻，内容充实，语言朴素，简洁明快，概括力强。成为后世政论文的典范，影响很深远。一些脍炙人口的小品，如《书刺客传后》和《读孟尝君传》，这些评论历史人物的作品，笔力雄健，富有感情，文风峭刻，读其文可以想见他刚毅果断的政治家风度。除散文外，还有大量的诗作，内容可为写实、咏史和写景。其诗作内容充实，艺术感染力强。

《临川集》始编于北宋末，南宋初，龙舒、杭州等地都有刻本。传世以龙舒本《王文公文集》为最古，凡一百卷，其中文五十六卷，诗四十四卷；其次是南宋杭州本《临川先生文集》，也是一百卷，其中文六十二卷，诗三十八卷。清嘉庆年间沈钦韩撰有《王荆公文集注》八卷；近代有《嘉业堂丛书》本；1974 年，上海人民出版社出版了《王文公文集》的点校本。

原　过

天有过乎？有之，陵历阙蚀[①]是也。地有过乎？有之，崩弛竭塞[②]是也。天地举有过，卒不累覆且载者何？善复常也。人介乎天地之间，则固不能无过，卒不害圣且贤者何？亦善复常也。故太甲思庸，孔子曰“勿惮改过”，扬雄贵迁善，皆是术也。予之朋有过而能悔，悔而能改，人则曰：是向之从事云尔。今从事与向之从事弗类，非其性也。饰表以疑世也。夫岂知言哉？天播五行于万灵，人固备而有之。有而不思则失，思而不行则废。一日咎前之非，沛然[③]思而行之，是失而复得，废而复举也。顾曰：非其性，是率天下而戕性[④]也。且如人有财见篡于盗，已而得之，曰：非夫人之财，向篡于盗矣，可欤？不可也。财之在己，固不若性之为己有也，财失复得，曰“非其财”且不可，性失复得，曰“非其性”，可乎？

【注释】

①陵历阙蚀：阴阳参差月阙日蚀。

②崩弛竭塞：山崩海弛河洛竭塞。

③沛然：勇疾貌。《孟子》：“沛然谁能御之？”

④戕性：残害本性。

伤仲永

金溪[①]民方仲永，世隶耕。仲永生五年，未尝识书具，忽啼求之。父异焉，借旁近与之，即书诗四句，并自为其名。其诗以养父母、收族为意，传一乡秀才观之。自是指物作诗立就，其文理皆有可观者。邑人奇之，稍稍宾客其父，或以钱币乞之。父利其然也，日扳仲永环谒[②]于邑人，不使学。

余闻之也久，明道[③]中，从先人还家，于舅家见之，十二三矣。令作诗，不能称前时之闻。又七年，还自扬州，复到舅家问焉，曰："泯然[④]众人矣！"

王子曰：仲永之通悟，受之天也。其受之天也，贤于材人远矣。卒之为众人，则其受于人者不至也。彼其受之天也，如此其贤也，不受之人，且为众人。今夫不受之天，固众人，又不受之人，得为众人而已耶！

【注释】

①金溪：县名，今属江西省。

②环谒：到处拜访。

③明道：宋仁宗年号。

④泯然：泯没无闻。

读孟尝君传

世皆称孟尝君[①]能得士，士以故归之，而卒赖其力以脱于虎豹之秦。嗟乎！孟尝君特鸡鸣狗盗[②]之雄耳，岂足以言得士？不然，擅齐之强，得一士焉，宜可以南面而制秦，尚何取鸡鸣狗盗之力哉？夫鸡鸣狗盗之出其门，此士之所以不至也。

【注释】

①孟尝君：战国四公子之一，姓田，名文，承继其父封爵，为薛公，以好客著称，门下食客多达数千人，曾相齐、相魏，卒谥孟尝君。

②鸡鸣狗盗：孟尝君出使秦国，被秦王扣留。食客中能为狗盗的，盗一领千金狐裘，献给秦王爱姬，秦王听从爱姬请求，遣孟尝君回国。不久秦王后悔，派人追赶孟尝君。当时孟尝君已至关，关法规定鸡叫后放客出关。食客中能学鸡叫者，仿鸡叫，引发鸡鸣，于是得以出关。后以鸡鸣狗盗称有卑微技能之人。

读孔子世家

太史公叙帝王则曰“本纪”，公侯传国则曰“世家”[①]，公卿特起则曰“列传”，此其例也。其列孔子为世家，奚其进退无所据耶？孔子旅人[②]也，栖栖衰季之世，无尺土之柄，此列之于传宜矣，曷为世家哉？岂以仲尼躬将圣之资，其教化之盛，舄奕[③]万世，故为之世家以抗之？又非极挚之论也。夫仲尼之才，帝王可也，何特公侯哉？仲尼之道，世天下可也，何特世其家哉？处之世家，仲尼之道，不从而大；置之列传，仲尼之道，不从而小。而迁也自乱其例，所谓多所抵牾者也。

【注释】

①世家：《史记》纪诸侯王之事，称作“世家”。

②旅人：旅客。《易注》：“仲尼旅人，则国可知矣。”

③舄奕：蝉联不绝。《后汉书》：“舄奕乎千载。”

扬州龙兴讲院记

予少时客游金陵[①]，浮屠[②]慧礼者从予游。予既吏淮南，而慧礼得龙兴佛舍，与其徒日讲其师之说。尝出而过焉，庳屋数十椽，上破而旁穿，侧出而视后，则榛棘出入，不见垣端。指以语予曰：“吾将除此而宫之。虽然，其成也，不以私吾后，必求时之能行吾道者付之，愿记以示后之人，使不得私焉。”当是时，礼方丐食饮以卒日，视其居枵然。余特戏曰：“姑成之，吾记无难者。”后四年来曰：“昔之所欲为，凡百二十楹，赖州人蒋氏之力，既皆成，盍有述焉？”

噫，何其能也！盖慧礼者，予知之，其行谨洁，学博而才敏，而又卒之以不私，宜成此不难也。今夫衣冠而学者，必曰自孔氏。孔氏之道易行也，非有苦身窘形，离性禁欲，若彼之难也。而士之行可一乡、才足一官者常少，而浮屠之寺庙被四海，则彼其所谓材者，宁独礼耶？以彼之材，由此之道，去至难而就甚易，宜其能也。呜呼！失之此而彼得焉，其有以也夫！

【注释】

①金陵：今江苏南京市。

②浮屠：僧人。

桂州新城记

侬智高[1]反南方，出入十有二州。十有二州之守吏，或死或不死，而无一夫能守其州者，岂其材皆不足欤？盖夫城郭之不设，甲兵之不戒，虽有智勇，犹不能以胜一日之变也。惟天子亦以为任其罪者，不独守吏，故特推恩褒广死节，而一切贷其失职。于是遂推选士大夫所论以为能者，付之经略，而令尚书户部侍郎余公靖当广西焉。

寇平之明年，蛮越绥和，乃大城桂州，其方六里。其木甓瓦石之材，以枚数之，至四百万有奇；用人之力，以工数之，至二十余万。凡所以守之具，无一求而有不给者焉。以至和元年八月始作，而以二年之六月成。夫其为役亦大矣。盖公之信于民也久，而费之欲以卫其财，劳之欲以休其力，以故为是大费与大劳，而人莫或以为勤也。

古者君臣、父子、兄弟、夫妇、朋友之礼失，则夷狄横而窥中国。方是时，中国非无城郭也，卒于陵夷毁顿陷灭而不救。然则城郭者，先王有之，而非所以恃而为存也。及至喟然觉悟，兴起旧政，则城郭之修也，又尝不敢以为后。盖有其患而图之无其具，有其具而守之非其人，有其人而治之无其法，能以久存而无败者，皆未之闻也。故文王之兴也，有四夷之难，则城于朔方而以南仲；宣王之起也，有诸侯之患，则城于东方而以仲山甫[2]。此二臣之德，协于其君，于为国之本末与其所先后，可谓知之矣。虑之以悄悄之劳，而发赫赫之名；承之以翼翼之勤，而续明明之功。卒所以攘戎狄而中国以安全者，盖其君臣如此，而守卫之有其具也。

今余公亦以文武之材，当明天子承平日久、欲补弊立废之时，镇抚一方，修扞其民，其勤于今，与周之有南仲、仲山甫盖等矣，是宜有纪也。故其将吏相与谋而来取文，将刻之城隅，而以告后之人焉。

【注释】

①侬智高：宋广源州蛮人。侬氏自唐初即雄于西原，唐末侬全福为交人所杀，其妻改嫁商人，生智高，冒姓侬，占据广南，建国大南。

②仲山甫：周朝樊侯，宣王时为卿士，辅政中兴，受到诗人称颂。古今人表作中山父，史亦称樊仲甫。

游褒禅山记

褒禅山，亦谓之华山。唐浮图慧褒始舍于其址，而卒葬之，以故其后名之曰“褒禅”。今所谓慧空禅院者，褒之庐冢[①]也。距其院东五里，所谓华阳洞者，以其在华山之阳名之也。距洞百余步，有碑仆道，其文漫灭，独其为文犹可识，曰“花山”。今言华如华实之华者，盖音谬也。

其下平旷，有泉侧出，而记游者甚众，所谓前洞也。由山以上五六里，有穴窈然[②]，入之甚寒，问其深，则虽好游者不能穷也，谓之后洞。余与四人拥火以入，入之愈深，其进愈难，而其见愈奇。有怠而欲出者，曰：“不出，火且尽。”遂与之俱出。盖予所至，比好游者尚不能十一，然视其左右，来而记之者已少。盖其又深，则其至又加少矣。方是时，予之力尚足以入，火尚足以明也。既其出，则或咎其欲出者，而予亦悔其随之，而不得极夫游之乐也。

于是予有叹焉：古人之观于天地山川草木虫鱼鸟兽，往往有得，以其求思之深而无不在也。夫夷以近，则游者众；险以远，则至者少。而世之奇伟瑰怪非常之观，常在于险远，而人之所罕至焉，故非有志者不能至也。有志矣，不随以止矣，然力不足者，亦不能至也；有志与力，而又不随以怠，至于幽暗昏惑而无物以相之，亦不能至也。然力足以至焉而不至，于人为可讥，而在己为有悔；尽吾志也而不能至者，可以无悔矣，其孰能讥之乎？

此予之所得也。

余于仆碑，又以悲夫古书之不存，后世之谬其传而莫能名者，何可胜道也哉！此所以学者不可以不深思而慎取之也。

四人者，庐陵[3]萧君圭君玉，长乐[4]王回深父，予弟安国平父、安上纯父。至和元年七月某日，临川王某记。

【注释】

①庐冢：屋舍，坟墓。

②窈然：深远貌。

③庐陵：汉县名，故城在今江西吉安县南。

④长乐：宋县名，故城在今广东梅县东北。

周礼义序

士弊于俗学久矣，圣上闵焉，以经术造之，乃集儒臣，训释厥旨，将播之学校。而臣某实董《周官》[1]。惟道之在政事，其贵贱有位，其后先有序，其多寡有数，其迟数有时。制而用之存乎法，推而行之存乎人。其人足以任官，其官足以行法，莫盛乎周成之时；其法可施于后世，其文有见于载籍，莫具乎《周官》之书。盖其因习以崇之，赓续以终之，至于后世，无以复加。则岂特文、武、周公之力哉？犹四时之运，阴阳积而成寒暑，非一日也。

自周之衰，以至于今，历岁千数百矣，太平之遗迹，扫荡几尽，学者所见，无复全经。于是时也，乃欲训而发之，臣诚不自揆，然知其难也。以训而发之之为难，则又以知夫立政造意，追而复之之为难。然窃观圣上致法就功，取成于心，训迪在位，有冯有翼，亹亹[2]乎乡六服[3]承德之世矣。以所观乎今，考所学乎古，所谓见而知之者，臣诚不自揆，妄以为庶几焉。故遂冒昧自竭，而忘其材之弗及也，谨列其书为二十有二卷，凡千余万言，上之御府，副在有司，以待制诏颁焉。谨序。

【注释】

①《周官》：书名，即《周礼》。为避免与《尚书》中《周官》篇相混，

改称《周官经》，今称《周礼》。

②亹亹：勤勉不倦。

③六服：天子威德所及之地称作服。六服，指侯服、甸服、男服、采服、卫服、蛮服。《书》："六服群辟，罔不承德。"

诗义序

《诗》三百十一篇，其义具存，其辞亡者六篇而已。上既使臣雱训其辞，又命臣某等训其义，书成以赐太学，布之天下，又使臣某为之序，谨拜手稽首言曰：

《诗》上通乎道德，下止乎礼义。放其言之文，君子以兴焉；由其道之序，圣人以成焉。然以孔子之门人赐也、商也，有得于一言，则孔子悦而进之。盖其说之难明如此，则自周衰以迄于今，泯泯纷纷，岂不宜哉？

伏惟皇帝陛下，内德纯茂，则神罔时恫，外行恂达，则四方以无侮。日就月将，学有缉熙[①]于光明，则颂之所形容，盖有不足道也。微言奥义，既自得之，又命承学之臣，训释厥遗，乐与天下共之。顾臣等所闻，如爝火焉，岂足以赓日月之余光？姑承明制，代匮而已。《传》曰："美成在久。"故《棫朴》[②]之作人，以寿考为言，盖将有来者焉，追琢其章，缵圣志而成之也。臣衰且老矣，尚庶几及见之。谨序。

【注释】

①缉熙：积渐至于光明。

②《棫朴》：《诗》篇名，言贤才众多。

归熙甫《震川文集》精华

【著录】

归有光（1506 ~ 1571），字熙甫，号震川，昆山（今江苏省昆山市）人。九岁能文，十四岁开始应童子试，二十岁补苏州府学生员，名列第一。三十五岁中南京乡试，本应第一而列为第二。此后接连八次参加会试，均落选。于是在安亭讲学授徒，弟子多达数百人。六十岁，考中三甲进士，授长兴知县，后调任顺德府马政通判。六十五岁时经人推荐，升任南京太仆寺丞，留北京内阁制敕房编修《世宗实录》，翌年病逝于北京任所。

归有光是明代优秀的散文家，被后人推崇为“明文第一”。受司马迁和欧阳修的影响，又有其个人特色。嘉靖中后期，文坛流行以王世贞为领袖的“后七子”的“是古非今”文学理论。王世贞主张“文必秦汉，诗必盛唐，大历以后书勿读”，认为贞元以后无诗，宋元时代无文，此复古倒退之文学观，归有光毅然奋起向复古派文坛首领公开宣战，直斥王世贞为“妄庸人”，批评王世贞“自谓欲追秦汉，然不过剽窃齐、梁之余。”他和同时的茅坤等人认识到唐宋文是秦汉文的继承和发展，自觉地学习和提倡唐宋古文，被后人誉作“唐宋派”。在“唐宋派”中，文学成就最突出者当推归有光。他作品以散文见长，文笔简练，刻画剪裁一些生活琐事，来寄托其感情和理想，如叙家常，娓娓动听，清新自然，无雕琢痕迹。结构严谨，语言凝练，内容充实感人。议论文章短小精悍，说服力强。归有光的文学成就，对当时的文风影响较大。

归有光主要著述有《震川文集》《三吴水利录》。传世《震川文集》清代初年钱谦益编选、归庄补订的分类编集，共四十卷。其中除诗一卷、尺牍二卷外，收各体散文六百零五篇。

项思尧文集序

永嘉项思尧与余遇京师，出所为诗文若干卷，使余序之。思尧怀奇未试，而志于古之文，其为书可传颂也。

盖今世之所谓文者难言矣，未始为古人之学，而苟得一二妄庸人为之巨子，争附和之，以诋诽前人。韩文公云："李杜[①]文章在，光焰万丈长。不知群儿愚，那用故谤伤。蚍蜉[②]撼大树，可笑不自量！"文章至于宋、元诸名家，其力足以追数千载之上而与之颉颃，而世直以蚍蜉撼之，可悲也！无乃一二妄庸人为之巨子以倡道之欤？

思尧之文，固无俟于余言，顾今之为思尧者少，而知思尧者尤少。余谓文章天地之元气，得之者，其气直与天地同流。虽彼之权足以荣辱毁誉之人，而不能以与于吾文章之事；而为文章者，亦不能自制其荣辱毁誉之权于己，两者背戾而不一也久矣。故人知之过于吾所自知者，不能自得也；己知之过于人之所知，其为自得也，方且追古人于数千载之上矣。吾与思尧言自得之道如此，思尧果以为然，其造于古也必远矣。

【注释】

①李杜：唐李白、杜甫。

②蚍蜉：蚍，大蚁；蜉，蜉蝣。

西王母图序

新安[①]鲍良珊客于吴，将归寿其母，作西王母之图，而谒予问瑶池之事。

予观《山海经》、汲冢《竹书》《穆天子传》，称西王母之事信奇矣。秦始皇东游海上，礼祀名山大川及八神，求蓬莱、方丈、瀛洲[②]三神山，传其物禽兽尽白，而黄金银为宫阙，然终身不得至，但望之如云而已。汉武帝诸方士言神仙若将可得，欣然庶几遇之。穆王身极西土，至昆仑之丘，以观春山之瑶，乃秦皇汉武之所不能得者，宜其乐之忘归。造父[3]何用盗骊、骅骝、腥耳之驷，驰归以求区区之徐偃王，穆王岂非所谓耄耶？列子曰：穆王觞瑶池，乃观日之所入，一日行万里。王乃叹曰："呜呼！予一人不足于德而谐于乐，后世其追数吾过乎！"穆王盖有悔心矣。然又曰："穆王几神人哉！能穷当世之乐，犹百年乃殂，后世以为登遐焉。"

《传》云：天子西征，宿于黄鼠之山，至于西王母之邦，执圭璧，好献锦组，西王母再拜受之，觞瑶池之上，遂驱升于弇山，乃纪丌迹于石而树之槐，眉曰"西王母之山"。《山海经》曰：玉山，西王母山也，在流沙之西。而博望侯[4]使大夏，穷河源，不睹所谓昆仑者，此殆如武陵桃源，近在人世而迷者也。《武帝内传》云：帝斋承华殿中，有青鸟从东方来集殿前，上问东方朔，朔曰："此西王母欲来也。"顷之，西王母乘紫云辇，驾五色龙上殿，自设精馔，以盘盛桃，帝食之甘美。夫武帝见西王母于甘泉、柏梁、蜚帘、桂馆间，视穆王之车辙马迹周行天下，不又逸耶？岂公孙卿所谓事如迂诞，积以岁年，乃可致耶？然史云候伺神人，入海求蓬莱，终无有验，则又何也？史又云：时去时来，其风肃然。岂神灵怏异，有无之间，固难言也？

庄生有言：夫道在太极之先而不为高，在六极之下而不为深，先天地生而不为久，长于上古而不为老。西王母得之，坐乎少广，莫知其始，莫知其终。子其归而求之，西王母其在子之黄山之间耶？今天子治明庭，修黄帝之道，西王母方遍现中土，人人见之，穆王秦汉之事，其不足道矣。

【注释】

①新安：县名，今属河南省。

②蓬莱、方丈、瀛洲：传说中的三座仙山。

③造父：周时善御者，周穆王时，以御八骏之功，封赵城，由此为赵氏。

④博望侯：即张骞，汉代汉中成固人，曾出使西域，后随大将军卫青击匈奴，因功封博望侯。

张雄字说

张雄既冠[1]，请字于余，余辱为宾，不可以辞，则字之曰"子溪"。

闻之老子云:“知其雄，守其雌，为天下溪。常德不离，复归于婴儿。”此言人有胜人之德，而操之以不敢胜人之心；德处天下之上，而礼居天下之下。若溪之能受而水归之也。不失其常德，而复归于婴儿。人己之胜心不生，则致柔之极矣。人居天地之间，其才智稍异于人，常有加于愚不肖之心，其才智弥大，其加弥甚，故愚不肖常至于不胜而求反之。天下之争，始于愚不肖之不胜，是以古之君子，有高天下之才智，而退然不敢以有所加，而天下卒莫之胜，则其致柔之极也。然则雄必能守其雌，是谓天下之溪；不能守雌，不能为天下溪，不足以称雄于天下。

【注释】

①冠：古代男子二十岁行成人礼，结发加冠。既冠，指已行成人礼。

二子字说

予昔游吴郡之西山，西山并太湖，其山曰光福①，而仲子生于家，故以“福孙”名之。其后三年，季子生于安亭②，而予在昆山之宣化里，故名曰“安孙”。于是福孙且冠娶，予因《尔雅》之义，字福孙以“子祜”，字安孙以“子宁”。

念昔与其母共处颠危困厄之中，室家欢聚之日盖少，非有昔人之勤劳天下，而弗能子其子也，以是志之，盖出于其母之意云。今母亡久矣，二子能勿自伤而思所以立身行道，求无愧于所生哉?

抑此偶与古之羊叔子③、管幼安④之名同。二公生于晋魏之世，高风大节，邈不可及，使孔子称之，亦必以为夷、惠⑤之俦。夫士期以自修其身，至于富贵非所能必。幼安之隐，叔子之仕，予难以拟其后。若其渊雅高尚，以道素自居，则士诚不可一日而无此。不然，要为流俗之人，苟得爵禄功名显于世，亦鄙夫也。

【注释】

①光福：镇名，位于江苏吴县西乡太湖之滨。

②安亭：镇名，属江苏昆山县。

③羊叔子：名祜，晋时名臣。

④管幼安：名宁，隐居不仕，汉末高士。

⑤夷、惠：伯夷、柳下惠。

周弦斋寿序

弦斋先生居昆山之千墩浦上，与吾母家周氏居相近也。异时周氏诸老人皆有厚德，饶于积聚，为子弟延师，曲有礼意。而先生尝为之师，诸老人无不敬爱。久之，吾诸舅兄弟，无非先生弟子者。余少时见吾外祖与先生游处，及吾诸舅兄弟之从先生游，今闻先生老而强壮如昔，往来千墩浦上，犹能步行十余里。每余见外氏从江南来，言及先生，未尝不思少时之母家之室屋井里，森森[①]如也；周氏诸老人之厚德，浑浑[②]如也；吾外祖之与先生游处，恂恂[③]如也；吾舅若兄弟之从先生游，断断[④]如也。今室屋井里，非复昔时矣；吾外祖诸老人无存者矣；舅氏惟长舅存耳，亦先生之弟子也，年七十余矣；兄弟中河南行省参知政事子和最贵显，亦已解组而归，方日从先生于桑梓之间。俯仰今昔，览时事之变化，人生之难久长如是，是不可不举觞而为之贺也。

嘉靖丁巳某月日先生八十之诞辰，子和既有文以发其潜德，余虽不见先生久，而少时所识，其淳朴之貌，如在目前。吾弟子静复来言于予，亦以予之知先生也。

先生名果，字世高，姓周氏，别号弦斋云。

【注释】

①森森：茂盛貌。

②浑浑：忠厚貌。

③恂恂：诚实貌。

④断断：诚一貌。

侯朝宗《壮悔堂集》精华

【著录】

侯方域（1618～1654），字朝宗，号雪苑，河南商丘（今河南省商丘市）人；生于明神宗万历四十六年（1618），卒于清世祖顺治十一年（1654）。享年三十七岁。

侯方域的祖父侯执浦，万历二十六年（1598）中进士，官至明太常寺卿；其父侯恂，曾为明户部尚书；季父侯恪，官任祭酒，两代显贵。祖父及父辈都是东林党人，均因反对宦官专权而被黜，有的还曾入狱。

侯方域少年时，随父居于北京，曾师事倪元璐。倪元璐说：做文章一定要“驰骋纵横，务尽其才而后轨于法。”所以侯方域的文章多纵横恣肆，笔势飞舞。

侯方域少年即有才名，文章有奇气。崇祯十二年（1639），侯方域赴南京应试。这时，太仓的张溥主盟复社，青浦的陈子龙主盟几社，都十分推重方域，各方人士争着和他结交。方域作为名家贵子，“仪观伟然，雄怀顾盼”，风度翩翩，又早有文名，当时的人把他和方以智、冒襄、陈贞慧四人称为“四公子”。

侯方域到南京的前一年，南京发生了驱逐阮大铖的事件。阉党余孽阮大铖被贬，当时正避居南京。由陈贞慧、吴应箕二人主持，作了《留都防乱揭》，揭发阮大铖的罪状。侯方域到南京后，阮大铖想利用过去与侯恂同朝为官，与方域父亲及祖父都有来往的关系，通过侯方域向陈贞慧、吴应箕二人说项，与他二人结交，以图日后再起。侯方域到南京，曾放意于声伎。他由张溥、夏允彝介绍结识了秦淮名伎李香君。阮大铖派一个姓王的门客结交侯方域，经李香君提醒，方域了解到阮大铖的意图，于是断绝了和王的往来。阮大铖想通过方域结交复社人士的希望落空，从此对方域怀恨在心。

侯方域在南京考试落第，于崇祯十三年（1640）回到河南老家。河南连年灾荒，饥民参加李自成起义军，势如破竹。崇祯十五年（1642），侯方域又带着家人避往南京。崇祯十六年（1643），李自成起义军席卷了河南、湖北，左良玉声言“就粮”，将顺流至南京。这时，南京城里聚集了很多避难的大官绅，一时间人们惶恐不安。阮大铖散布谣言，说侯方域与左良玉有旧交情，将为左良玉的军队做内应，企图嫁祸于侯方域。侯方域于是出走，行前作《癸未去金陵日与阮光禄书》，痛斥阮大铖挟私仇而嫁祸于人。在这封信里，作者用含蓄的语言，充沛的气势，义正词严地谴责了阮大铖，揭露了他的险恶用心和丑恶面目，“仆乃知执事不独见怒，而且恨之，欲置之族灭而后快也”“阴毒左计，一至于此”“独惜执事忮机一动，长伏草莽则已，万一复得志，必至杀尽天下士，以酬其宿所不快”。全文洋洋洒洒，气势充沛，流畅恣肆。

崇祯十七年（1644），李自成攻下北京，崇祯皇帝自缢，马士英、阮大铖等拥立福王。阮大铖大兴党狱，迫害复社人士。方域的朋友有的被杀，有的被捕，他本人也在被缉之列，不得不出走扬州史可法军，并曾随高杰部到过河南。

清顺治三年（1646），南明覆亡。侯方域于秋天辗转回到河南。清顺治八年（1651），应河南乡试，中副榜，丧失民族气节，后抑郁而死。

侯方域性情浪漫，“素性不耐寂寞”，年轻时溺于声伎，壮年后有所悔悟，发愤作诗、写古文。自题堂名为“壮悔堂”。著有《壮悔堂文集》十卷、《四忆堂诗集》六卷等。有清康熙年间刻本。

侯方域是明末清初著名散文家，与魏禧、汪琬齐名，号“清初三家”。早年以诗和时文闻名海内，后肆力于古文。他的散文推为当时第一，有“才人之文”之称。

侯方域的散文提倡学习《史记》、韩愈、欧阳修，不为当时风气所转移，以写作古文雄视一世。他的古文革除了明代散文肤浅、冗长的流弊，十分刚健苍劲。文章以才气见长，但学力不够，又使文章流于空辩。他曾经说过：“仆少年溺于声伎，未尝刻意读书，以此文章浅薄不能发古人之旨。”

侯方域的散文有论文书信、人物传记等，尤其以人物传记见长。如代表作《李姬传》《马伶传》等。《李姬传》中，作者以自己的亲身经历，叙述了秦淮名妓李香君侠肝义胆、明辨是非、反对阉党余孽的事迹，刻画了一位妩媚多情，却又品行高洁、侠义美慧的歌妓李香君的形象。当阮大铖找人拉拢收买侯方域时，李香君对侯方域说："王将军贫，非结客者，公子盍叩"，当明白那人意图后，李香君对侯生说，"妾少从假母识阳羡君，其人有高义，闻吴君，尤铮铮，今皆与公子善，奈何以阮公负至交乎！且以公子之世望，安事阮公？公子读万卷书，所见岂后于贱妾也。"一位不仅多才多艺，而且见识阅历很深的女子形象出现眼前，文字简约，形象丰满生动。《李姬传》成为清代孔尚任的戏曲《桃花扇》的蓝本。《马伶传》叙述艺人马伶刻苦学艺的故事，叙事清楚，文笔流畅。这些人物传记有唐传奇特色，艺术成就很高。

论文书信，有《朋党论》《癸未去金陵日与阮光禄书》，都气势飞舞，纵横恣肆。

侯方域的诗收录在《四忆堂诗集》中。

赠江伶序

江生吴人也，以歌依宋君于雪苑。先是沙随有郭使君者，官常州刺史，携江生与其侣十余人以归。余识使君，使君每宴余，则出江生度曲。秀外惠中，丰骨珊珊，发清商之音，泠然善也。未几为睢阳武卫冯将军所留，已而复归于郭，又未几卒归宋君。江生尝告余曰："身羁旅也，不幸以歌曲事人，实愿始终一主。而朝章华之馆，暮眺祁之宫，非其志也。"主人不能有也，宋君者，今相国介弟也，乃独能有之，日设酒食，召宾客以自娱乐，慷慨豁达，不为龌龊态，可谓达矣。

余因有感于雪苑盛时，乌衣朱桁，门第相望，当时亦有相国沈氏，其族如仪部君撰，尤以文采自命，为豪举，辇千金三吴[①]招呼伎乐如江生者，皆衣轻纨，歌《子夜》[②]，暇则鸣珂[③]走马，富贵儿竞而效之，南邻北壁，钟鼓不绝。如此者遂历三纪[④]，识者以为雪苑风气，于是尽矣，侈极而衰，固其所也。无何，果为寇所破，向之门第相望者，或承寡妇弱儿，或遂展转灭没，不知其姓氏。呜呼！转瞬间相悬绝者，何止如江生一辈也！

有老伶吴清者，尝逮事沈相国家，年六十余，须髯白如丝，贫无依倚，乃为陈将军教其十许岁歌儿以糊口，能言吾郡神宗间最盛时事。谓江生晚出，雪苑向日之歌者，皆已散去，惜未得见江生。江生亦不幸而未见夫梨园全队，人擅白雪，每发一声，则缠头之赠，金钱委积。清老矣，当时身所亲历，至今犹数数梦见之，每言则呜咽泣下，沾襟不止。余更征诸长老，清之言信然。既夙有感于中，而江生之来自吴，又识之独先，然则江生虽少，固余之何戡⑤也！

属酒酣，乃为之序，而顾谓宋君曰："人生贵行乐耳，公真达者矣！"天下固多不遇而遇，遇而不遇，江生江生，苟精一技，亦可以成名。高岸成谷，深谷为陵，即秉烛刻阴，岂足以当老伶之一泣也！

【注释】

①三吴：古代以苏州、常州、湖州为三吴。见《指掌图》。

②子夜：古代一女子名，作一曲，取名《子夜歌》。

③鸣珂：珂，马饰。

④纪：十二年为一纪，谓木星绕日一周。

⑤何戡：唐刘禹锡《与歌者何戡诗》："二十余年别帝京，重闻天乐不胜情。旧人惟有何戡在，更与殷勤唱渭城。"

癸未去金陵日与阮光禄书

仆窃闻君子处己，不欲自恕而苛责他人，以非其道。今执事之于仆，乃有不然者，愿为执事陈之。

执事，仆之父行也，神宗之末，与大人同朝，相得甚欢。其后乃有欲终事执事而不能者，执事当自追忆其故，不必仆言之也。大人削官归，仆时方少，每侍未尝不念执事之才，而嗟惜者弥日。及仆稍长，知读书，求友金陵，将戒途，而大人送之曰："金陵有御史成公勇者，虽于我为后进，我常心重之，汝至当以为师。又有老友方公孔碴，汝当持刺拜于床下。"语不及执事。及至金陵，则成公已得罪去，仅见方公，而其子以智者，仆之夙交也，以此晨夕过从。执事与方公，同为父行，理当谒，然而不敢者，执事当自追忆其故，不必仆言之也。今执事乃责仆与方公厚，而与执事薄，噫，亦过矣。

忽一日，有王将军过仆甚恭。每一至，必邀仆为诗歌，既得之必喜。而为仆贳酒奏伎，招游舫，携山屐，殷殷积旬不倦。仆初不解，既而疑以问将军，将军乃屏人以告仆曰："是皆阮光禄[1]所愿纳交于君者也，光禄方为诸君所诟，愿更以道之君之友陈君定生、吴君次尾，庶稍湔[2]乎。"仆敛容谢之曰："光禄身为贵卿，又不少佳宾客，足自娱，安用此二三书生为哉！仆道之两君，必重为两君所绝。若仆独私从光禄游，又窃恐无益光禄。"辱相款八日，意良厚，然不得不绝矣。凡此皆仆平心称量，自以为未甚太过，而执事顾含怒不已，仆诚无所逃罪矣。

昨夜方寝，而杨令君文骢叩门过仆曰："左将军[3]兵且来，都人汹汹，阮光禄扬言于清议堂，云子与有旧，且应之于内，子盍行乎！"仆乃知执事不独见怒，而且恨之，欲置之族灭而后快也。仆与左诚有旧，亦已奉熊尚书之教，驰书止之。其心事尚不可知。若其犯顺，则贼也；仆诚应之于内，亦贼也。士君子稍知礼义，何至甘心作贼！万一有焉，此必日暮途穷，倒行而逆施，若昔日干儿义孙之徒，计无复之，容出于此。而仆岂其人耶？何执事文织之深也！

窃怪执事常愿下交天下士，而展转蹉跎，乃至嫁祸而灭人之族，亦甚违其本念。倘一旦追忆天下士所以相远之故，未必不悔，悔未必不改。果悔且改，静待之数年，心事未必不暴白。心事果暴白，天下士未必不接踵而至执事之门，仆果见天下士接踵而至执事之门，亦必且随属其后，长揖谢过，岂为晚乎？而奈何阴毒左计，一至于此！仆今已遭乱无家，扁舟短棹，措此身甚易。独惜执事忮机一动，长伏草莽则已，万一复得志，必至杀尽天下士，以酬其宿所不快。则是使天下士终不复至执事之门，而后世操简书以议执事者，不能如仆之词微而义婉也。

仆且去，可以不言，然恐执事不察，终谓仆于长者傲，故敢述其区区，不宣。

【注释】

①阮光禄：名大铖，阉党，封光禄大夫。

②湔：昭雪。

③左将军：即宁南侯左良玉。

答孙生书

域附白孙生足下：比见文二首，盖复奇宕有英气，甚喜。亦数欲有言以答足下之意，而自审无所得，又甚愧。

仆尝闻马有振鬣[①]长鸣而万马皆喑者，其骏迈之气空之也，虽然，有天机焉。若灭若没，放之不知其千里，息焉则止于闲，非是则踢之啮之，且泛驾矣，吾宁知泛驾之果愈于凡群耶？此昔人之善言马有不止于马者，仆以为文亦宜然。

文之所贵者气也，然必以神朴而思洁者御之，斯无浮漫卤莽之失，此非多读书未易见也，即读书而矜且负，亦不能见。倘识者所谓道力者耶？惟道为有力，足下勉矣。

足下方年少有余于力，而虚名无所得。如仆犹不惮数问，岂矜与负者哉？然则以其求之于仆者，而益诚求之于古人，无患乎文之不日进也。呜乎！果年少有余于力，而又心不自满，以诚求之，其可为者，将独文乎哉？足下殆自此远矣！

【注释】

①鬣：马颈上的毛叫鬣。

司成公家传

叔父司成公讳恪，字若木。年二十四登第，不肯仕，更读书为诗赋。三岁而方相国从哲贤之，以为翰林院庶吉士。然立朝论议，终不肯苟同方相国。

公性宽厚长者，嗜饮酒，不事生产，常家居，其门下生董嗣谌为郡太守，宋玫、林一柱之徒，各宰其旁邑，迭请间，愿有以为公寿，公固闭阁不与通，日召其故人饮酒。故人稍稍有言及者，益拒却之，更饮以酒，数岁以为常。

以故历从官通显矣，而析产不辄丰。

公为诗推杜甫，而洛阳人王铎者，后公举进士，能为诗，既第，家贫甚，公更推荐之，铎以此得入馆，后卒以诗名当世。自唐杜甫后，大雅不作，至明乃复振，虽李梦阳、何景明倡之，至此益显，公之力也。

天启间，公为编修，而宦者魏忠贤[①]窃政，日杀谬士大夫不附己者。公心重杨涟，而与缪昌期友。涟指忠贤二十四罪条上之，天子不能用，反为忠贤所害，昌期亦坐死。寻有言忠贤二十四罪章者，故昌期趣公代具稿，忠贤大怒，坐曲室中深念欲杀公。而其假子金吾将军田尔耕顾素知公，进曰："是人颇以诗赋谬名公卿间，而能书米芾书，翁必无意曲赦之耶？"忠贤仰视罘幕[②]，日影移晷不语，良久乃顾谓尔耕："儿试为我招之。"尔耕退诣公话故旧，因佯言："我之游魏翁者，欲为士大夫地也，非得已者。"公大悦，呼酒与饮，辄慷慨指当世事，尔耕默不得语。居数日，又诣公，则益为款言，伺公嬉笑，饮酒酣，乃促膝附公耳言："公且以杨、缪故重得罪，我为公画计，某月日乃吾翁魏翁诞辰，公自为诗书之。"言未得竟，公大怒，推案起，酒羹覆尔耕衣上淋漓。尔耕低头惭恧，已而乃大发怒去。

适南乐魏广微者，亦忠贤之假子也，以大学士掌贡举，而公为其下校官。广微心砡公，公所荐取士郑友玄、宋玫，辄有意摧抑之，以语挟公，公力与争曰："人生贵识大义，恪岂恋旦夕一官，负天下贤才哉？"语侵广微。而忠贤里人子御史智铤廉知之，乃立劾公罢官。忠贤积前恨，更矫传上旨，夺所赐诰，而令公养马。公即日脱朝冠，自杖策出长安南门。而其门下生二十三人者，追止于芦沟桥，共置酒觞公。公饮酣，遍顾二十三人者曰："吾归矣，幸无颜以羞诸生。诸生第识之，异日有言诸生为好人者，乃吾弟子也，诚不愿诸生为好官。"二十三人者皆泣下。而宋玫终工部侍郎仗节死，友玄以御史直谏谪，当世名公为知人。

公既归，则益召其生平故人者与痛饮，不事事。而里人邓生者，妄人也，构小衅诟公，谓若乃养马，而我职弟子员，冠儒冠。公门下奴客忿欲殴邓生，公大笑，悉召之，与饮皆醉，邓生乃免。当是时，忠贤实欲杀公不已。会诛死，而公复起为庶子，邓生大惧，更诣公，汗浃背，前匍匐谢。公又大笑，掖起之，徐饮以酒，一无所问，邓生亦醉。

公为人和易有容，不修苛节。见人无贵贱，皆与饮酒。然遇有所不韪者，辄义形于色，屹不可夺。以庶子迁为南雍祭酒，太学诸生闻之曰："是故与南乐相争郑友玄、宋玫者耶？"愿入成均近万人，明兴三百年未之有也。满岁以病请归。

公生平善为诗，每赋诗辄饮。而前后虑天下事有不当意，则又感愤，日夜纵饮。久之积病，竟以卒，年四十三。天下皆以公有宰相器，深痛惜之。

当崇祯二年，公之为庶子也，职记注。有浙人温体仁者，揣天子意，自为书讼言群臣朋党，得召对。对时体仁钩挑诟谇，数睨望颜色，伏叩头为侧媚曲谨状，天子大悦，趣立以为相。公跪墀下，纤悉疏其丑而出，扬言于朝，体仁病之，数曲恳公，愿稍得改易。公固不肯，而谓人曰："体仁之奸过李林甫，而伪强介若卢杞，果执政，天下且乱。吾所以扬言者，冀天子神明，一闻而感悟耳。"体仁闻，恐遂言之，乃出公于南京云。

初，文相国震孟为吴门孝廉，年五十余，老矣，以书谒公于史馆，公一见称之曰："子慎自爱，终当辅天子，子必勉之！"其后十余岁，震孟与体仁同执政，以争谏臣许誉卿事不胜去。而体仁终相位者八年，卒乱天下焉。

公著《遂园诗》二十卷，李自成破宋，子方岳从贼中搜得之，负以过河。公六子，方镇、方岳、方岩、方闻、方隆、方新，而方镇城破死，有才名，别传。

【注释】

①魏忠贤：明代的宦官。熹宗时，与帝乳母客氏通，把持朝政，专横无忌。副都御史杨涟弹劾忠贤二十四大罪，反被忠贤所杀。后大戮东林党人，党羽满朝，生祠遍于各地。朱由检继位后，被贬于凤阳，自缢死。

②罘幕：屏障。

徐作霖张渭传

徐作霖者，有俊才，少不得志于有司，以入资为诸生。张渭曰："朝廷岁一大县补生徒百人，小者亦四五十人，每岁取天下之士且逾万数，而作霖以资入，岂不异哉！"张渭者，慕徐渭[①]之为人，因名渭。自谓狂生，人亦狂之。使酒难近，独推作霖。作霖短小精悍，高辞盛气，遇人皆以奴蓄之，顾谓渭善也。渭须绕其面，发毵毵然；又骑马折其左臂，常蜷曲，类世之儿童戏绘以为冥官像者；短舌无正音，醉后谈天下事，则衮衮不倦；为文敏妙，日成十余篇。作霖好学深思，常偃仰卧竟日，或草创后复毁之，然出而人以为高文典册焉。

会南昌万元吉知作霖，崇祯二年庚午举孝廉第一。作霖既就征春官，而渭益落，常试居下，自袖其文，争之提学使者潘曾纁。曾纁取熟视曰："子文诚善，吾猝未识也。"竟高拔之。后数年，而复袖其文争之提学使者任赞化，赞化怒，更黜渭。渭大噪，而郡之荐绅先生亦有言渭实名士者，久之，乃复其故。

崇祯七年甲戌，作霖入对策，言今天下剧贼窟秦蜀，蹂晋豫，孔亟殆矣！天子不可不及时收人心，若崇任苛深，责文法，恐天下乱。傅冠得之以示文震孟，共嗟叹，署上第，而宰相温体仁恶其言直，排之不收也。

庚辰，作霖复罢春官，渭亦且摧挫老矣，每醉则谓其友人曰："吾马周②也，天下方有事，胡不用我？天下且不知文士，况能知我？"或遂怒骂其坐客，或醉而哭，坐客益以渭为狂。作霖忽怒骂曰："若富贵子，席父兄余业，饱十数碗肉羹耳！天下乱形已成，无英雄能救之者，吾辈固旦暮死，而谓渭狂何哉？"举坐酒皆醒，而其友人吴伯裔、吴伯胤、侯方域则皆哭泣。时方嬉游，修春社于吴伯裔之家，因惨沮不乐，罢去。

阅二岁而为崇祯十五年壬午，宋城破，作霖不知所终。其友侯方域曰："作霖死矣！作霖慨慷意气丈夫也，乌能郁郁溷迫胁乎？作霖必死矣！"后甲申弘光立，录中外死者，宗伯亦廉知作霖果死，遂为请，赠以为祠部郎。而张渭当城破时，贼以刀斫之，颐张且断矣，渭犹右手洒其髯之血，而以折臂手自承其颐，徐步行，口呐呐骂不止。又一贼从后至，斫以刀，乃仆而死。

渭故贫，饶心计纵横术，立置产逾万，而其子后鬻于市侩驵猾者，不数月皆尽，无所得。作霖无子，有弟作肃，侄世琛，文行甚高，人见之，犹想见作霖云。

侯方域曰：呜呼！古之死而不知其所者多矣！其怀材质者，或不得见用于世，而传之亦异，又足悲也。四子之文学不具论，以余交当世之缙绅先生以及知名士，未有如裔与霖之大略者也。胤稍文弱，然其死又何壮也！渭乃自比徐渭，即祢衡何足道哉？呜呼！而皆不幸而死矣。由今论之，岂其不幸欤？岂独其不幸欤？

【注释】

①徐渭：字文长，山阴人，明代奇士。

②马周：唐人，字宾王。贞观五年（631），住在中郎将常何家，碰到皇帝召见百官谈论政事的得失，常何是个武将，对学问不涉及，马周为他条列了二十多件事。太宗奇怪，询问常何，常何说："这是我的家客马周教我说的。"皇帝立即召见，与马周交谈，非常高兴，授其为监察御史。

宁南侯传

宁南侯者，姓左氏，名良玉，字曰昆山，辽东人也。少起军校，以斩级功，官辽东都司。苦贫，尝挟弓矢射生，一日见道旁驼橐，驰马劫取之，乃锦州军装也。坐法当斩，适有邱磊者与同犯，愿独任之，良玉得免死。

既失官，久之无聊，乃走昌平军门，求事司徒公[1]。司徒公尝役使之，命以行酒，冬至宴上陵朝官，良玉夜大醉，失四金卮。旦日谒司徒公请罪，司徒公曰："若七尺躯，岂任典客哉？吾向误若，非若罪也。"

会大凌河围急，诏下昌平军赴救，榆林人尤世威者为总兵官，入见司徒公曰："大凌河当天下劲兵处，围不易解，世威当行，今既以护陵不可，公且遣将，谁当往者？中军将王国靖，书生也，左右将军更不可任。"司徒公曰："然则谁可？"世威曰："独左良玉可耳。顾良玉方为走卒，奈何帅诸将？"司徒公曰："良玉诚任此，吾独不能重良玉乎？"即夜遣世威前谕意，漏下四鼓，司徒公竟自诣良玉邸舍请焉。良玉初闻世威往，以为捕之，绕床语曰："得非邱磊事露耶？"走匿床下。世威排闼呼曰："左将军富贵至矣，速命酒饮我！"引出而谕以故，良玉失色战栗，立移时乃定，跪世威前，世威且跪且掖起之。而司徒公至，乃面与期，诘旦会辕门，大集诸将，以金三千两送良玉行。赐之卮酒三，令箭一，曰："三卮酒者，以三军属将军也。令箭如吾自行，诸士勉听左将军命。左将军今已为副将军，位诸将上，吾拜官疏夜即发矣。”良玉既出，而以首叩辕门墀下曰：“此行倘不建功，当自刎其头。”已而果连战松山、杏山下，录捷功第一，遂为总兵官。良玉自起谪校至总兵，首尾仅岁余，年三十二。

是时秦寇入豫，良玉当往剿，见司徒公，司徒公曰：“将军建大功，殊不负我，欲有言以赠将军，将军奚字？”良玉曰：“无也。”司徒公笑曰：“岂有大将军终身称名者哉？”良玉拜以为请，司徒公曰：“即昆山可矣。”自此乃号为昆山将军。

良玉长身紫面，骁勇善为左右射，每战身先士卒。既至豫，则向所苦贼帅一斗谷、蝎子块、满天星等皆平。最后战怀庆，与督府意不合，乃叹曰：“吾即尽贼，安所见功乎？”遂阴纵之，而寇患始大。熊文灿者继为督府，尝受贼金而脱其围，良玉尤轻之。以至杨嗣昌以阁部出视师，倚良玉不啻左右手，九调而九不至，嗣昌怏怏死。丁启睿代督师，则往来依违于其间，为良玉调遣文书，未始自出一令，时人谓之左府幕客。然良玉立功最早，威名重一时，强兵劲马，皆在部下，流贼惮之，呼为左爷爷。壬午大出兵，与李自成[②]战朱仙镇，三日夜而败，良玉还军襄阳。

初，良玉三过商丘，必令其下曰：“吾恩府家在此，敢有扰及草木者斩！”入诚谒太常公，拜伏如家人，不敢居于客将。朝廷知之，乃以司徒公代丁启睿督师。良玉大喜踊跃，遣其将金声桓率兵五千迎司徒公。司徒公既受命，而朝廷中变，乃命距河援汴，无赴良玉军。良玉欲率其军三十万觐司徒公于河北，司徒公知粮无所出，乃谕之曰：“将军兵以三十万称盛，然止四万在额受粮，实又未给度支，今远来就我固善，第散其众则不可。若悉以来，而自谋食，咫尺畿辅，将安求之？”卒不得与良玉军会。未几有媒孽之者，司徒公遂得罪，以吕大器代。良玉愠曰：“朝廷若早用司徒公，良玉敢不尽死？今又罪司徒公而以吕公代，是疑我而欲图之也。”自此意益离，遂往来江楚，为自竖计。尽取诸盐船之在江者，而掠其财，贼帅惠登相等皆附之，军益强。又尝称军饥，欲道南京就食，移兵九江。兵部尚书熊明遇大恐，请于司徒公，以书谕之而止。朝廷不得已。更欲为调和计，封良玉为宁南侯，而以其子梦庚为总兵官，良玉卒不为用。

燕京陷，江南立弘光帝，马士英、阮大铖乱启，良玉乃兴兵清君侧，欲废弘光帝，立楚世子，至九江病死。而英王师尾其后，梦庚以其军降。

初，尤世威为总兵时，往谒蓟辽督府曹文衡，文衡尊严不少假。更竭司徒公，司徒公谕令勿长跪，相见如弟子礼。世威感悦，愿效死。司徒公行边至黄花镇上，遇火炮灾，司徒公压于敌楼下，背上积二十二死人。世威震落在五里外，起立卒不肯去，号而呼，求司徒公。复至敌楼，适有电光照司徒公，世威乃趋而抱之，而以手起其二十二死人者。火及冠，脱其冠，及袍，脱其袍，遂烧其须，及其左耳，世威坚不动，竟袒而负司徒以出，行四十里抵于山下，边人谓之“尤兰耳”云。

邱磊者既坐斩，系刑部狱十三年，良玉每一岁捐万金救之，得不死，卒受知司徒公，后为山东总兵官。

侯方域曰：余少时见左将军，将军目不知书，然性通晓，解文义，勇略亚于黥彭，而功名不终，何欤？当左将军出军时，有党应春者，以军校逃伍当死，司徒公缚而笞之百，应春起而徐行，无异平时。拔以为军官，复逃。再缚之来，应春仰首曰：“札官实岂异军校耶？”司徒公异之，以付左将军为先锋。后乃立功佩印，为山海关将。然则将苟有材，得其人以御之，虽卒伍可也，而况于公侯哉！

【注释】

①司徒公：名恂，朝宗之父，万历进士，崇祯时官至御史，不久调任兵部侍郎。

②李自成：明末陕西米脂人。崇祯十七年（1644），在西安称王，正式定国号为“大顺”。率起义军向东进军，所到之处都被起义军攻占，后攻陷北京，朱由检自缢而死。吴三桂引清兵入关，李自成率部向西转战，在九宫山被地主乡团所围困，李自成牺牲，时年仅三十九岁。

马伶传

马伶者，金陵梨园[①]部也。金陵为明之留都，社稷百官皆在，而又当太平盛时，人易为乐，其士女之问桃叶渡、游雨花台者，趾相错也。梨园以技鸣者，无论数十辈，而其最著二：曰兴化部，曰华林部。

一日，新安贾合两部为大会，遍征金陵之贵客文人与夫妖姬静女，莫不毕集。列兴化于东肆，华林于西肆。两肆皆奏《鸣凤》，所谓椒山先生者。迨半奏，引商刻羽，抗坠疾徐，并称善也。当两相国论河套，而西肆之为严嵩[②]相国者曰李伶，东肆则马伶。坐客乃西顾而叹，或大呼命酒，或移坐更近之，首不复东。未几更进，则东肆不复能终曲。询其故，盖马伶耻出李伶下，已易衣遁矣。马伶者，金陵之善歌者也。既去，而兴化部又不肯辄以易之，乃竟辍其技不奏，而华林部独著。

去后且三年，而马伶归，遍告其故侣，请于新安贾曰："今日幸为开宴，招前日宾客，愿与华林部更奏《鸣凤》，奉一日欢。"既奏，已而论河套，马伶复为严嵩相国以出。李伶忽失声，匍匐前称弟子。兴化部是日遂凌出华林部远甚。

其夜华林部过马伶曰："子，天下之善技也，然无以易李伶，李伶之为严相国至矣，子又安从授之而掩其上哉？"马伶曰："固然，天下无以易李伶，李伶又不肯授我。我闻今相国昆山顾秉谦者，严相国俦也。我走京师，求为其门卒三年，日侍昆山相国于朝房，察其举止，聆其语言，久乃得之，此吾之所为师也。"华林部相与罗拜而去。

马伶名锦，字云将，其先西域人，当时犹称马回回云。

侯方域曰：异哉，马伶之自得师也！夫其以李伶为绝技，无所于求，乃走事昆山。见昆山犹之见分宜也，以分宜教分宜，安得不工哉？呜呼！耻其技之不若，而去数千里，为卒三年，倘三年犹不得，即犹不归尔。其志如此，技之工又须问耶？

【注释】

①梨园：唐明皇选乐工三百人教于梨园，声音有错误的，帝必觉察然后纠正他。后世遂把戏曲演员称为梨园子弟。

②严嵩：明分宜人，弘治进士。世宗时官至太子太师，恃宠揽权，排斥杀害忠良。御史邹应龙等弹劾严嵩父子的罪行，皇帝让严嵩辞官归居，严嵩之子世蕃下狱被诛。严嵩后来寄食墓舍而死。

汪苕文《尧峰集》精华

【著录】

汪琬（1624 ~ 1691），字苕文，号钝庵，晚年自号尧峰，又号玉遮山樵。长洲（今江苏省苏州）人。汪琬早年丧父，勤奋于学，锐意钻研古文辞，清顺治十二年（1655）中进士，授户部主事，升任刑部郎中，因奏销案降补北城兵马司指挥，再升户部主事，因病乞假而归，结庐尧峰山，闭门著书。康熙十八年（1679），召试博学鸿词，授翰林院编修，参与编写《明史》。在史馆六十日，撰写史稿一百七十五篇，又因病乞归，此后未曾出仕。汪琬主张文学明于辞义，合乎经旨；所作文章浩瀚疏畅，颇近南宋诸家之风，所作诗歌，兼具范成大、陆游、元好问之长，尤喜于叙事。与侯方域、魏禧齐名，并称为“三大家”。其所作诗文，自辑为《钝翁类稿》六十二卷，续稿五十六卷，晚年又亲自删订，定名为《尧峰文抄》，凡五十卷，由其弟子林佶缮写刊布，梓行于世。

治生说

治生之家，未有急于治田亩者也：劳劳然春而播之，夏而耕之，秋而获之。惟其家有积谷，然后可以贸易百物，于是金玉锦绣之货，饮食器用之需，旁及于图书彝鼎[①]希有难得之玩，皆不劳而坐致之，故擅富名于天下。不幸而有不肖者出，厌其耕获之勤以费也，遂尽斥其田亩以委之于人，虽有所蓄，已不足以给朝夕而谋衣食矣，况望其致富哉？

为学亦然。举凡诗书六艺[②]诸子百家，吾所资以为文者，亦如富家之有田亩也，故必惫精竭神以耕且获于其中。惟其取之也多，养之也熟，则有渐摩之益，而无剽贼[③]之疵；有心手相应之能，而无首尾舛互之病；浩乎若御风而行，沛乎若决百川四渎而东注。其见于文者如此，则亦庶几乎其可也。彼不能力求乎古人，而思欲苟营而捷得之，于是取之者少，则剽贼之疵见；而养之者疏，则舛互之病生。以此夸耀于人，与不肖子之弃田亩何以异哉？使不遇旱涝兵燹之灾则已，设一旦有之，几何不立见其穷也！

《记》曰："无剿说，无雷同，必则古昔，称先王。"今之学者，可谓剿说矣，雷同矣。骤而告之以古昔先王，不将骇然而疑，哗然而笑，群以为愚且迂者乎？嗟乎！使吾之说而不愚不迂，又何以自异于今之学者也？故书此以自勉。

【注释】

①彝鼎：泛指古代青铜祭器。

②六艺：礼、乐、射、御、书、数。

③剽贼：剽窃。

送王进士之任扬州序

诸曹[①]失之，一郡得之，此十数州县之庆也；国家得之，交游失之，此又二三士大夫之憾也。吾友王子贻上，年少而才，既举进士于甲第，当任部主事[②]，而用新令，出为推官扬州，将与吾党别。吾见憾者，方在燕市[③]，而庆者已翘足企首，相望江淮之间矣，王子勉旃！事上宜敬，接下宜诚，莅事宜慎，用刑宜宽，反是，罪也。吾告王子止此矣。

朔风初劲，雨雪载途，摇策而行，努力自爱。

【注释】

①诸曹：分职治事的官署叫做曹。《汉书》："坐曹治事。"

②当任部主事：言王既举进士，按旧制当任六部中主事。主事，官名，

位次员外郎。

③燕市：即北平，又称燕京，即今北京。

答王进士书

琬启：比辱枉顾，命作贤姊节烈传，琬诚不敢固辞。然所示事实，不免太简。如尊大人官讳氏族俱不书，贤姊既亡于井，何时购得其尸以殡又不书，此皆其大者，得更赐教为幸。

琬尝思古之所谓忠孝义烈者，其身虽亡，其容貌动止虽不可得而见，而其气则浩浩然，落落然，流被天壤。上自名公巨卿，下自里巷之氓，以至妇人竖子[①]，莫不乐颂其姓氏。及其有可感者，则又相顾太息，不知涕泗之流落也。故虽愈久而愈不可磨灭，相距几千百年，犹昭灼在人口耳。此岂系乎文章之有无耶？然而有志之士，犹欲奋起而为之纪载者何哉？非为忠孝义烈之名，恃此而后不朽也，直以文章不能无故而作，必借他人之事而发之，以稍见其胸中之奇，而取重于后世。或所遇非其人，所书非其事，则虽有上下驰骋瑰玮诡异之词，决不及传；或遇得其人矣，而行事不加恢奇，则其词虽传，亦决不及于久远，故尤慎择其所得而详书之。

昔李习之[②]有盛名于唐，然独自述其所叙高愍女、杨烈妇，为不在班孟坚[③]、蔡伯喈[④]下；近世归震川[⑤]先生亦号东南大儒，尤沾沾自喜者，惟在作《张氏女子神异记》，亦可窥见前贤之用心矣。而流俗不察，妄相推许，遽谓文章之权，可以褒宠死者，几欲自比于夫子之《春秋》，不亦夸而难信矣乎！

琬才学蠢陋，使厕于李习之、归震川之列，必当愧颜汗下。然其私淑诸人者，殆有年矣。方欲借足下所示以自传其文章，故先略道所见，伏冀省览。不宣。

【注释】

①竖子：小孩。语出《左传》。

②李习之，唐赵郡人，名翱。文章与韩愈齐名，著有《习之文集》。

③孟坚：即班固，字孟坚。东汉北地人，著有《汉书》。

④蔡伯喈：名邕，东汉陈留人。灵帝时拜郎中，累迁至中郎将，后以卓党死狱中。著有诗赋等百余篇。

⑤归震川：归有光，字熙甫，人称震川先生，明昆山人。为明代中叶古文大家，著有《震川集》。

书沈通明事

淮安沈通明，字克赤，尝为前明总兵官，任侠轻财，好从中原士大夫游，士大夫皆称之，数与贼战有功。

顺治二年，先是有巡抚田仰者，素习通明之为人，加礼遇焉，至是见明将亡，遂属其家通明，而身自浮海去。通明匿仰妻子他所。会王师渡淮，购仰妻子，急踪迹至通明家，且并捕通明。是时通明已散遣所部，杜门久矣。捕者凡十余辈，合噪围其居，通明走入寝室，饮酒数斗，裂束帛，缚其爱妾，负之背，而牵骑手弓矢以出，大呼曰："若辈亦知沈将军邪？"遂注矢拟捕者，皆逡巡引却。通明疾驰，与爱妾俱得脱。僦居苏州，变姓名，卖卜以自活，未几，爱妾死，意不自聊，入灵岩山[①]祝发为浮屠。已复弃浮屠服，北访故人于邓州[②]。

通明故魁垒丈夫也，美须髯，以饮酒自豪。又善度曲，每醉辄歌呼邓州市上，间以曼声杂之，酸楚动听，一市皆以为狂。而彭公子钱，其州人也，素有声望于江淮间，方罢巡抚家居，独闻而异之。侦得通明所在，徒步往与之语，通明默不应。已询知为彭巡抚，乃大喜吐实。公捉其手曰："君状貌稍异，必将有物色[③]之者，非我其孰为鲁朱家[④]邪？"引与诸归。公亦豪于酒，日夜与通明纵饮甚欢。居久之，遇赦，始得出。

通明少以勇力闻，尝与贼战，贼射之洞腹，通明急拔矢，裂甲裳裹其创，往逐射者，竟杀其人而还，由是一军皆壮之。今且年八十余矣，膂力虽少衰，而饮酒不减少时，任侠自喜亦如故也。始居苏州，变姓名曰申宗耿；及为浮屠，又名玄篴。刘吏部公勇曾有序赠之，至比诸前宋姚平仲、龙伯康云。

夫明季战争之际，四方奇才辈出，如予所纪乙邦才、江天一及通明之属，率倜傥非常之器，意气干略，横从百出，此皆予之所及闻也。其他流落缀没，为予所不及闻，而不得载笔以纪者，又不知几何人。然而卒无补于明之亡者何与？当此之时，或有其人而不用，或用之而不尽。至于庙堂枋事之臣，非淫邪朋比，即阘茸委琐，怀禄耽宠之流，当其有事，不独至掣若人之肘也，必从而加媒孽焉。及一旦偾决溃裂，束手无策，则概诬天下以乏才。呜呼！其真乏才也耶？《诗》有之："谁秉国成？不自为政！"此予所以叹也。

【注释】

①灵岩山：在今江苏苏州市。

②邓州：今河南邓州市。

③物色：察访人物。《后汉书》："帝思其贤，乃令以物色访之。"

④朱家：鲁人，好侠仗义，汉初救过季布的性命，另救过数以百计的贤者的性命。

《龚定庵集》精华

【著录】

龚自珍(1792～1841),字璱人,号定庵,又名巩祚。浙江仁和(今杭州)人,八岁读旧登科录，即有志为科名掌故之学，十二岁跟随外祖父段玉裁学习《说文》，对于金石、官制、目录诸学，尤为喜好。道光九年（1829）中进士，授内阁中书，升任宗人府主事，后改调礼部，因避仇家告归，道光二十一年（1841）就丹阳云阳书院讲席，卒于书院。龚自珍是近代著名的思想家、诗人和散文家，并精通经学、文字学和史地学。在政治上，他反对帝王世代相袭的观念，提出了“穷则变，变则通，通则久”的发展观点，认为政治腐败不是围绕皇帝周围的官吏造成的，而是皇帝自身的过错，期待“山中之民，有大音声起”的一个新局面的出现，召唤风雷来打破“万马齐喑”的沉寂，使人人获得光明和自由；在经济上，他看到土地分配不均是社会贫弱的根本原因，主张按宗法制分配土地；在学术思想上，他主张废弃科举制，主张学术必须联系时政。在近代中国思想史、文学史上，他开创了一种风气，即魏源所说的“以朝章国政世情民隐为质干”和张维屏所说的“诵史鉴，考掌故，慷慨论天下事”的风气，也就是梁启超说他写文章“往往引《公羊》义讥切时政，诋排专制”的风气。龚自珍的文章导源于先秦诸子，沉博奥衍，自成一家，所作学术论文、政论文和杂文，大都是对当时黑暗现实的揭露和批判，以及对未来的期望。他的文章，行文独具风格，隐约之中洋溢激情，描述客观寄托深意。龚自珍的诗文作品有自刻本、道光刊本、同治刊本、光绪刊本、书堂本、宣统三年石印本、四部丛刊本等。1959年，中华书局根据龚氏自刻本、吴刻本、朱刻本、风雨楼本、娟镜楼本和稿本、抄本以及海内诸家旧藏佚文等，整理编辑而成《龚自珍全集》，这是目前最为完善的一种龚氏全集；1975 年上海人民出版社出版了根据中华书局本重印《龚自珍全集》。

六经正名

龚自珍[①]曰：孔子之未生，天下有六经久矣。庄周《天运篇》曰："孔子曰：某以六经奸七十二君而不用。"《记》曰："孔子曰：入其国，其教可知也。"有《易》《书》《诗》《礼》《乐》《春秋》之教。孔子所睹《易》《书》《诗》，后世知之矣；若夫孔子所见《礼》，即汉世出于淹中之五十六篇；孔子所谓《春秋》，周室所藏百二十国宝书是也，是故孔子曰："述而不作。"司马迁曰："天下言六艺[②]者，折衷于孔子。"六经六艺之名，由来久远，不可以臆增益。

善夫，汉刘歆之为《七略》[③]也！班固仍之，造《艺文志》，序六艺为九种，有经、有传、有记、有群书，传则附于经，记则附于经，群书颇关经则附于经。何谓传?《书》之有大小夏侯、欧阳传也;《诗》之有齐、鲁、韩、毛传也，《春秋》之有公羊、谷梁、左氏、邹、夹氏亦传也。何谓记?大小戴氏所录凡百三十有一篇是也。何谓群书? 《易》之有《淮南·道训》《古五子》十八篇，群书之关《易》者也；《书》之有《周书》七十一篇，群书之关《书》者也;《春秋》之有《楚汉春秋》《太史公书》，群书之关《春秋》者也；然则《礼》之有《周官》《司马法》，群书之颇关《礼经》者也。

汉二百祀，自六艺而传记，而群书，而诸子毕出，既大备，微夫刘子政[④]氏之目录，吾其如长夜乎！何居乎后世有"七经""九经""十经""十二经""十三经""十四经"之喋喋[⑤]也！或以传为经，《公羊》为一经，《谷梁》为一经，《左氏》为一经，审如是，则韩亦一经，齐亦一经，鲁亦一经，毛亦一经，可乎? 欧阳一经，两夏侯各一经，可乎? 《易》三家，《礼》分庆、戴，《春秋》又有邹、夹，汉世总古今文，为经当十有八，何止十三? 如其可也，则后世名一家说经之言甚众，经当以百数。或以记为经，大小戴二记毕称经。夫大小戴二记，古时篇篇单行，然则《礼经》外，当有百三十一经。或以群书为经，《周官》晚出，刘歆[⑥]始立，刘向、班固灼知其出于晚周先秦之士之掇拾旧章所为，附之于《礼》，等之于《明堂》《阴阳》而已，后世称为经，是为述刘歆，非述孔氏。善夫刘子政氏之序六艺为九种也。有苦心焉，斟酌曲尽善焉。

序六艺矣，七十子以来，尊《论语》而谭《孝经》，小学者，又经之户枢也。不敢以《论语》夷于记夷于群书也，不以《孝经》还之记还之群书也，又非传，于是以三种为经之贰。虽为经之贰，而仍不敢悍然加以经之名，向与固可谓博学明辨慎思之君子者哉！《诗》云："自古在昔，先民有作。"向与固岂非则古昔崇退让之君子哉！后世又以《论语》《孝经》为经，假使《论语》《孝经》可名经，则向早名之，且曰序八经，不曰序六艺矣。仲尼未生，先有六经，仲尼既生，自明不作，仲尼曷尝率弟子使笔其言以自制一经哉？乱圣人之例，淆圣人之名实，以为尊圣，怪哉！非所闻！非所闻！然且以为未快意，于是乎又以子为经。汉有传记博士，无诸子博士，且夫子也者，其术或醇或疵，其名反高于传记。传记也者，弟子传其师记其师之言也；诸子也者，一师之自言也。传记，犹天子畿内卿大夫也；诸子，犹公侯各君其国，各子其民，不专事天子者也。今出《孟子》于诸子，而夷之于二戴所记之间，名为尊之，反卑之矣。子舆氏之灵，其弗享是矣。

问：子政以《论语》《孝经》为经之贰，《论语》《孝经》则若是班乎？答：否，否！《孝经》者，曾子以后支流苗裔之书，平易泛滥，无大疵，无宏意眇指，如置之二戴所录中，与《坊记》《缁衣》《孔子闲居》《曾子天圆》比，非《中庸》《祭义》《礼运》之伦也。本朝立博士，向与固因本朝所尊而尊之，非向、固尊之也。然则刘向、班固之序六艺为九种也，北斗可移，南山可隳，此弗可动矣。

后世以传为经，以记为经，以群书为经，以子为经，犹以为未快意，则以经之舆儓为经，《尔雅》是也。《尔雅》者，释《诗》《书》之书，所释又《诗》《书》之肤末，乃使之与《诗》《书》抗，是尸祝舆儓之鬼，配食昊天上帝也！

【注释】

①龚自珍：清浙江仁和人，号定庵，道光进士，学问淹贯，才气惊人，

其文沉博奥衍，自成一家。

②六艺：六经又叫六艺。汉刘歆总群书而奏《七略》，有《六艺略》。

③《七略》：一、《集略》，二、《六艺略》，三、《诸子略》，四、《诗赋略》，五、《兵书略》，六、《术数略》，七、《方技略》。

④刘子政：即刘向。楚元王四世孙。能属文，精经术，著有《洪范五行传》《列女传》《新序》《说苑》等。

⑤喋喋：多言之状。

⑥刘歆：汉宗室，字子骏，与父向同校秘书，集六艺群书，别为《七略》。经籍目录学自歆始。

葛伯仇饷解

问曰：《逸书》曰："葛伯仇饷。"孟子说之曰："汤居亳，与葛为邻，葛伯放而不祀，汤使人问之，曰：'无以供粢盛也。'汤使亳众往，为之耕，老弱馈食。葛伯率其民，要其有酒食黍稻者夺之，不授者杀之。有童子饷，杀而夺之。"葛虽贫，葛伯一国之君，安得有杀人夺酒肉事？

答曰：王者取天下，虽曰无与之，人归之，要必有阴谋焉。汤居亳，与葛为邻，葛伯不祀，汤教之祀，遗以粢盛可矣。乃使亳众往，为之耕。春耕，夏耘，秋收，乃笛乃米而藏之廪，而后可以祀。其于来岁之祀则豫矣，其于岁事则已缓。亳众者何？窥国者也，策为内应者也。老弱馈者何？往来为间谍[1]者也。葛虽贫，土可兼，葛伯放而柔，强邻圣敌，旦夕虎视[2]，发众千百入其境，屯于其野，能无惧乎？惧而未肯以葛降，率其民而御之，又不足以御，乃姑杀其间谍者。夫黍稻之笞橐，往来两境，阴谋之所橐也，其民乃发而献之伯。仇者何？众词，大之之词；杀者何？专词。杀一人不得言仇，仇不得言杀。史臣曰："葛伯仇饷。"得事实矣。又曰："汤一征，自葛载。"夫葛何罪？罪在近。后世之阴谋，有远交而近攻者，亦祖汤而已矣。

【注释】

①间谍：伺敌间隙以反报其主曰间谍。

②虎视：《易》："虎视眈眈，其欲逐逐。"意指如虎之雄视，有贪残之意。

论　私

朝大夫有受朋友之请谒，翌晨讦其友于朝获直声者，矜其同官曰："某可谓大公无私也已。"龚子闻之，退而与龚子之徒纵论私义，问曰："敢问私者何所始也？"告之曰："天有闰月，以处赢缩之度，气盈朔虚，夏有凉风，冬有燠日，天有私也；地有畸零华离，为附庸闲田，地有私也；日月不照人床闼之内，日月有私也。圣帝哲后，明诏大号，劬劳于在原，咨嗟于在庙，史臣书之，究其所为之实，亦不过曰庇我子孙，保我国家而已。何以不爱他人之国家而爱其国家？何以不庇他人之子孙而庇其子孙？且夫忠臣忧悲，孝子涕泪，寡妻守雌，捍门户，保家世，圣哲之所哀，古今之所懿，史册之所纪，诗歌之所作。忠臣何以不忠他人之君而忠其君？孝子何以不孝他人之亲而孝其亲？寡妻贞妇何以不公此身于都市，乃私自贞私自葆也？

"且夫子哙[1]，天下之至公也，以八百年之燕欲予子之；汉哀帝[2]，天下之至公也，高皇帝之艰难，二百祀之增功累胙，帝不爱之，欲以予董贤。由斯以谭，此二主者，其视文、武、成、康、周公，岂不圣哉？由是以谭，孟子车氏，其言天下之私言也，乃曰人人亲其亲，长其长，而天下平。

"且夫墨翟[3]，天下之至公无私也，兼爱无差等，孟子以为无父。杨朱[4]，天下之至公无私也，拔一毛利天下不为，岂复有干以私者？岂复舍我而徇人之谒者？孟子以为无君。且今之大公无私者，有杨、墨之贤耶？杨不为墨，墨不为杨，乃今以墨之理，济杨之行，乃宗子哙，肖汉哀，乃议武王、周公，斥孟轲，乃别辟一天地日月以自处。

"且夫狸交禽媾，不避人于白昼，无私也；若人则必有闺闼之蔽，房帷之设，枕席之匿，幭縕之拒矣。禽之相交，径直何私？孰疏孰亲，一视无差。尚不知父子，何有朋友？若人则必有孰薄孰厚之气谊，因有过从宴游、相援相引、款曲燕私之事矣。今曰大公无私，则人耶？则禽耶？

"《七月》之诗人曰：'言私其豵，献豜于公。'先私而后公也。《大田》之诗人曰："雨我公田，遂及我私。'《楚茨》之诗人曰：'备言燕私。'

先公而后私也。《采蘩》之诗人曰：‘被之僮僮，夙夜在公；被之祁祁，薄言还归。’公私并举之也。《羔羊》之诗人曰：‘羔羊之皮，素丝五紽；退食自公，委蛇委蛇。’公私互举之也。《论语》记孔子之私觌，乃如吾大夫言，则鲁论以私觌诬孔氏；乃如吾大夫言，《羔羊》之大夫可以诛，《采蘩》之夫人可以废，《大田》《楚茨》之诗人可以流，《七月》之诗人可以服上刑。”

【注释】

①子哙：燕王名，让国于其相子之，国内大乱，将军市被与太子平谋攻子之，齐宣王使人诱之，杀王哙，几乎攻下了整个燕国。

②汉哀帝：成帝之子，名欣，在位六七年，以董贤为大司马卫将军。

③墨翟：即墨子，战国时人。《孟子》：“墨子兼爱。”

④杨朱：战国时人。《孟子》：“杨子取为我，拔一毛而利天下，不为也。”

阐告子

龚氏之言性也，则宗无善无不善而已矣。善恶皆后起者。夫无善也，则可为桀矣；无不善也，则可以为尧矣。知尧之本不异桀，郇卿[①]氏之言起矣；知桀之本不异尧，孟氏之辩兴矣。为尧矣性不加菀，为桀矣性不加枯；为尧矣性之桀不亡走，为桀矣性之尧不亡走；不加菀不加枯，亦不亡以走。是故尧与桀互为主客，互相伏也，而莫相偏绝。

古圣帝明王，立五礼[②]，制五刑[③]，敝敝然欲民之背不善而向善。攻綵彼为不善者耳，曾不能攻劘性；崇为善者耳，曾不能崇性；治人耳，曾不治人之性；有功于教耳，无功于性；进退卑亢百家万邦之丑美，曾不能进退卑亢性。

告子曰：“性无善无不善也。”又曰：“性，杞柳也；仁义，杯棬[④]也。以性为仁义，以杞柳为杯棬。”阐之曰：浸假而以杞柳为门户藩梐[⑤]，浸假而以杞柳为桎梏[⑥]，浸假而以杞柳为虎子[⑦]威俞，杞柳何知焉？又阐之曰：以杞柳为杯棬，无救于其虎子威俞，以杞柳为威俞，无伤乎其为杯棬，杞柳又何知焉？是故性不可以名，可以勉强名；不可似，可以形容似也。

扬雄不能引而伸之，乃勉强名之曰“善恶混”。雄也窃言，未湮其原；盗言者雄，未离其宗；告子知性，发端未竟。

【注释】

①郇卿：即荀子，名况，春秋大儒，他的学说以孔子为标准，但以为人心皆恶，不以礼义正之，则不能为善，与孟子颇异。

②五礼：谓吉礼、嘉礼、宾礼、军礼、凶礼。

③五刑：一曰野刑，二曰军刑，三曰乡刑，四曰官刑，五曰国刑。语出《周礼》。

④杯粝：木制饮器。

⑤梔藩：藩篱。

⑥桎梏：刑具。

⑦虎子：溲溺之器。《西京杂记》：“汉朝以玉为虎子，以为便器，使侍中执之，行幸以从之。”

说居庸关

居庸关[①]者，古之谭守者之言也。龚子曰：疑若可守然。何以疑若可守然？曰：出昌平州，山东西远相望，俄然而相辏相赴，以至相蹙，居庸置其间，如因两山以为之门，故曰疑若可守然。

关凡四重，南口者，下关也，为之城，城南门至北门一里；出北门十五里，曰中关，又为之城，城南门至北门一里；出北门又十五里，曰上关，又为之城，城南门至北门一里；出北门又十五里，曰八达岭，又为之城，城南门至北门一里。盖自南口之南门，至于八达岭之北门，凡四十八里。关之首尾具制如是，故曰疑若可守然。下关最下，中关高倍之。八达岭之俯南口也，如窥井形然，故曰疑若可守然。

自入南口，城甃有天竺字、蒙古字。上关之北门，大书曰：“居庸关，景泰[②]二年修。”八达岭之北门，大书曰：“北门锁钥，景泰三年建。”

自入南口，流水啮吾马蹄，涉之琤然鸣，弄之则忽涌忽洑而尽态，迹之则至乎八达岭而穷。八达岭者，古隰余水之源也。自入南口，木多文杏、苹婆、棠梨，皆怒华。

自入南口，或容十骑，或容两骑，或容一骑。蒙古自北来，鞭橐驼，与余摩背行，时时橐驼冲余骑颠，余亦挝蒙古帽，堕于橐驼前，蒙古大笑。余乃私叹曰：若蒙古，古者建置居庸关之所以然，非以若耶？余江左士也，使余生赵宋世，目尚不得睹燕赵，安得与反毳者[3]挝相戏乎万山间？生我圣清中外一家之世，岂不傲古人哉！蒙古来者，是岁克西克腾、苏尼特，皆入京诣理藩院交马云。

自入南口，多雾，若小雨。过中关，见税亭焉。问其吏曰：“今法网宽大，税有漏乎？”曰：“大筐小筐，大偷橐驼小偷羊。”余叹曰：信若是，是有间道矣。自入南口，四山之陂陀之隙，有护边墙数十处，问之民，皆言是明时修。微税吏言，吾固知有间道，出没于此护边墙之间。承平之世，漏税而已，设生昔之世，与凡守关以为险之世，而不大骇北兵自天而降者哉！

降自八达岭，地遂平，又五里，曰坌道。

【注释】

①居庸关：位于今北京昌平区西北部。

②景泰：明代宗年号。

③反毳者：穿反毛皮衣的人，此指蒙古人。

皇朝硕辅颂二十一首序

我朝龙飞东海，霆罚中夏，庙谟睿武，先后继承。自尼堪外兰[1]始征以还，萨浒[2]、松山[3]凡数大战，未及百年，传檄区宇。定鼎以后，又百七十年，祖恢九有之勋，宗纪十全之绩，声灵则雷厉风飞，景运则天翊神赞。其中荡定三藩，亲征漠北，冉驚睢盱之国，台湾浩汗之乡，西戎二万里，部落数百支，乃洪荒所未通，洎累朝而大定。自帝鸿御火灾、共工定水害以来，武功之盛，未有少及本朝者也。

自古平地成天之主，必有文经武纬之臣，指顾中外，驱画山河，捧日月之光华，策风云而后先。天磓圣清，笃生硕辅[4]，朝夕降乎崧岳，日月下其列星；佐命定中原，建策扬大伐；倚剑昆仑之山，饮马星宿之海。八地九天之奇兵，秘乎豹略；五行十守之正道，挞此龙庭。亦有保扬未命，公高亮四世，无开疆之绩，有论道之忠。凡若此者，岂仅营平、龙额，增彻侯之户；横海、楼船、建将军之号；兰台濡笔，颂封阗颜之山；博士矢歌，美平淮西之绩而已矣？实乃考于诗书，无此伟者；读其姓氏，恍若神人。

惧山泽之癯，有不尽知，用敢仰衷国史，作赞二十有一。若夫璇牒亲藩，瑶图上爵，同姓大功，逾朱虚、东牟之至亲；文子武弟，有周公、康叔之明德，此其地位尊崇，祀典不名，国史乃敢敬书，下士不容僭颂也。又有亡殷事周，相韩归汉；虽亦从旗鼓，著勋罴，恭禀特笔，列于贰臣，兹亦不及之云尔。

【注释】

①尼堪外兰：明末女真一首领，为清太祖所灭。

②萨浒：即萨尔浒，今属抚顺市。明万历时，辽东经略杨镐以二十余万众分四路攻后金兵，大败，这次战役称作萨尔浒之役。后金自此以后有轻明之心。

③松山：地名，位于今辽宁锦州南部。明末洪承畴守此，为清兵所围，城破被擒。

④硕辅：贤良之辅弼。

送夏进士序

乾隆中，大吏有不悦其属员者，上询之，以书生对。上曰：“是胡害？朕亦一书生也。”大吏悚服。呜呼，大哉斯言！是其炳六籍[①]，训万祀矣！

嘉庆二十二年春，吾杭夏进士之京师，将诠县令，纡道别余海上。相与语，益进，睟然愉，谡然清，论三千年史事，意见或合或否，辄怡然以欢。予曰：“是书生，非俗吏也。”海上之人以及乡之人皆曰非俗吏。之京师，京师贵人长者识予者，皆识进士，亦必曰非俗吏也。虽然，固微窥君，君若惧人之訾其为书生者，又若有所讳夫书生者，暴于声音笑貌焉。天下事舍书生无可属，真书生又寡，有一于是，而惧人之訾已而讳之耶？

且如君者，虽百人訾之，万人訾之，啮指而自誓不为书生，以喙自卫，哓哓然力辩其非书生，其终能肖俗吏之所为也哉？为之而不肖，愈见其拙。回护其拙，势必书生与俗吏两无所据而后已。噫！以书生之声音笑貌，加之以拙，济之以回护，终之以失所据，果尔，则进士之为政也病矣！

新妇三日，知其所自育；新官三日，知其所与。予识进士十年，既庆其禄之及于吾里有光，而又恐其信道之不笃，行且一前而一却也。于其行，恭述圣训，以附古者朋友赠行之义。

【注释】

①六籍：即六经，《诗》《书》《礼》《易》《乐》《春秋》。

王仲瞿墓表铭

乾隆末，左都御史某公与大学士和珅[①]有连，然非暗于机者，窥和珅且败，不能决然舍去，不得已乃托于骙矣颠。川、楚匪起，疏军事，则荐其门生王昙[②]能作掌中雷，落万夫胆。自珅之诛也，新政肃然，比珅者皆诏狱缘坐。某公既先以言事骙避官，保躬林泉，而王君从此不齿于士列。

掌中雷者，神宝君说洞神下乘法，所谓役令之事，即以道家书论，亦其支流之不足诘者。王君少从大剌麻章佳胡图克图者游，习其游戏法，时时演之，不意卒以此败。君既以此获不白名，中朝士大夫颇致毒君。礼部试，同考官揣某卷似浙王某，必不荐；考官揣某卷似浙王某，必不中式。大挑虽二等，不获上。君亦自问已矣，乃益放纵。每会谈，大声叫呼，如百千鬼神奇禽怪兽挟风雨水火雷电而下上，座客逡巡引去，其一二留者伪隐几，君犹手足舞不止。以故大江之南，大河之北，南至闽、粤，北至山海关、热河，贩夫驺卒，皆知王举人。言王举人，或齿相击，如谈龙蛇说虎豹。

矮道人者，居京师之李铁拐斜街，或曰年三百有余岁矣，色如孩，臂能掉千钧。王君走访之，道人无言，君不敢坐。跽良久，再请。道人乃言曰：“京师有奇士，非汝所谓奇也。夜有光如六等星，青霞绕之，青霞之下，当为奇士庐，盍求之？”王君知非真，笑曰：“如师言哉！”己巳春，见龚自珍于门楼胡同西首寓斋。是日也，大风漠漠，多尘沙。时自珍年十有八矣，君忽叹息起，自语曰：“师乎，师乎！殆以我托若人乎？”遂与自珍订忘年交。

初，君以稚年往来诸老辈间，狂名犹未起，老辈皆礼之。至是老者尽死，同列者尽绝，君无聊甚，故频频与少年往来，微道人亦得君也。越八年，走访龚自珍东海上，留海上一月。明年遂死，则为丁丑岁。自珍于是助其葬，又为之掇其大要而志其墓曰：

君姓王氏，名昙，又名良士，字仲瞿，浙之秀水人，乾隆五十九年举人也。其为人也，中身，沈沈芳逸，怀思悱恻；其为文也，一往三复，情繁而声长；其为学也，溺于史，人所不经意，累累心口间。其为文也，喜胪史；其为人也，幽如闭如，寒夜屏人语，絮絮如老妪，匪但平易近人而已。其一切奇怪不可迩之状，皆贫病怨恨不得已诈而遁焉者也。卒年五十有八，有集若干卷。祖某，父某。妻金，能画与诗，先卒。子一，善才。墓在苏州虎丘山南。铭曰：

生昙者天也，宥昙者帝也，仇昙者海内士，识昙者四百岁之道人，十八龄之童子。昙来！昙来！魂芳魄香，思幽名长，山青而土黄，瘗汝于是。噫！

【注释】

①和坤：字致斋，清满洲正红旗人。官大学士，为清高宗所宠任，弄权黩货，致吏治大坏，酿成川楚一带白莲教造反。嘉庆四年，为王念孙纠参，夺职下狱，赐自尽。

②王昙：详见《金孺人画山水序》。

徐泰母碣

侯官林氏女，为上海徐兆洙妻，期而寡，遗腹子曰泰。泰从林受《孝经》，既长，好文章，笃于朋友，龚自珍友之。告自珍曰：“吾母平生再刲股，一疗吾外王母[1]疾，再疗吾王母疾，皆愈，亲族无知者。寡十四岁而卒。卒岁余，吾祖母病眩瞀，家人恐，病者忽自语：‘愈矣。适四娘立吾侧，饮吾茶。’果愈，侍病者皆泣。四娘者，吾父于诸同产季也。”道光十九年，诏旌上海县徐兆洙妻林氏，泰立石墓侧，使自珍铭。铭曰：

生以肉疗母，死以魂翼母，宜有德有文之子炽尔后。

【注释】

①外王母：即外祖母。

宋先生述

君姓宋氏，讳纨，字鲁珍，浙江严州府建德县人。曾祖载，祖纪勋，父圻安，选拔贡生。自祖以上仕否及妣氏族俱未详，弗可述。君幼以孝闻，力于学。其治经也，总群书并进。大旦而起，漏四下而寝。不接宾客，瘁志纂述，大书如棋子，小书如蚊脚，墨书或浓或淡，朱书如桃华，日罄五七十纸。如是者不计年，当可得百余万言，扃一敝箱中，不知果成书与否，又不知欲成何等书，身后无可问者。

嘉庆七年，以选拔贡生来京师，主刑部员外郎戴公家，以戴公荐，来主吾家，训自珍以敬顺父母。举嘉庆九年顺天乡试。十五年岁庚午卒，年三十三，无子。浙中传君晚年信疑龙家书[①]，迁家兆，手一卷书，督畚锸，有白眚起地中，触君身而死。其诬与？其有之与？吾家自宾客群从逮老仆婢，至今皆称之曰宋先生。嘉庆丙子春，武英殿校录副榜贡生弟子龚自珍谨述。

【注释】

①疑龙家书：即看风水一类的书。

《陶渊明集》精华

【著录】

陶渊明（365～427），又名潜，字元亮，谥靖节居士。浔阳柴桑（今江西九江县西南部）人。出生在一个衰落的官僚家庭，曾祖陶侃是东晋的开国元勋，官至大司马，祖父和父亲也做过太守、县令。陶渊明七八岁时，父亲就已过世。因此，他从少年起就家境贫困。由于家庭环境的影响，陶渊明从小喜爱读书，对儒家经典有特别浓厚的兴趣，对两晋时代盛行的《老子》《庄子》以及先秦至汉魏的史学、文学著作也无不广泛接触，从而使他具有良好的文学素养。

陶渊明年轻时，颇具“大济苍生”（《感士不遇赋》）的抱负，希望有一番作为，从晋孝武帝太元十八年（393）至晋安帝义熙元年（405）十三年中，先后担任江州祭酒、镇威参军、建威参军和彭泽令等职，由于性格正直耿介，与官场的腐朽风气格格不入，几次辞官，最后在做彭泽令时，因“不肯为五斗米折腰”而解职归田，结束了仕宦生涯。

陶渊明归田以后，亲身参加了农业劳动，“躬耕自资”，认识到了劳动的价值，在同农民共同劳动、平等交往中对农民产生了深厚的感情。到晚年，他的生活同广大农民一样，不断地走着下坡路，甚至贫困到乞食的地步。宋文帝元嘉三年（426），拒绝了江州刺史檀道济赠送的粱肉，第二年十一月在贫病交加中与世长辞。

陶渊明的作品，在他生前就有抄本问世，一百年后，梁朝萧统编《陶渊明集》八卷，后北齐阳休之在此基础上又搜求他本保存的《五孝传》和《四八目》、合序目定十卷《陶潜集》。隋末亡其序目，为九卷，宋庠重新刊定为十卷。但上述各本均散佚不传。现在能看到的版本均为宋本，其中有校勘价值的有三种：曾集诗文两册本，南宋绍熙三年（1192）刊；汲古阁藏十卷本，南宋刊；焦竑藏八卷本，南宋刊。此外，尚有宋末汤汉注本及元初李公焕《笺注陶渊明集》十卷本。今人逯钦立先生校勘整理的《陶渊明集》较为完备。

陶渊明的作品现存诗一百二十多首，散文六篇，辞赋三篇，还有《读史述九章》《扇上画赞》两篇接近四言的韵文，以诗成就为最高，而其中多数是田园诗。他的田园诗多写对污浊社会的憎恶和对纯洁田园生活的热爱，描绘了幽美的田园风光、淳朴的田园生活。他的田园诗反映了劳动生活的情况，农业劳动第一次在文人的创作中得到了充分的歌颂，同时也描写了他田园生活的贫困状况。

陶渊明的诗除田园诗外，尚有少量的述怀诗，即被鲁迅先生称为“金刚怒目式”的诗，如《读史述·屈贾》《读山海经》十三首、《咏荆轲》等，表现了他壮志未酬的感慨以及对反抗强暴精神的热情歌颂。

陶渊明诗歌平淡自然，意味淳厚，常用疏淡的笔墨、白描的手法写出内涵十分丰富的意境，情趣盎然，富有哲理。

陶诗中所表现的峻洁不阿的人格，对历代文人士子影响很大，李白不肯“摧眉折腰事权贵”、高适“拜迎官长心欲碎”与陶渊明“不为五斗米折腰”一脉相承。历代著名诗人无不对其推崇备至。陶渊明开创田园诗一体，开辟了古代诗歌的新领域，后世田园山水诗人诸如王维、孟浩然等人无不宗法效仿，继承创新。

九日闲居　并序

余闲居爱重九之名，秋菊盈园，而持醪靡由，空服九华，寄怀于言。

世短意常多，斯人乐久生。日月依辰至，举俗爱其名。露凄暄风息，气澈天象明。往燕无遗影，来雁有余声。酒能祛百虑，菊解制颓龄[①]，如何蓬庐[②]士，空视时运倾[③]！尘爵耻虚罍[④]，寒华徒自荣。敛襟独闲谣，缅焉起深情。栖迟固多娱，淹留岂无成？

【注释】

①颓龄：衰老之年。

②蓬庐：茅屋，贫贱者所居之室。

③时运倾：时节，此指重阳节；倾，趋。

④罍：酒樽。

归园田居五首

少无适俗韵，性本爱丘山。误落尘网中，一去三十年。羁鸟恋旧林，池鱼思故渊。开荒南野际，守拙归园田。方宅十余亩，草屋八九间。榆柳荫后檐，桃李罗堂前。暧暧远人村，依依墟里烟。狗吠深巷中，鸡鸣桑树巅。户庭无尘杂，虚室有余闲。久在樊笼里，复得返自然。

野外罕人事，穷巷寡轮鞅[①]。白日掩荆扉，虚室绝尘想。时复墟曲中，披草共来往。相见无杂言，但道桑麻长。桑麻日已长，我土日已广。常恐霜霰至，零落同草莽。

种豆南山下，草盛豆苗稀。晨兴理荒秽，带月荷锄归。道狭草木长，夕露沾我衣。衣沾不足惜，但使愿无违。

久去山泽游，浪莽林野娱。试携子侄辈，披榛步荒墟。徘徊丘垅间，依依昔人居。井灶有遗处，桑竹残朽株。借问采薪者："此人皆焉如？"薪者向我言："死没无复余。"一世异朝市，此语真不虚。人生似幻化，终当归空无。

怅恨独策还，崎岖历榛曲。涧水清且浅，可以濯吾足。漉我新熟酒，只鸡招近局。日入室中暗，荆薪代明烛。欢来苦夕短，已复至天旭[②]。

【注释】

①轮鞅：鞅，马颈革，用以负轭者；寡轮鞅，言谓少车马。

②天旭：天初明。

游斜川　并序

辛丑正月五日，天气澄和，风物闲美，与二三邻曲同游斜川，临长流，望曾城，鲂鲤跃鳞于将夕，水鸥乘和以翻飞。彼南阜者，名实旧矣，不复乃为嗟叹。若夫曾城，傍无依接，独秀中皋。遥想灵山，有爱嘉名；欣对不足，率尔赋诗。悲日月之遂往，悼吾年之不留，各疏年纪乡里，以记其时日。

开岁倏五日，吾生行归休。念之动中怀，及辰为兹游。气和天惟澄，班坐[1]依远流。弱湍[2]驰文鲂，闲谷矫鸣鸥。迥泽散游目，缅然睇曾丘[3]。虽微九重秀，顾瞻无匹俦。提壶接宾侣，引满更献酬。未知从今去，当复如此不？中觞纵遥情，忘彼千载忧。且极今朝乐，明日非所求。

【注释】

①班坐：按位次而坐。

②湍：急流。

③曾丘：即曾城山，在斜川。《淮南子》："昆仑山有曾城九重。"诗人睹斜川之曾城，因而忆及昆仑之曾城。

诸人共游周家墓柏下

今日天气佳，清吹与鸣弹。感彼柏下人，安得不为欢？清歌散新声，绿酒开芳颜。未知明日事，余襟良已殚。

答庞参军　并序

三复来贶，欲罢不能。自尔邻曲，冬春再交，款然良对，忽成旧游。俗谚云："数面成亲旧。"况情过此者乎！人事好乖，便当语离，杨公所叹，岂惟常悲？吾抱疾多年，不复为文，本既不丰[1]，复老病继之，辄依周礼往复之义，且为别后相思之资。

相知何必旧？倾盖定前言。有客赏我趣，每每顾林园。谈谐无俗调，所说圣人篇。或有数斗[2]酒，闲饮自欢然。我实幽居士[3]，无复东西缘[4]。物新人惟旧，弱毫多所宣。情通万里外，形迹滞江山。君其爱体素，来会在何年?

【注释】

①本既不丰：体质本不强壮。

②斗：计量单位。十升为一斗。

③幽居士：隐居之人。

④东西缘：东西，指为求仕而东西奔走。缘，缘分。

移居二首

昔欲居南村，非为卜其宅。闻多素心人，乐与数晨夕。怀此颇有年，今日从兹役。敝庐[1]何必广，取足蔽床席。邻曲[2]时时来，抗言[3]谈在昔。奇文共欣赏，疑义相与析。

春秋多佳日，登高赋新诗。过门更相呼，有酒斟酌之。农务各自归，闲暇辄相思。相思则披衣[4]，言笑无厌时。此理将不胜，无为忽去兹[5]?衣食当须纪，力耕不吾欺。

【注释】

①敝庐：破旧的房屋，指移居后的住房。

②邻曲：邻居。

③抗言：直言不讳的谈论。

④披衣：谓披衣相访。

⑤无为：不要。去兹：离开这里。

酬刘柴桑

穷居寡人用，时忘四运周[1]。榈庭多落叶，慨然知已秋。新葵郁北牖[2]，嘉穟养南畴。今我不为乐，知有来岁不?命室[3]携童弱，良日登远游。

【注释】

①四运：四时运行。周：周而复始，循环。

②葵：冬葵，一种蔬菜。牖：窗户。

③室：指妻子。

和郭主簿二首

蔼蔼堂前林，中夏贮清阴。凯风因时来，回飙[1]开我襟。息交游闲业，卧起弄书琴。园蔬有余滋，旧谷犹储今。营己良有极，过足非所钦。舂秫[2]作美酒，酒熟吾自斟。弱子戏我侧，学语未成音。此事真复乐，聊用忘华簪。遥遥望白云，怀古一何深！

和泽周三春，清凉素秋节。露凝无游氛，天高风景澈。陵岑耸逸峰，遥瞻皆奇绝。芳菊开林耀，青松冠岩列。怀此贞秀姿，卓为霜下杰。衔觞念幽人，千载抚尔诀。检素不获展，厌厌竟良月。

【注释】

①飙：暴风。

②秫：黏高粱，可以酿酒。

《李太白集》精华

【著录】

李白，字太白，号青莲居士。生于武周大定元年（701），卒于唐宝应元年（762）。祖籍陇西成纪（今甘肃天水附近），先世于隋朝末年因罪流徙西域。李白出生于安西都护府之碎叶城（今吉尔吉斯斯坦境内），五岁时随父亲迁居绵州彰明县（今四川江油县市）青莲乡。

李白于开元十四年（726）离开家乡远游，企图通过交游干谒的途径，登上卿相高位，以实现"济苍生""安黎元"之大志。在此后十年里，李白漫游了洞庭、金陵、扬州等地。期间，他在安陆（今湖北安陆市）和高宗时宰相许圉师的孙女结婚，遂寓居于此。后来，又举家移居任城（今山东济宁市）。

天宝元年（742），李白因道士吴筠推荐，应诏赴长安，供奉翰林。但这时的唐玄宗不理朝政，令李白非常失望。李白秉性耿直，不曲附权贵，因而屡遭谗言诋毁，不久，便被迫辞官离开长安。此后的十余年间，李白以开封为中心，漫游于齐、鲁、淮、泗之间，并北至幽、燕一带。其中在天宝三年（744），李白在洛阳和杜甫相识，二人成为挚友。

天宝十四年（755），安史之乱爆发。当时李白已在庐山隐居，但不久便参加了永王李璘的幕府。至德二年（757），李璘违背肃宗的命令东巡，想扩张自己的势力，结果被肃宗派兵击败。李白受到牵连，被投入浔阳（今江西九江县）大狱，次年流放夜郎（今贵州桐梓一带），行至巫山，遇朝廷大赦，重获自由，旋即东归，辗转流落于江南。六十一岁时，李白得知李光弼率大军征讨安史叛军，便前往参加队伍，行至中途，突然患病，只得返回。次年，李白病死在族叔当涂县令李阳冰寓所。

北宋时，宋敏求增补旧本李白集，曾巩为之考定次序。稍后，晏知止予以校正刊行，为《李太白文集》三十卷，因刻于苏州，故称“苏本”。后来，又有根据苏本翻刻的蜀本，为现存最早的李白集。最早为李白集作注者是南宋的杨齐贤，他的《李翰林集》二十五卷，注释详细。在此基础上，明代胡震亨又撰成《李诗通》二十一卷。清乾隆年间，王琦汇集旧注，补充疏漏，加以订正，编成《李太白文集》三十六卷。今人瞿蜕园、朱金城在各家旧注的基础上，旁搜各种资料和近人研究成果，笺释补充，考订谬误，编成《李白集校注》。这是迄今为止李白集注释中最详备之版本。

李白的诗歌现存九百多首，内容丰富多彩。李白一生不满黑暗现实，关心政治，忧虑国事，希望建立功业。《古风》中的一些诗篇，对玄宗后期的昏庸统治进行了深刻的揭露和批判。其中如“秦王扫六合”，揭露了统治阶级的奢侈腐化，讽刺了玄宗求仙信神，“胡关饶风沙”则表现了对玄宗轻启边衅的强烈不满。安史之乱爆发后，他渴望杀敌报国，发出了“南风一扫胡尘静，西入长安到日边”（《永王东巡歌》）的豪迈誓言，表达了强烈的爱国主义感情。李白渴望施展抱负，但绝不摧眉折腰事权贵，对恃宠弄权的奸佞小人，他常投以轻蔑憎恶的嘲笑，表现出桀骜不驯的叛逆精神。

李白是位伟大的积极浪漫主义诗人，他诗歌的主导风格是豪放飘逸。他善于运用大胆的夸张和形象的比喻抒发强烈的感情，“蜀道之难，难于上青天”“燕山雪花大如席”“白发三千丈，缘愁似个长”，极度的夸张令人惊心动魄，却又让人感到非常真实。夸张和想象是不可分的。李白在诗中运用奇幻的想象，借助于神话传说，把读者带入光怪陆离的境界。如《蜀道难》，从远古的蚕丛鱼凫说到六龙回日，任思绪驰骋，以烘托蜀道奇险的气氛。李白的诗歌语言朴素自然，生动流畅。“清水出芙蓉，天然去雕饰”，他这两句诗是他诗歌语言的最形象的概括。看似脱口而出，实则经过艰苦磨炼。活泼自然而不俗，令人一读难忘，这种高度完善、炉火纯青的境界，是难以企及的。

五　古

侠客行

赵客缦胡缨，吴钩霜雪明。银鞍照白马，飒沓如流星。十步杀一人，千里不留行。事了拂衣去，深藏身与名。闲过信陵[1]饮，脱剑膝前横。将炙啖朱亥[2]，持觞劝侯嬴。三杯吐然诺，五岳倒为轻。眼花耳热后，意气素霓生。救赵挥金槌，邯郸先震惊。千秋二壮士，烜赫大梁城。纵死侠骨香，不惭世上英。谁能书阁下，白首《太玄经》[3]？

【注释】

①信陵：信陵君，魏公子无忌。

②朱亥：战国魏人，隐于屠肆。信陵君访得之，以铁锥击杀晋鄙，夺其兵，救邯郸，退秦存赵。

③《太玄经》：书名，汉扬雄撰，晋范望注，十卷。雄作《法言》拟《论语》，此书则拟《易》。

长干行二首

妾发初覆额，折花门前剧[1]。郎骑竹马来，绕床弄青梅。同居长干里，两小无嫌猜。十四为君妇，羞颜未尝开。低头向暗壁，千唤不一回。十五始展眉，愿同尘与灰。常存抱柱信[2]，岂上望夫台？十六君远行，瞿塘滟预堆[3]。五月不可触，猿声天上哀。门前迟行迹，一一生绿苔。苔深不能扫，落叶秋风早。八月蝴蝶黄，双飞西园草。感此伤妾心，坐愁红颜老。早晚下三巴，预将书报家。相迎不道远，直至长风沙[4]。

忆妾深闺里，烟尘不曾识。嫁于长干人，沙头候风色。五月南风兴，思君下巴陵[5]。八月西风起，想君发扬子。去来悲如何？见少别离多。湘潭几日到？妾梦越风波。昨夜狂风度，吹折江头树。淼淼暗无边，行人在何处？北客至王公，朱衣满汀中。日暮来投宿，数朝不肯东。自怜十五余，颜色桃李红。那作商人妇，愁水复愁风！

【注释】

①剧：游戏。

②抱柱信：《庄子》："尾生与女子期于梁下，女子不来，水至不去，抱梁柱而死。"

③瞿塘滟预堆：瞿塘峡，乃三峡之门，两岸对峙，中贯一江，滟预堆当其口，舟行绝险。

④长风沙：位于安徽怀宁县东一百九十里，旧最湍险。

⑤巴陵：位于今湖南巴陵县。

门有车马客行

门有车马宾，金鞍曜朱轮。谓从丹霄[1]落，乃是故乡亲。呼儿扫中堂，坐客论悲辛。对酒两不饮，停觞泪盈巾。叹我万里游，飘摇三十春。空谈霸王略，紫绶不挂身。雄剑藏玉匣，阴符生素尘。廓落无所合，流离湘水滨。借问宗党间，多为泉下人。生苦百战役，死托万鬼邻。北风扬胡沙，埋翳周与秦[2]。大运且如收，苍穹宁匪仁。恻怆意何道，存亡任大钧。

【注释】

①丹霄：即云霄。

②"北风"二句：言当时安禄山反，两京俱陷，借周秦以伤时事。

东海有勇妇

梁山感杞妻[1]，恸哭为之倾。金石忽暂开，都有激深情。东海有勇妇，何惭苏子卿[2]！学剑越处子，超腾若流星。捐躯报夫仇，万死不顾生。白刃曜素雪，苍天感精诚。十步两躩跃，三呼一交兵。斩首掉国门，蹴踏五藏行。

豁此伉俪愤，粲然大义明。北海李使君，飞章奏天廷。舍罪警风俗，流芳播沧瀛。志在列女籍，竹帛已光荣。淳于免诏狱，汉主为缇萦。津妾一棹歌，脱父于严刑。十子若不肖，不如一女英。豫让斩空衣，有心意无成。要离杀庆忌，壮夫素所轻。妻子亦何辜？焚之买虚声。岂如东海妇，事立独扬名！

【注释】

①杞妻：《孟子》："华周杞梁之妻，善哭其夫，而变国俗。"

②苏子卿：疑为苏来卿之误。曹植《精微篇》："关东有贤女，自字苏来卿。壮年报父仇，身没垂功名。"

短歌行

白日何短短，百年苦易满。苍穹浩茫茫，万劫太极长。麻姑[1]垂两鬓，一半已成霜。天公见玉女[2]，大笑亿千场。吾欲揽六龙，回车挂扶桑。北斗酌美酒，劝龙各一觞。富贵非所愿，为人驻颓光[3]。

【注释】

①麻姑：古时仙女，建昌人，修道于牟州东南姑余山。

②玉女：仙女。

③颓光：一作颜光，又作流光。

赠何七判官昌浩

有时忽惆怅，匡坐至夜半。平明空啸咤，思欲解世纷。心随长风去，吹散万里云。羞作济南生，九十诵古文。不然拂剑起，沙漠收奇勋。老死田陌间，何因扬清芬？夫子今管乐，英才冠三军。终与同出处，岂将沮溺群！

读诸葛武侯传书怀赠长安崔少府叔封昆季

汉道昔云季，群雄方战争。霸图各未立，割据资豪英。赤伏[1]起颓运，卧龙[2]得孔明。当其南阳时，陇亩躬自耕。鱼水三顾合，风云四海生。武侯立岷蜀，壮士吞咸京。何人先见许？但有崔州平[3]。余亦草间人，颇怀拯物情。晚途值子玉[4]，华发同衰荣。托意在经济，结交为弟兄。无令管与鲍，千载独知名。

【注释】

①赤伏：即《赤伏符》，天命论者宣扬的祥瑞。

②卧龙：即卧龙冈，位于河南南阳市西南，诸葛亮隐此，刘备三顾乃出，为定三分之局。

③崔州平：与诸葛亮为友，诸葛亮初自比管、乐，时人莫之许，惟州平与徐庶谓为信然。

④子玉：东汉学者崔瑗的字，此处借指崔少府。

七　古

蜀道难

噫吁嚱，危乎高哉！蜀道之难，难于上青天！蚕丛及鱼凫[1]，开国何茫然！尔来四万八千岁，不与秦塞通人烟。西当太白[2]有鸟道，可以横绝峨眉巅。地崩山摧壮士死，然后天梯石栈[3]相钩连。上有六龙回日之高标，下有冲波逆折之回川。黄鹤之飞尚不得过，猿猱欲度愁攀援。青泥何盘盘，百步九折萦岩峦。扪参历井仰胁息，以手抚膺坐长叹。问君西游何时还，畏途巉岩不可攀。但见悲鸟号古木，雄飞雌从绕林间。又闻子规啼夜月，愁空山，蜀道之难，难于上青天，使人听此凋朱颜！连峰去天不盈尺，枯松倒挂倚绝壁。飞湍瀑流争喧豗，砯崖转石万壑雷。其险也如此，嗟尔远道之人胡为乎来哉！剑阁峥嵘而崔嵬，一夫当关，万人莫开。所守或匪亲，化为狼与豺。朝避猛虎，夕避长蛇，磨牙吮血，杀人如麻。锦城虽云乐，不如早还家。蜀道之难，难于上青天，侧身西望长咨嗟！

【注释】

①蚕丛、鱼凫：蜀王之先曰蚕丛，次曰柏灌，次曰鱼凫，再数传至开明，凡三万四千岁。

②太白：山名，位于今陕西省眉县东南部，关中诸山之最高者。

③天梯石栈：崎岖的山路和绝险处的栈道。

梁甫吟

长啸梁甫吟，何时见阳春？君不见，朝歌[1]屠叟辞棘津，八十西来钓渭滨。宁羞白发照清水，逢时壮气思经纶。广张三千六百钓，风期暗与文王亲。大贤虎变愚不测，当年颇似寻常人。君不见，高阳酒徒[2]起草中，长揖山东隆准公。入门不拜骋雄辩，两女辍洗来趋风。东下齐城七十二，指挥楚汉如旋蓬。狂客落魄尚如此，何况壮士当群雄！我欲攀龙见明主，雷公砰訇震天鼓，帝旁投壶多玉女。三时大笑开电光，倏烁晦冥起风雨。阊阖九门不可通，以额叩关阍者怒。白日不照吾精诚，杞国无事忧天倾。猰貐磨牙竞人肉，驺虞不折生草茎。手接飞猱搏雕虎，侧足焦原未言苦。智者可卷愚者豪，世人见我轻鸿毛。力排南山三壮士，齐相杀之费二桃。吴楚弄兵无剧孟，亚夫咍尔为徒劳。梁甫吟，声正悲。张公两龙剑，神物合有时。风云感会起屠钓，大人屼屼当安之。

【注释】

①“朝歌”句：指吕尚，周文王将出猎，卜之曰：“非龙非螭，所获者霸王之辅。”果遇尚于渭水之阳。时年七十余矣，与语大悦，曰：“吾太公望子久矣。”号曰太公望，立为师。武王尊为师尚父。

②高阳酒徒：即郦食其。谒沛公，说下陈留，又说齐下七十余城。

将进酒

君不见黄河之水天上来，奔流到海不复回。君不见高堂明镜悲白发，朝如青丝暮成雪。人生得意须尽欢，莫使金樽空对月。天生我材必有用，千金散尽还复来。烹羊宰牛且为乐，会须一饮三百杯[1]。岑夫子，丹丘生[2]，将进酒，君莫停。与君歌一曲，请君为我倾耳听。钟鼓馔玉不足贵，但愿长醉不用醒。古来圣贤皆寂寞，唯有饮者留其名。陈王[3]昔时宴平乐，斗酒十千恣欢谑。主人何为言少钱，径须沽酒对君酌。五花马[4]，千金裘[5]，呼儿将出换美酒，与尔同销万古愁。

【注释】

①一饮三百杯：陈暄与兄子秀书："郑康成一饮三百杯，吾不以为多。"

②岑夫子，丹丘生：即岑勋与元丹丘，皆太白同志好友。

③陈王：陈思王曹植，其诗有"归来饮平乐，美酒斗十千"之句。

④五花马：马之贵者，唐开元内既有飞黄、照夜、浮云、五花之马。

⑤千金裘：《史记》："孟尝君有一白狐裘，值千金。"

行路难三首

金樽清酒斗十千，玉盘珍羞值万钱。停杯投箸不能食，拔剑四顾心茫然。欲渡黄河冰塞川，将登太行[1]雪满山。闲来垂钓碧溪上，忽复乘舟梦日边。行路难，行路难！多歧路，今安在？长风破浪会有时，直挂云帆济沧海。

大道如青天，我独不得出。羞逐长安社中儿，赤鸡白雉赌梨栗。弹剑作歌奏苦声，曳裾王门不称情。淮阴[2]市井笑韩信，汉朝公卿忌贾生[3]。君不见昔时燕家重郭隗[4]，拥篲[5]折节[6]无嫌猜。剧辛乐毅感恩分，输肝剖胆效英才。昭王白骨萦蔓草，谁人更扫黄金台！行路难，归去来！

有耳莫洗颍川水[7]，有口莫食首阳蕨[8]。含光混世贵无名，何用孤高比云月。吾观自古贤达人，功成不退皆殒身。子胥既弃吴江上，屈原终投湘水滨。陆机雄才岂自保，李斯税驾[9]苦不早。华亭鹤唳讵可闻[10]，上蔡苍鹰[11]何足道！君不见吴中张翰[12]称达生，秋风忽忆江东行。且乐生前一杯酒，何须身后千载名！

【注释】

①太行：山名，位于今山西高原与河北平原间，东北西南走向。

②“淮阴”句：韩信贫时，曾为淮阴恶少所辱，令出胯下，一市人皆笑信，以为弱。

③贾生：名谊，汉洛阳人。

④郭隗：战国燕人，昭王欲得贤士，以报齐仇，隗曰：“欲得贤士，请自隗始。”昭王筑台师事之，乐毅、邹衍、剧辛等，果闻风而至。

⑤篲：扫帚。

⑥折节：屈着身子，指屈己下人。

⑦颍川水：许由耕于颍水之阳，尧召为九州长，由不欲闻，洗耳颍水。

⑧首阳蕨：伯夷、叔齐，耻食周粟，采蕨首阳山。

⑨税驾：解驾车之马休息，此指解除束缚。

⑩“华亭”句：陆机被杀前，叹道：“华亭鹤唳，岂可复闻乎！”华亭，在今上海松江，陆机曾与弟陆云游于此。

⑪上蔡苍鹰：李斯临刑，思牵黄犬，臂苍鹰，出上蔡门，不可得矣。

⑫张翰：晋人，曾在外为官，秋风吹起，想念家乡鲈鱼脍美味，便辞官归乡。

前有樽酒行二首

春风东来忽相过，金樽渌酒生微波。落花纷纷稍觉多，美人欲醉朱颜酡。青轩桃李能几何，流光欺人忽蹉跎。君起舞，日西夕。当年意气不肯倾，白发如丝叹何益！

琴奏龙门之绿桐，玉壶美酒清若空。催弦拂柱与君饮，看朱成碧颜始红。胡姬貌如花，当垆笑春风。笑春风，舞罗衣，君今不醉欲安归？

清平调词三首

云想衣裳花想容，春风拂槛露华浓。若非群玉山头见，会向瑶台月下逢。

一枝红艳露凝香，云雨巫山枉断肠。借问汉宫谁得似？可怜飞燕倚新妆。

名花倾国两相欢，长得君王带笑看。解释春风无限恨，沉香亭北倚阑干。

襄阳歌

落日欲没岘山[1]西，倒著接䍦花下迷。襄阳小儿齐拍手，拦街争唱《白铜鞮》。旁人借问笑何事，笑杀山公醉似泥。鸬鹚杓，鹦鹉杯，百年三万六千日，一日须倾三百杯。遥看汉水鸭头绿[2]，恰似葡萄初酦醅。此江若变作春酒，垒曲便筑糟丘台。千金骏马换少妾，醉坐雕鞍歌《落梅》。车旁侧挂一壶酒，凤笙龙管行相催。咸阳市中叹黄犬，如何月下倾金罍？君不见晋朝羊公一片石，龟头剥落生莓苔。泪亦不能为之堕，心亦不能为之哀。清风朗月不用一钱买，玉山自倒非人推。舒州杓，力士铛，李白与尔同死生。襄王云雨今安在？江水东流猿夜声。

【注释】

①岘山：位于今湖北襄阳市襄阳区南部，其上有碑，纪羊祜之德，时人谓之堕泪碑。

②鸭头绿：河水似鸭头之绿。

五　律

渡荆门送别

渡远荆门[1]外，来从楚国游。山随平野尽，江入大荒流。月下飞天镜，云深结海楼。仍怜故乡水，万里送行舟。

【注释】

①荆门：山名，位于今湖北宜昌市南部，长江南岸。

送友人

青山横北郭，白水绕东城。此地一为别，孤蓬万里征。浮云[1]游子意，落日故人情。挥手自兹去，萧萧[2]班马鸣。

【注释】

①“浮云”二句：言游子之意如浮云无定，而故人相送情切，如落日难于拘留。

②“萧萧”句：萧萧，马鸣声。班马，离群的马。

观鱼潭

观鱼碧潭上，木落潭水清。日暮紫鳞跃，圆波处处生。凉烟浮竹尽，秋月照沙明。何必沧浪去，兹焉可濯缨[1]。

【注释】

①濯缨：《孟子》：“有孺子歌曰：‘沧浪之水清兮，可以濯我缨；沧浪之水浊兮，可以濯我足。’孔子曰：‘小子听之，清斯濯缨，浊斯濯足矣。’自取之也。”

秋登宣城谢朓北楼

江城如画里，山晚望晴空。两水夹明镜，双桥落彩虹。人烟寒橘柚，秋色老梧桐。谁念北楼上，临风怀谢公。

夜泊牛渚怀古

牛渚[1]西江夜，青天无片云。登舟望秋月，空忆谢将军[2]。余亦能高咏，斯人不可闻。明朝挂帆席，枫叶落纷纷。

【注释】

①牛渚：山名，位于今安徽当涂县西北部，其山下突入江处，谓之采石矶。

②谢将军：谢尚，为镇西将军，镇牛渚，见《袁宏传》。

访戴天山道士不遇

犬吠水声中，桃花带露浓。树深时见鹿，溪午不闻钟。疏竹分青霭，飞泉挂碧峰。无人知所去，愁倚两三松。

七　绝

黄鹤楼送孟浩然之广陵

故人西辞黄鹤楼[①]，烟花三月下扬州。孤帆远影碧空尽，惟见长江天际流。

【注释】

①黄鹤楼：以黄鹤山而名，位于今湖北武昌。

东鲁门泛舟二首　录一首

日落沙明天倒开，波摇石动水萦回。轻舟泛月寻溪转，疑是山阴雪后来。

早发白帝城

朝辞白帝[①]彩云间[②]，千里江陵[③]一日还，两岸猿声啼不住，轻舟已过万重山。

【注释】

①白帝：城名，位于今重庆市奉节县东部。

②彩云间：言极高。

③江陵：即今湖北江陵县。

《杜工部集》精华

【著录】

杜甫，字子美，自称少陵野老，河南巩县瑶湾人，生于唐太极元年(712)，卒于唐大历五年（770）。我国唐代伟大的现实主义诗人。三十五岁以前，主要是读书与漫游。“读书破万卷”“群书万卷常暗诵”，为其创作打下了坚实的知识基础。曾先后漫游吴、越、齐、赵等地，开阔了生活视野。此间交结了李白、高适等诗人。三十五岁入京都长安求仕，岁月蹉跎，生活困迫，达十年之久。直到四十四岁，才得到一个小小官职——右卫率府兵曹参军，管理东宫卫戍。任职不久便遭逢安史之乱，杂身于逃亡人群之中，历尽劫难。长安沦陷后，唐玄宗西逃，途中让位于太子李亨，是为肃宗。肃宗即位于灵武，朝臣不满三十人。杜甫投奔灵武途中被叛军俘获，押回长安。满目疮痍的京都惨景令诗人痛绝。后乘隙出逃，终于见到肃宗，被授官左拾遗。因直言进谏触怒肃宗，被疏远。两京光复后，被改任华州司功参军。不久，因关中大旱，弃官携家西行至秦州求食，又南下寓居同谷。颠沛流离，坎坷万端。其间曾去深山取橡子充饥，扛着大镐在雪岭间挖掘黄独。经历千辛万苦，来到成都。在友人的帮助下，于成都西郊建草堂安身定居。成都长官严武与诗人为世交，聘其在幕府供职，又奏请朝廷授予检校工部员外郎之职，故世称“杜工部”。严武死后，蜀地兵乱。杜甫乘舟携家沿江东下，至夔州寓居数年。而后又在湖北、湖南漂泊数年。终因饥寒交迫，病死在湘江上的一条破船上。家人无力安葬，将其灵柩寄放于岳阳。四十三年之后，其孙杜嗣业方将其遗骨运回偃师。

杜甫历经艰难困顿，执着地信奉儒家的民本思想，对黎民的苦难寄予深厚的同情。“穷年忧黎元，叹息肠内热”，是他全部作品的基调。在组诗“三吏”“三别”中，他以沉痛的笔触反映了安史之乱时期人民所蒙受的兵役之苦。《兵车行》描写送军出征的场面极其惨烈：“牵衣顿足拦道哭，哭声直上干云霄”，可谓代民控诉，代民挥泪。“朱门酒肉臭，路有冻死骨”（《咏怀五百字》），“况闻处处鬻男女，割慈忍爱还租庸”（《岁晏行》），“已诉征求贫到骨，正思戎马泪沾巾”（《又呈吴郎》）。他以忠实的笔调描写了唐王朝由盛到衰的过程，他的诗不愧“诗史”之称。

杜诗的伟大，还在于它深刻地揭示了唐王朝的社会本质。“彤庭所分帛，本自寒女出。鞭挞其夫家，聚敛贡城阙”（《咏怀五百字》），对统治者的残暴行为和荒淫无耻的生活给予了无情揭露。“朝野欢娱后，乾坤震荡中！”（《寄贺兰铦》）“君已富土境，开边一何多！”（《前出塞》）“边庭流血成海水，武皇开边意未已！”（《兵车行》）“殿前兵马虽骁雄，纵暴略与羌浑同。闻道杀人汉水上，妇女多在官军中。”（《三绝句》）杜甫对统治者祸国殃民的罪行揭露之大胆，亦使后人为之钦佩。

杜诗继承并发展了《诗经》以来的现实主义文学传统，具有浓厚的生活气息，笔触严谨。作者善于寄情于事和寄情于景，通过描写生活细节和风物以抒发感慨。在一些叙事性的作品中，寓主观倾向性于客观描写中，在不动声色的沉着描写中自然流露其好恶之情，并不直抒胸臆。他十分注意锤炼语言，“语不惊人死不休”是他的理想，也是他的创作实践。稳重、精工是其重要特色。尤其是五律、七律，更能显示其语言上的高深造诣。他的诗歌主体风格是沉郁顿挫，在中国诗歌史上独树一帜。作为一位诗史上“集大成”的诗人，他对后代的影响是巨大的，一直被后代诗人奉为创作的楷模。

诗集《杜工部集》，原集六十卷，早已散佚。北宋人王洙编成二十卷，补遗一卷，成为杜诗定本。此后杜诗注本颇多，主要有郭知达《九家集注杜诗》，黄希注、黄鹤补注《黄氏补注杜诗》，鲁訔编、蔡梦弼会笺《杜工部草堂诗笺》，高楚芳《集千家注杜工部诗集》，胡震亨《杜诗通》，钱谦益《笺注杜工部集》，仇兆鳌《杜少陵集详注》，杨伦《杜诗镜铨》。1979 年中华书局出版《杜诗详注》（即仇氏注本），是研究杜诗的一部较好书籍。

五　古

望　岳

岱宗[1]夫如何？齐鲁[2]青未了。造化钟[3]神秀，阴阳割昏晓。荡胸生层云，决眦[4]入归鸟。会当凌绝顶，一览众山小。

【注释】

①岱宗：即泰山，位于今山东泰安市。

②齐鲁：齐国和鲁国。泰山之南为鲁，泰山之北为齐。

③钟：聚集。

④眦：眼角。

赠卫八处士

人生不相见，动如参与商[1]。今夕复何夕，共此灯烛光。少壮能几时？鬓发各已苍。访旧半为鬼，惊呼热中肠。焉知二十载，重上君子堂。昔别君未婚，儿女忽成行。怡然敬父执[2]，问我来何方。问答乃未已，驱儿罗酒浆。夜雨剪春韭，新炊间黄粱。主称会面难，一举累十觞。十觞亦不醉，感子故意长。明日隔山岳，世事两茫茫。

【注释】

①参、商：二星名，商星居东方，参星居西方，二星相背而出，永不相见，故喻久不相遇为参商。

②父执：父之执友。《礼》："见父之执。"

同诸公登慈恩寺塔

高标跨苍穹，烈风无时休。自非旷士怀，登兹翻百忧。方知象教力，足可追冥搜。仰穿龙蛇窟，始出枝撑幽。七星在北户，河汉声西流。羲和[①]鞭白日，少昊[②]行清秋。秦山忽破碎，泾渭[③]不可求。俯视但一气，焉能辨皇州？回首叫虞舜[④]，苍梧[⑤]云正愁。惜哉瑶池饮，日晏昆仑丘[⑥]。黄鹄去不息，哀鸣何所投？君看随阳雁，各有稻粱谋。

【注释】

①羲和：传说中驾驶太阳车的神。

②少昊：传说掌秋天的神。

③泾渭：二水名，流经长安北部。

④虞舜：唐高祖号神尧皇帝，太宗受内禅，故以虞舜指称。

⑤苍梧：山名。舜死后葬于苍梧之野。此指太宗昭陵。

⑥昆仑：《列子》言周穆王与西王母饮于昆仑瑶池。

夏日李公见访

远林暑气薄，公子过我游。贫居类村坞[①]，僻近城南楼。旁舍颇淳朴，所愿亦易求。隔屋唤西家，借问有酒不？墙头过浊醪[②]，展席俯长流。清风左右至，客意已惊秋。巢多众鸟斗，叶密鸣蝉稠。苦道此物聒，孰谓吾庐幽？水花晚色静，庶足充淹留。预恐樽中尽，更起为君谋。

【注释】

①坞：村落之外，筑土为堡，叫做坞。

②醪：浊酒。

北　征

皇帝二载秋，闰八月初吉。杜子将北征，苍茫问家室。维时遭艰虞，朝野少暇日。顾惭恩私被，诏许归蓬荜。拜辞诣阙下，怵惕久未出。虽乏谏诤姿，恐君有遗失。君诚中兴主，经纬固密勿。东胡反未已，臣甫愤所切。挥涕恋行在，道途犹恍惚。乾坤含疮痍，忧虞何时毕？靡靡逾阡陌，人烟眇萧瑟。所谓多被伤，呻吟更流血。回首凤翔县[①]，旌旗晚明灭。前登寒山重，屡得饮马窟。邠[②]郊入地底，泾水[③]中荡潏。猛虎立我前，苍崖吼时裂。菊垂今秋花，石戴古车辙。青云动高兴，幽事亦可悦。山果多琐细，罗生杂橡栗。或红如丹砂，或黑如点漆。雨露之所濡，甘苦齐结实。缅思桃源内，益叹身世拙。坡陀望鄜畤[④]，岩谷互出没。我行已水滨，我仆犹木末。鸱鸟鸣黄桑，野鼠拱乱穴。夜深经战场，寒月照白骨。潼关[⑤]百万师，往者散何卒！遂令半秦民，残害为异物。况我堕胡尘，及归尽华发。经年至茅屋，妻子衣百结。恸哭松声回，悲泉共幽咽。平生所娇儿，颜色白胜雪。见爷背面啼，垢腻脚不袜。床前两小女，补绽才过膝。海图坼波涛，旧绣移曲折。天吴及紫凤，颠倒在裋褐[⑥]。老夫情怀恶，呕泄卧数日。那无囊中帛，救汝寒凛栗。粉黛亦解包，衾裯稍罗列。瘦妻面复光，痴女头自栉。学母无不为，晓妆随手抹。移时施朱铅，狼藉画眉阔。生还对童稚，似欲忘饥渴。问事竞挽须，谁能即嗔喝？翻思在贼愁，甘受杂乱聒。新归且慰意，生理焉得说？至尊尚蒙尘，几日休练卒？仰观天色改，坐觉妖氛豁。阴风西北来，惨澹随回鹘[⑦]。其王愿助顺，其俗喜驰突。送兵五千人，驱马一万匹。此辈少为贵，四方服勇决。所用皆鹰腾，破敌过箭疾。圣心颇虚伫，时议气欲夺。伊洛指掌收，西京不足拔。官军请深入，蓄锐可俱发。此举开青徐，旋瞻略恒碣。昊天积霜露，正气有肃杀。祸转亡胡岁，势成擒胡月。胡命其能久？皇纲未宜绝。忆昨狼狈初，事与古先别。奸臣竟菹醢[⑧]，同恶随荡析。不闻夏殷衰，中自诛褒妲[⑨]。周汉获再兴，宣光果明哲。桓桓陈将军[⑩]，仗钺奋忠烈。微尔人尽非，于今国犹活。凄凉大同殿，寂寞白兽闼。都人望翠华，佳气向金阙。园陵固有神，扫洒数不缺。煌煌太宗业，树立甚宏达。

【注释】

①凤翔县：位于今陕西省宝鸡市中部偏北。当时为肃宗临时政府所在地。

②邠：邠州，今陕西彬县。

③泾水：渭水支流，在陕西省中部。

④鄜畤：本为秦文公所筑祭天的坛场，此指邠州。

⑤潼关：关名。位于今陕西省潼关县北部，为陕西、山西、河南三省要冲。安史乱中，唐将哥舒翰以兵二十万守潼关，因杨国忠督促，被迫出关迎敌，全军覆没。

⑥裋褐：粗陋的衣服。

⑦回鹘：又称"回纥"，即今新疆维吾尔族。唐肃宗至德二载（757）九月，郭子仪奏请借回纥兵以平息安史叛军。回纥可汗派兵四千来助。

⑧菹醢：肉酱。玄宗西逃，至马嵬坡，护驾将军陈玄礼兵谏，杀杨贵妃和杨国忠。

⑨褒妲：褒姒、妲己。褒姒是周幽王的女宠，妲己是殷纣王的女宠。

⑩陈将军：指陈玄礼。

义鹘行

阴崖有苍鹰，养子黑柏颠。白蛇登其巢，吞噬恣朝餐。雄飞远求食，雌者鸣辛酸。力强不可制，黄口无半存。其父从西归，翻身入长烟。斯须领健鹘[①]，痛愤寄所宣。斗上捩孤影，嗷哮[②]来九天。修鳞脱远枝，巨颡[③]坼老拳。高空得蹭蹬，短草辞蜿蜒[④]。折尾能一掉，饱肠皆已穿。生虽灭众雏，死亦垂千年。物情有报复，快意贵目前。兹实鸷鸟最，急难心炯然。功成失所往，用舍何其贤。近经潏水[⑤]湄，此事樵夫传。飘萧觉素发，凛欲冲儒冠。人生许与分，只在顾盼间。聊为义鹘行，用激壮士肝。

【注释】

①鹘：一种猛禽。

②嗷哮：号呼声。

③颡：脑门。

④蜿蜒：蛇行屈曲之状。

⑤潏水：关中八川之一。发源于陕西西安市南秦岭。西北流歧为二，一北流为皂水，注于渭；一西南流合砅水，注于沣。

新安吏

客行新安[①]道，喧呼闻点兵。借问新安吏；县小更无丁？府帖昨夜下，次选中男行。中男绝短小，何以守王城？肥男有母送，瘦男独伶俜[②]。白水暮东流，青山犹哭声。莫自使眼枯，收汝泪纵横。眼枯即见骨，天地终无情。我军取相州[③]，日夕望其平。岂意贼难料，归军星散营。就粮近故垒，练卒依旧京。掘壕不到水，牧马役亦轻。况乃王师顺，抚养甚分明。送行勿泣血，仆射[④]如父兄。

【注释】

①新安：县名，位于今河南省新安县。

②伶俜：孤零貌。潘岳赋："少伶俜而偏孤兮。"

③相州：又称邺城，今河南省安阳市。唐军与叛军战于此，兵败。

④仆射：官名，指郭子仪。子仪至德元年（756）五月曾为左仆射。

石壕吏

暮投石壕村[①]，有吏夜捉人。老翁逾墙走，老妇出看门。吏呼一何怒！妇啼一何苦！听妇前致词：三男邺城戍[②]。一男附书至，二男新战死。存者且偷生，死者长已矣！室中更无人，惟有乳下孙。有孙母未去，出入无完裙。老妪力虽衰，请从吏夜归。急应河阳[③]役，犹得备晨炊。夜久语声绝，如闻泣幽咽。天明登前途，独与老翁别。

【注释】

①石壕村：位于今河南陕县东南部。

②戍：泛指服兵役。

③河阳：地名，今河南孟州市。时郭子仪守河阳。

新婚别

兔丝[①]附蓬麻，引蔓故不长。嫁女与征夫，不如弃路旁。结发为君妻，席不暖君床。暮婚晨告别，无乃太匆忙！君行虽不远，守边赴河阳。妾身未分明，何以拜姑嫜[2]？父母养我时，日夜令我藏。生女有所归，鸡狗亦得将。君今往死地，沉痛迫中肠。誓欲随君去，形势反苍黄[3]。勿为新婚念，努力事戎行。妇人在军中，兵气恐不扬。自嗟贫家女，久致罗襦裳。罗襦不复施，对君洗红妆。仰视百鸟飞，大小必双翔。人事多错迕，与君永相望。

【注释】

①兔丝：一种茎成丝状的野草，寄生在其他植物上。

②姑嫜：古时称丈夫的母亲和父亲。

③苍黄：言谓变化。

七　古

元都坛歌

故人昔隐东蒙峰[1]，已佩含景苍精龙[2]。故人今居子午谷[3]，独在阴崖结茅屋。屋前太古元都坛[4]，青石漠漠常风寒。子规夜啼山竹裂，王母[5]昼下云旗翻。知君此计成长往，芝草琅玕日应长。铁锁高垂不可攀，致身福地何萧爽。

【注释】

①东蒙峰：位于今陕西西安市南部，终南山豹林谷内，亦曰东明峰。

②含景苍精龙：皆道家之术符。

③子午谷：位于今陕西西安市南部，为川陕要道。

④元都坛：即玄都坛，汉武帝所筑，在子午谷中。

⑤王母：鸟名，其尾五色，长二三丈。

兵车行

车辚辚，马萧萧，行人弓箭各在腰。爷娘妻子走相送，尘埃不见咸阳桥。牵衣顿足拦道哭，哭声直上干云霄。道旁过者问行人，行人但云点行频。或从十五北防河，便至四十西营田。去时里正[①]与裹头，归来头白还戍边。边庭流血成海水，武皇[②]开边意未已。君不闻汉家山东[③]二百州，千村万落生荆杞。纵有健妇把锄犁，禾生陇亩无东西。况复秦兵耐苦战，被驱不异犬与鸡。长者虽有问，役夫敢申恨！且如今年冬，未休关西卒。县官急索租，租税从何出？信知生男恶，反是生女好。生女犹得嫁比邻，生男埋没随百草。君不见青海头，古来白骨无人收。新鬼烦冤旧鬼哭，天阴雨湿声啾啾。

【注释】

①里正：古时乡官。

②武皇：汉武帝。此暗指唐玄宗。

③山东：指崤山以东地区。

高都护骢马行

安西都护[①]胡青骢[②]，声价欻然来向东。此马临阵久无敌，与人一心成大功。功成惠养随所致，飘飘远自流沙至。雄姿未受伏枥恩，猛气犹思战场利。腕促蹄高如踣铁，交河[③]几蹴曾冰裂。五花散作云满身，万里方看汗流血。长安壮儿不敢骑，走过掣电倾城知。青丝络头为君老，何由却出横门道？

【注释】

①安西都护：唐太宗平高昌，置安西都护府于交河城，属甘肃陇右道。此时高仙芝为都护。

②青骢：马之青白色者。《古乐府》："青骢白马紫丝缰。"

③交河：城名，故城位于今新疆吐鲁番西北约五公里处，唐置交河郡，

属西州，建安西都护府于此。

天育骠骑歌

吾闻天子之马走千里，今之画图无乃是？是何意态雄且杰，骏尾萧梢朔风起。毛为绿缥两耳黄，眼有紫焰双瞳方。矫矫龙性合变化，卓立天骨森开张。伊昔太仆张景顺，监牧攻驹阅清峻。遂令大奴守天育，别养骥子怜神俊。当时四十万匹马，张公叹其材尽下。故独写真传世人，见之座右久更新。年多物化空形影，呜呼健步无由骋。如今岂无騕袅与骅骝[①]，时无王良伯乐[②]死即休！

【注释】

①騕袅、骅骝：均良马。

②王良伯乐：王良，春秋时晋之善御者。伯乐，春秋秦人，原名孙阳。伯乐，天星名，掌天马，阳善识马，故名。初，伯乐过虞坂，有骐骥伏盐车下，见伯乐长鸣，伯乐下车泣之，骥于是俯而喷，仰而鸣，声闻于天。

醉时歌

诸公衮衮登台省，广文先生[①]官独冷。甲第纷纷厌粱肉，广文先生饭不足。先生有道出羲皇[②]，先生有才过屈宋[③]。德尊一代常坎坷，名垂万古知何用！杜陵野客人更嗤，被褐短窄鬓如丝。日籴太仓五升米，时赴郑老同襟期。得钱即相觅，沽酒不复疑。忘形到尔汝，痛饮真吾师。清夜沈沈动春酌，灯前细雨檐花落。但觉高歌有鬼神，焉知饿死填沟壑！相如[④]逸才亲涤器，子云[⑤]识字终投阁。先生早赋归去来，石田茅屋荒苍苔。儒术于我何有哉？孔丘盗跖[⑥]俱尘埃。不须闻此意惨怆，生前相遇且衔杯。

【注释】

①广文先生：广文馆博士郑虔。

②羲皇：即伏羲氏，传说为人类始祖。

③屈宋：屈原，名平，别号灵均，战国楚人。宋玉，屈原弟子，战国楚人。

④相如：司马相如，汉成都人，字长卿。

⑤子云：扬雄，汉成都人，字子云。

⑥盗跖：人名，柳下惠之弟，春秋时奴隶起义的领袖。

丽人行

三月三日天气新，长安水边多丽人。态浓意远淑且真，肌理细腻骨肉匀。绣罗衣裳照暮春，蹙金孔雀银麒麟。头上何所有？翠微㔩叶[①]垂鬓唇。背后何所见？珠压腰衱[②]稳称身。就中云幕椒房亲，赐名大国虢与秦[③]。紫驼之峰出翠釜，水精之盘行素鳞。犀箸厌饫久未下，鸾刀缕切空纷纶。黄门飞鞚不动尘，御厨络绎送八珍。萧鼓哀吟感鬼神，宾从杂遝实要津。后来鞍马何逡巡，当轩下马入锦茵。杨花雪落覆白苹，青鸟[④]飞去衔红巾。炙手可热势绝伦，慎莫近前丞相[⑤]嗔！

【注释】

①㔩叶：妇人头花髻饰。

②衱：衣后裾。

③虢与秦：杨太真三个姐姐，封韩国、虢国、秦国三夫人，并承恩泽，出入宫掖，势倾天下。

④青鸟：传说为西王母的使者。

⑤丞相：指杨国忠。

丹青引

将军[①]魏武之子孙，于今为庶为清门。英雄割据虽已矣，文采风流今尚存。学书初学卫夫人[②]，但恨无过王右军。丹青不知老将至，富贵于我如浮云。开元之中常引见，承恩数上南薰殿。凌烟功臣少颜色，将军下笔开生面。良相头上进贤冠，猛将腰间大羽箭。褒公鄂公[③]毛发动，英姿飒爽来酣战。先帝[④]御马玉花骢[⑤]，画工如山貌不同。是日牵来赤墀下，迥立阊阖生长风。诏谓将军拂绢素，意匠惨淡经营中。斯须九重真龙出，一洗万古凡马空。玉花却在玉榻上，榻上庭前屹相向。至尊含笑催赐金，圉人太仆皆惆怅。弟子韩幹[6]早入室，亦能画马穷殊相。幹惟画肉不画骨，忍使骅骝气凋丧。将军善画盖有神，必逢佳士亦写真。即今飘泊干戈际，屡貌寻常行路人。途穷反遭俗眼白，世上未有如公贫。但看古来盛名下，终日坎壈缠其身！

【注释】

①将军：指曹霸，魏武帝曹操之后，唐画家，官至左武卫将军。明皇末年得罪，削为庶人。

②卫夫人：名铄，字茂猗，晋汝阳太守李矩妻，善书法。正书入妙，王右军之师。

③褒公鄂公：太宗制大羽箭以旌武功，段志玄封褒国公，尉迟敬德封鄂国公。

④先帝：指唐明皇。

⑤玉花骢：马名。

⑥韩幹：大梁人，善画人物，尤工鞍马。

观公孙大娘弟子舞剑器行　并序

大历二年十月十九月，夔府别驾元持宅见临颍李十二娘舞剑器，壮其蔚跂。问其所师，曰："余公孙大娘弟子也。"开元五载，余尚童稚，记于郾城观公孙氏舞剑器浑脱，浏漓顿挫，独出冠时。自高头宜春、梨园二伎坊内人洎外供奉，晓是舞者，圣文神武皇帝初，公孙一人而已。玉貌锦衣，况余白首。今兹弟子，亦匪盛颜。既辨其由来，知波澜莫二。抚事慷慨，聊为《剑器行》。往者吴人张旭，善草书书帖，数常于邺县见公孙大娘舞西河剑器，自此草书长进，豪荡感激，即公孙可知矣。

昔有佳人公孙氏[1]，一舞剑器动四方。观者如山色沮丧[2]，天地为之久低昂。㸌如羿射九日落[3]，矫如群帝骖龙翔。来如雷霆收震怒，罢如江海凝清光。绛唇珠袖两寂寞，晚有弟子传芬芳。临颍美人在白帝[4]，妙舞此曲神扬扬。与余问答既有以，感时抚事增惋伤。先帝侍女八千人，公孙剑器初第一。五十年间似反掌，风尘澒洞昏王室。梨园弟子散如烟，女乐余姿映寒日。金粟堆南木已拱[⑤]，瞿塘石城草萧瑟。玳筵急管曲复终，乐极哀来月东出。老夫不知其所往，足茧荒山转愁疾。

【注释】

①公孙氏：公孙大娘，唐开元时人，善剑器、浑脱之舞。剑器、浑脱，皆舞曲之名。

②色沮丧：惊骇貌。

③九日落：神话传说尧时十日并出，植物枯死，后羿射掉九日。

④“临颍”句：《地理志》：“颍川郡有临颍县、白帝城。”美人，李十二娘，其家属临颍，今于白帝城中遇之，故名。

⑤“金粟”句：《长安志》：“明皇太陵在蒲城东北之金粟山。”《左传》：“尔墓之木拱矣。”

李潮八分小篆歌

苍颉[①]鸟迹既茫昧，字体变化如浮云。陈仓石鼓[②]又已讹，大小二篆生八分[③]。秦有李斯汉蔡邕，中间作者寂不闻。峄山[④]之碑野火焚，枣木传刻肥失真。苦县光和尚骨立，书贵瘦硬方通神。惜哉李蔡不复得，吾甥李潮下笔亲。尚书韩择木，骑曹蔡有邻。开元已来数八分，潮也奄有二子成三人。况潮小篆逼秦相，快剑长戟森相向。八分一字值百金，蛟龙盘拏肉屈强。吴郡张颠夸草书，草书非古空雄壮。岂如吾甥不流宕，丞相中郎丈人行。巴东逢李潮，逾月求我歌。我今衰老才力薄，潮乎潮乎奈汝何！

【注释】

①苍颉：为黄帝左史，生而神圣有四目，观鸟兽之迹，体类象形而制字，以代结绳之政。字成，天雨粟，鬼夜哭。

②陈仓石鼓：鼓凡十，每鼓约径三尺余，其文为周之大篆，即史籀所作也，唐时始现于陈仓，陈仓故址在今陕西宝鸡市东。

③八分：厉鹗文："李斯作小篆，程邈作隶，王次仲作八分。"蔡文姬曰："割程貌字八分，取二分；割李篆字二分，取八分。"故谓之八分。

④峄山：即邹山，位于今山东邹县东南部，秦始皇既并天下，乃东行郡县，上邹峄山而立石，即世所传之峄山碑。

五　律

题张氏隐居

之子时相见，邀人晚兴留。霁潭鳣发发，春草鹿呦呦[①]。杜酒偏劳劝，张梨[②]不外求。前村山路险，归醉每无愁。

【注释】

①呦呦：鹿鸣声。《诗》："呦呦鹿鸣"。

②张梨：晋代潘岳《闲居赋》："张公大谷之梨"。

夜宴左氏庄

林风纤月落，衣露静琴张。暗水流花径，春星带[①]草堂。检书烧烛短，看剑引杯长。诗罢闻吴咏，扁舟意不忘[②]。

【注释】

①带：映带。

②"扁舟"句：用范蠡功成驾扁舟归隐事。

春日忆李白

白也诗无敌，飘然思不群。清新庾开府[①]，俊逸鲍参军[②]。渭北春天树，江东日暮云[③]。何时一樽酒，重与细论文？

【注释】

①庾开府：庾信，六朝末期诗人，曾为开府仪同三司。

②鲍参军：鲍照，南朝宋文学家，曾为前军参军。

③“渭北”二句：时杜在渭水之北，李在长江之东，故因云树而兴感。

野　望

清秋望不极，迢递[1]起层阴。远水兼天净，孤城隐雾深。叶稀风更落，山迥日初沉。独鹤归何晚？昏鸦已满林。

【注释】

①迢递：遥远之状。

过南邻朱山人水亭

相近竹参差[1]，相过人不知。幽花欹满树，细水曲通池。归客村非远，残樽席更移。看君多道气，从此数追随[2]。

【注释】

①参差：高低不齐。

②追随：相从。

春夜喜雨

好雨知时节，当春乃发生。随风潜入夜，润物细无声。野径云俱黑，江船火独明。晓看红湿[1]处，花重锦官城[2]。

【注释】

①红湿：谓花着雨。

②锦官城：故址位于今成都市南。后人常用以称成都。

江　　亭

坦腹[1]江亭暖，长吟野望时。水流心不竞，云在意俱迟。寂寂春将晚，欣欣物自私。江东犹苦战，回首一颦眉[2]。

【注释】

①坦腹：用王羲之东床坦腹典故。

②颦眉：皱眉。

早　　起

春来常早起，幽事颇相关。贴石防隤岸，开林出远山。一丘藏曲折，缓步有跻攀[1]。童仆来城市[2]，瓶中得酒还。

【注释】

①跻攀：攀登。

②城市：指成都。

七　　律

奉和贾至舍人早朝大明宫

五夜[1]漏声[2]催晓箭，九重春色醉仙桃。旌旗日暖龙蛇动，宫殿风微燕雀高。朝罢香烟携满袖，诗成珠玉在挥毫。欲知世掌丝纶[3]美，池上于今有凤毛[4]。

【注释】

①五夜：犹言五更。

②漏声：漏壶滴水声。漏壶，古时计时之器。

③丝纶：自注："舍人先世，曾掌丝纶"。丝纶，皇帝的诏书。

④池：凤池，指中书省。凤毛：宋孝武帝赞赏谢超宗说："殊有凤毛。"因超宗父名凤。后遂为贤嗣之称。

曲江二首

一片花飞减却春，风飘万点正愁人。且看欲尽花经眼，莫厌伤多酒入唇。江上小堂巢翡翠[①]，苑边高冢卧麒麟。细推物理[②]须行乐，何用浮名绊此身。

朝回[③]日日典春衣，每日江头尽醉归。酒债寻常行处有，人生七十古来稀。穿花蛱蝶[④]深深见。点水蜻蜓款款飞。传语风光共流转，暂时相赏莫相违。

【注释】

①翡翠：翡，赤羽鸟；翠，绿羽鸟。皆穴居水边。

②物理：生死盛衰之理。

③朝回：退朝回来。

④蛱蝶：蝴蝶。

蜀　相

丞相祠堂何处寻？锦官城[①]外柏森森。映阶碧草自春色，隔叶黄鹂空好音。三顾[②]频烦天下计，两朝开济老臣心。出师未捷[③]身先死，长使英雄泪满襟！

【注释】

①锦官城：故址位于今四川成都市南，因三国蜀汉时管理织锦之官驻此，故名。后人用以作成都的别称。

②三顾：刘备三顾诸葛亮于草庐中。

③出师未捷：先主没，亮受遗诏辅政，封武乡侯，后出师北伐，与魏、

吴两国相争数年，以疾卒于军，谥忠武。

江　村

清江一曲抱村流，长夏[①]江村事事幽。自去自来梁上燕，相亲相近水中鸥。老妻画纸为棋局，稚子敲针作钓钩。多病所需惟药物，微躯此外更何求?

【注释】

①长夏：农历六月。

野　老

野老篱边江岸回，柴门不正逐江开。渔人网集澄潭下，贾客船随返照来。长路关心悲剑阁[①]，片云何意傍琴台[②]。王师未报收东郡[③]，城阙秋生画角哀。

【注释】

①剑阁：小剑距大剑三十里，连山绝险，飞阁相通，谓之剑阁。

②琴台：在成都西南五里处，传说为司马相如与卓文君卖酒处。

③“王师”句：时史思明陷东京，田神功虽破其兵，而尚未收复。

南　邻

锦里先生[①]乌角巾[②]，园收芋栗未全贫。惯看宾客儿童喜，得食阶除鸟雀驯。秋水才深四五尺，野航恰受两三人。白沙翠竹江村暮，相送柴门月色新。

【注释】

①锦里先生：姓朱，清贫隐士。

②乌角巾：黑色头巾。角巾，古时隐士所戴。

闻官军收河南河北

剑外[①]忽传收蓟北[②]，初闻涕泪满衣裳。却看妻子愁何在？漫卷诗书喜欲狂。白日放歌须纵酒，青春作伴好还乡。即从巴峡[③]穿巫峡[④]，便下襄阳向洛阳[⑤]。

【注释】

①剑外：剑阁以南，时子美在梓州。

②蓟北：河北。

③巴峡：巴县（今重庆市）一带江峡的总称。

④巫峡：长江三峡之一，西起四川巫山县，东至湖北巴东县。

⑤"便下"句：子美先世为襄阳人，后徙河南。作者自注："余田园在东京。"东京，即洛阳。

《白香山集》精华

【著录】

白居易，字乐天，晚年寓居洛阳香山，号香山居士、醉吟先生。死后谥“文”，又称白文公。生于唐大历七年（772），卒于唐会昌六年（846）。祖籍太原，后迁居下邽（今陕西省渭南县），至祖父时，移居新郑（今河南省新郑市）。他就出生在河南新郑的一个没落的小官僚家庭。少年早慧，五六岁时即随母学诗，粗识声韵。十一岁时，由于河南河北藩镇叛乱，曾有过一段颠沛流离的生活。脍炙人口的七律《自河南经乱，关内受阻，兄弟离散》就是这种生活的真实写照。至十五六岁，白居易曾一度到京都长安应试，崭露头角之作《赋得古原草送别》即写于寓居长安的时候。二十九岁进士及第。三十五岁连中户部和尚书省两次特科考试，以第四等入选，从此步入仕途。宪宗元和元年（806），授官盩厔县尉。从这时起，白居易“兼济天下”的思想占了主导地位，并开始了诗歌创作，写了像《长恨歌》《观刈麦》《宿紫阁山北村》等著名诗篇。元和二年（807），白居易奉诏回京。次年被任命为左拾遗。任职期间，“有阙必规，有违必谏，朝廷得失无不察，天下利害无不言”，并借诗歌配合政治斗争，宣传政治主张。他在给朋友元稹的信中说：“手请谏纸，启奏之外，有可以救济人病，裨补时阙，而难于指言者，辄歌咏之。”（《与元九书》）主张“文章合为时而著，歌诗合为事而作”，反对一味“嘲风雪、弄花草”的创作倾向。以组诗《秦中吟》和《新乐府》为代表的一百七十多首讽谕诗就是写于任职谏官时期。因此，在元和十年（815），权贵们借白居易越职奏事的罪名，把他贬为江州司马。诗人从此仕途蹭蹬，情怀粲傺，进入“独善其身”的后期。政治态度渐趋消极，佛道思想日益滋长，而诗歌创作亦随之一变。直到病逝，诗人前期那种关心民生、恤念国事、抨击权贵、旨在兼济的讽谕诗大为减少，而寄情山水、感伤身世、遁迹红尘的诗歌日见其多。此即诗人之所谓“闲适诗”“感伤诗”和“杂律诗”。其数量占了他的近三千篇诗作的绝大比重。元和十三年（818），白居易奉诏，改官忠州刺史。十五年（820）还京，拜尚书司门员外郎，知制诰，进中书舍人。因言事不听，于长庆二年（822），请求外任，出为杭州刺史。宝历元年（825），出任苏州刺史。至武宗太和元年（827），拜秘书监。次年转刑部侍郎。自太和三年（829）五十八岁开始，直至病逝，白居易在洛阳定居了十八年，先后任太子宾客、河南尹、太子少傅等职。至武宗会昌二年（842）以刑部尚书郎致仕。会昌六年（846），病逝于洛阳，遗体葬于洛阳龙门。谥号“文”。

白居易生前曾自编诗集，分为讽谕、闲适、感伤、杂律四类，名《白氏长庆集》，后名《白氏文集》或《白香山集》。宋绍兴刻七十一卷本《白氏长庆集》是现存最早的白氏刻本。此外通行本有清汪立名编《白香山诗集》。今人顾学颉参校诸本进行校点的《白居易集》是现今流行的较为完整的白氏读本。

白居易诗歌的艺术成就达到了很高的水平。其现实主义的创作方法集中体现在作为他的诗歌精华的讽谕诗中。他的讽谕诗取材于当时社会的现实生活，以叙事的形式揭露当时具有普遍性的社会矛盾，或“美”或“刺”，一吟一悲，无不关合时事，维系民病。诗中大多有人物形象和故事情节，写得鲜明如见，声息可闻。卒章显志，主题专一明确，不入于枝蔓、迷离一途。艺术表现手法则多用对比，以突出存在于当时社会的对抗性矛盾。工于比兴，言在此而意在彼，彼此双关，发人联想。如《太行路》《陵园妾》即具这一特点。他的感伤诗，精于描绘，形象可掬，拟人状物，极尽穷形尽相的艺术能事。这一特点集中体现在《长恨歌》和《琵琶行》中。白诗语言浅切，通俗易懂，似常语冲口而出，而奇意自见。

白居易是自《诗经》到杜甫以降现实主义诗人的杰出代表。其最大贡献和影响是掀起了一个新乐府运动。他以自己的创作理论和创作成就领风骚于当时诗坛。其影响近及李绅、元稹、张籍、刘禹锡和晚唐皮日休等诗人，远及宋代王禹偁、梅尧臣、张耒、陆游诸人以至晚清的黄遵宪，代代有所承传。这种影响，甚至扩展到国外。白氏的诸多诗篇，当时即远播日本、朝鲜等邻近国家，其诗风对这些国家的文学发展，曾起过不可忽视的促进作用。

新乐府　并序

序曰：凡九千二百五十二言，断为五十篇。篇无定句，句无定字，系于意而不系于文。首句标其目，卒章显其志，《诗》三百之意也。其辞质而径，欲见之者易谕也；其言直而切，欲闻之者深诫也；其事核而实，使采之者传信也；其体顺而律，可以播于乐章歌曲也。总而言之，为君、为臣、为民、为物、为事而作，不为文而作也。

胡旋女

胡旋女，胡旋女，心应弦，手应鼓。弦歌一声双袖举，回雪飘摇转蓬舞。左旋右转不知疲，千匝万周无已时。人间物类无可比，奔车轮缓旋风迟。曲终再拜谢天子，天子为之微启齿。胡旋女，出康居[①]，徒劳东来万里余。中原自有胡旋者，斗妙争能尔不如。天宝[②]季年时欲变，臣妾人人学圆转。中有太真[③]外禄山[④]，二人最道能胡旋。梨花园中册作妃，金鸡障下养为儿。禄山胡旋迷君眼，兵过黄河疑未反。贵妃胡旋惑君心，死弃马嵬念更深。从兹地轴天维转，五十年来制不禁。胡旋女，莫空舞，数唱此歌悟明主。

【注释】

①康居：古国名，位于今新疆北境以及中亚部分地区。

②天宝：玄宗年号。

③太真：即杨贵妃，初为女官时号太真。

④禄山：即安禄山，玄宗时为节度使，厚结贵妃杨氏。天宝末，举兵反。

折臂翁

新丰[1]老翁八十八，头鬓眉须皆似雪。玄孙扶向店前行，左臂凭肩右臂折。问翁臂折来几年？兼问致折何因缘？翁云贯属新丰县，生逢圣代无征战。惯听梨园歌管声，不识旗枪与弓箭。无何天宝大征兵，户有三丁点一丁。点得驱将何处去？五月万里云南行。闻道云南有泸水，椒花落时瘴烟起。大军徒涉水如汤，未过十人二三死[2]。村南村北哭声哀，儿别爷娘夫别妻。皆云前后征蛮者，千万人行无一回。是时翁年二十四，兵部牒中有名字。夜深不敢使人知，偷将大石捶折臂。张弓簸旗俱不堪，从兹使免征云南。骨碎筋伤非不苦，且图拣退归乡土。此臂折来六十年，一肢虽废一身全。至今风雨阴寒夜，直到天明痛不眠。痛不眠，终不悔，且喜老身今独在。不然当时泸水头，身死魂孤骨不收。应作云南望乡鬼，万人冢上哭呦呦。老人言，君听取，君不闻开元宰相宋开府[3]，不赏边功防黩武？又不闻天宝[4]宰相杨国忠，欲求恩幸立边功？边功未立生民怨，请问新丰折臂翁。

【注释】

①新丰：唐县名，位于今陕西西安市临潼区东北部。

②“闻道云南”四句：云南有万人冢，即鲜于仲通、李宓覆军之所。

③“君不闻开元”句：开元初，突厥数犯边，时天武军牙将郝灵筌出使，因引特勒、回鹘部落斩突厥默啜，献首于朝廷，自谓有不世之功。

④“又不闻天宝”句：天宝末，杨国忠为相，重新发动阁罗凤之役，大量征兵，前后发兵二十余万，去无返者，禄山遂乘机造反。

太行路

太行[1]之路能摧车，若比君心是坦途。巫峡[2]之水能覆舟，若比君心是安流。君心好恶苦不常，好生毛羽恶生疮。与君结发未五载，岂期牛女为参商[3]！古称色衰相弃背，当时美人犹怨悔。何况如今鸾镜中，妾颜未改君心改！为君薰衣裳，君闻兰麝不馨香。为君盛容饰，君看珠翠无颜色。行路难，难重陈。人生莫作妇人身，百年苦乐由他人。行路难，难于山，险于水。不独人家夫与妻，近代君臣亦如此。君不见左纳言，右纳史，朝承恩，暮赐死。行路难，不在水，不在山，只在人情反复间。

【注释】

①太行：山名，位于今山西高原与河北平原之间。

②巫峡：三峡之一，西起四川省巫山县大宁河口，东至湖北省巴东县官渡口。

③参商：二星名，永不相逢。

缚戎人

缚戎人，缚戎人，耳穿面破驱入秦。天子矜怜不忍杀，诏徙东南吴与越。黄衣小使录姓名，领出长安乘递行。身被金疮面多瘠，扶病徒行日一驿。朝餐饥渴费杯盘，夜卧腥臊污床席。忽逢江水忆交河，垂手齐声呜咽歌。其中一虏语诸虏，尔苦非多我苦多。同伴行人因借问，欲说喉中气愤愤。自云乡贯本凉原①，大历年中没落蕃。一落蕃中四十载，身著皮裘系毛带。唯许正朝服汉仪，敛衣整巾潜泪垂。誓心密定归乡计，不使蕃中妻子知②。暗思幸有残筋骨，更恐年衰归不得。蕃候严兵鸟不飞，脱身冒死奔逃归。昼伏夜行经大漠，云阴月黑风沙恶。惊藏青冢寒草疏，偷渡黄河夜冰薄。忽闻汉军鼙鼓声，路旁走出再拜迎。游骑不听能汉语，将军遂缚作蕃生。配向江南卑湿地，定无存恤空防备。念此吞声仰诉天，若为辛苦度残年。凉原乡井不得见，胡地妻儿虚弃捐。没蕃被囚思汉土，归汉被劫为蕃虏。早知如此悔归来，两地宁如一处苦！缚戎人，戎人之中我苦辛。自古此冤应未有，汉心汉语吐蕃身！

【注释】

①凉原：凉州、原州，位于今甘肃省。

②“唯许”四句：作者自注：有李如暹者，蓬子将军之子也，尝没蕃中，

自云蕃法唯正月一日，许唐人之没蕃者服唐衣冠，由是悲不自胜，遂密定归计。

西凉伎

西凉伎，假面胡人假狮子。刻木为头丝作尾，金镀眼睛银贴齿。奋迅毛衣摆双耳，如从流沙来万里。紫髯深目两胡儿，鼓舞跳梁前致辞。应似凉州[①]未陷日，安西都护进来时。须臾云得新消息，安西路绝归不得。泣向狮子涕双垂，凉州陷没知不知？狮子回头向西望，哀吼一声观者悲。贞元边将爱此曲，醉坐笑看看不足。享宾犒士宴监军，狮子胡儿长在目。有一征夫年七十，见弄凉州低面泣。泣罢敛手白将军，主忧臣辱昔所闻。自从天宝兵戈起，犬戎日夜吞西鄙。凉州陷来四十年，河陇侵将七千里。平时安西万里疆，今日边防在凤翔。缘边空屯十万卒，饱食温衣闲过日。遗民肠断在凉州，将卒相看无意收。天子每思常痛惜，将军欲说合惭羞。奈何仍看西凉伎，取笑资欢无所愧？纵无智力未能收，忍取西凉弄为戏？

【注释】

①凉州：位于今甘肃省境内。

母别子

母别子，子别母，白日无光哭声苦。关西骠骑大将军，去年破虏新策勋。敕赐金钱二百万，洛阳迎得如花人。新人迎来旧人弃，掌上莲花眼中刺。迎新弃旧未足悲，悲在君家留两儿。一始扶行一初坐，坐啼行哭牵人衣。以汝夫妇新燕婉，使我母子生别离。不如林中乌与鹊，母不失雏雄伴雌。应似园中桃李树，花落随风子住枝。新人新人听我语：洛阳无限红楼[①]女。但愿将军重立功，更有新人胜于汝。

【注释】

①红楼：富贵家妇女所居之楼。

长恨歌

汉皇重色思倾国，御宇多年求不得。杨家有女初长成，养在深闺人未识。天生丽质难自弃，一朝选在君王侧。回眸一笑百媚生，六宫粉黛无颜色。春寒赐浴华清池[①]，温泉水滑洗凝脂。侍儿扶起娇无力，始是新承恩泽时。云鬓花颜金步摇，芙蓉帐暖度春宵。春宵苦短日高起，从此君王不早朝。承欢侍宴无闲暇，春从春游夜专夜。后宫佳丽三千人，三千宠爱在一身。金屋妆成娇侍夜，玉楼宴罢醉和春。姊妹弟兄皆列土，可怜光彩生门户。遂令天下父母心，不重生男重生女！骊宫高处入青云，仙乐风飘处处闻。缓歌曼舞凝丝竹，尽日君王看不足。渔阳鼙鼓动地来，惊破霓裳羽衣曲。九重城阙烟尘生，千乘万骑西南行。翠华摇摇行复止，西出都门百余里。六军不发无奈何，宛转蛾眉马前死。花钿委地无人收，翠翘金雀玉搔头。君王掩面救不得，回看血泪相和流。黄埃散漫风萧索，云栈萦纡登剑阁。峨嵋山下少人行，旌旗无光日色薄。蜀江水碧蜀山青，圣主朝朝暮暮情。行宫见月伤心色，夜雨闻铃肠断声。天旋日转回龙驭，到此踌躇不能去。马嵬坡下泥土中，不见玉颜空死处。君臣相顾尽沾衣，东望都门信马归。归来池苑皆依旧，太液芙蓉未央柳。芙蓉如面柳如眉，对此如何不泪垂！春风桃李花开日，秋雨梧桐叶落时。西宫南内多秋草，落叶满阶红不扫。梨园弟子[②]白发新，椒房阿监青娥老。夕殿萤飞思悄然，孤灯挑尽未成眠。迟迟钟鼓初长夜，耿耿星河欲曙天。鸳鸯瓦冷霜华重，翡翠衾寒谁与共？悠悠生死别经年，魂魄不曾来入梦。临邛道士鸿都客，能以精诚致魂魄。为感君王展转思，遂教方士殷勤觅。排空驭气奔如电，升天入地求之遍，上穷碧落下黄泉，两处茫茫皆不见。忽闻海上有仙山，山在虚无缥缈间。楼阁玲珑五云起，其中绰约多仙子。中有一人字太真，雪肤花貌参差是。金阙西厢叩玉扃，转教小玉报双成。闻道汉家天子使，九华帐里梦魂惊。揽衣推枕起徘徊，珠箔银屏迤逦开。云髻半偏新睡觉，花冠不整下堂来。风吹仙袂飘飘举，犹似霓裳羽衣舞。玉容寂寞泪阑干，梨花一枝春带雨。含情凝睇谢君王，一别音容两渺茫。昭阳殿里恩爱绝，蓬莱宫中日月长，回头下望人寰处，不见长安见尘雾。惟将旧物表深情，钿合金钗寄将去。钗留一股合一扇，钗擘黄金合分钿。但教心似金钿坚，天上人间会相见。

临别殷勤重寄词，词中有誓两心知。七月七日长生殿，夜半无人私语时。在天愿作比翼鸟，在地愿为连理枝。天长地久有时尽，此恨绵绵无绝期！

【注释】

①华清池：位于今陕西西安市临潼区南骊山上，上有温泉，唐太宗于此治华清池。

②梨园弟子：唐明皇选坐部伎子弟三百教于梨园，声有误者，帝必觉而正之，号皇帝梨园弟子。宫女数百，亦为梨园弟子，居宜春北院。

苏子瞻《东坡诗集》精华

【著录】

苏轼，字子瞻，一字和仲，号东坡居士。生于宋景祐四年（1037），卒于宋建中靖国元年（1101）。眉州眉山（今属四川）人。宋仁宗嘉祐二年（1057）举进士，历官仁宗、英宗、神宗、哲宗四朝。官至翰林学士、礼部尚书，除龙图阁学士。王安石新党及司马光旧党相争，苏轼亦因之时升时贬，至以“乌台诗案”而被捕入狱。晚年，先后贬至黄州、惠州、儋州。元符三年，徽宗即位，召还，居常州卒。谥文忠。

《东坡七集》大多为苏轼生前编定，只有《应诏集》则是后来四川眉山重刻时所加。北宋末南宋初都有过刻本，且种数较多，最早刊本应为苏轼生前校订过的京师印本，又称“汴本”。

《东坡诗集》包括：《东坡集》四十卷，《东坡后集》二十卷，《东坡奏议》十五卷，《东坡外制集》上中下三卷，《东坡内制集》十卷，《东坡应诏集》十卷，《东坡续集》十二卷。《东坡集》《东坡后集》《东坡续集》收诗、词、赋、铭、颂、赞、论、策问、叙、记、表、启、传等；《东坡奏议集》《东坡外制集》《东坡内制集》为其起草的奏折、文告、朝廷委任状等，《内制集》后附有不语，为两首“教坊词”；《东坡应诏集》收“策略”“策别”“策断”“策论”“大臣论”“大物论”。苏轼词不在全集中。《四部备要》本《东坡七集》，前有宋孝宗皇帝书写的赞、宋史本传、王宗稷编次的年谱、其弟苏辙撰写的《东坡先生墓志铭》及宋成化间翰林学士李绍序。

苏轼为宋文坛大家，其诗、词、散文、书法等都取得了独到的成就。他十分重视文学的社会功能，主张“有为而作”“有补于国”“务令文字华实相副，期于实用”。为文汪洋恣肆，笔力雄健，为“唐宋八大家”之一。他的奏议和历史论文，如《上神宗皇帝书》《贾谊论》《留侯论》，无不雄辩透辟，一洗时人“迂”“怪”习气。他的“记”和“随笔”，如《放鹤亭记》《石钟山记》和《东坡志林》等，笔致凝练，委曲明畅，文与情兴会淋漓。前、后《赤壁赋》是流传千古的文苑奇珍，现实人生的苦闷，羽化登仙的幻梦交织在一起，巧妙地表达了作者感情上的波折、挣扎、解脱的艰难过程。写秋色则光风霁月，写冬景则水枯石瘦，处处显示出作者高超的艺术才能。他曾说：“吾文如万斛泉源，不择地而出，在平地滔滔汩汩，虽一日千里无难。及其与山石曲折，随物赋形而不可知也。”

苏轼诗内容丰富，题材广泛。《吴中田妇叹》假江南田妇之口，描写农民在天灾、虐政压迫下的痛苦憎爱，“眼枯泪尽雨不尽，忍见黄穗卧青泥。”已是惨不忍睹了，诗人笔锋一转，“民今要钱不要米，西北万里招羌儿。”矛头直指当朝统治者，他们对西夏用兵，耗费无算，将农民推入水深火热中，致使农民“卖牛纳税拆屋炊，虑试不及明年饥。”满纸愁云，字字血泪。其政治讽刺诗，如《李氏园》《荔枝叹》，通过对具体事件的描绘，痛斥了权贵们为满足自己的贪欲而不顾百姓死活的罪行，辛辣尖锐，渗透着诗人“悲歌为黎元”的可贵同情心。另外，苏轼一生写过许多咏物诗，大都充满生活情趣，形象鲜明逼真。“水光潋滟晴方好，山色空蒙雨亦奇；欲把西湖比西子，淡妆浓抹总相宜”（《饮湖上初晴后雨》其一）。诗人抓住西湖由晴转雨片刻间的风云变幻，淡淡数笔，便挥洒成一幅动人山水画。其他如《惠崇春江晚景》《题西林壁》《六月二十一望湖楼醉书》等，着墨无多，皆造化天成，洋溢着盎然奇趣。

苏轼在我国词史上有着特殊重要的地位，为宋代豪放派词的创始人。他的词大大突破了词为“艳科”“娱宾遣兴”的传统藩篱，使词从“樽前”“花间”走向较为广阔的社会人生。举凡山川景物、农舍风光、历史古迹、人情物态都在他的词中得到了不同程度的表现。刘辰翁在《辛稼轩词序》中云：“词至东坡，倾荡磊落，如诗，如文，如天地奇观。”在词的风格上，“一洗绮罗香泽之态，摆脱绸缪婉转之度”，振之以劲拔豪迈，排宕激昂。

七　古

和子由踏青

东风陌上惊微尘，游人初乐岁华新。人闲正好路傍饮，麦短未怕游车轮。城中居人厌城郭，喧阗晓出空四邻。歌鼓惊山草木动，箪瓢散野乌鸢驯。何人聚众称道人，遮道卖符色怒嗔？宜蚕使汝茧如瓮，宜畜使汝羊如麕。路人未必信此语，强为买服禳新春。道人得钱径沽酒，醉倒自谓吾符神。

石鼓歌

冬十二月岁辛丑，我初从政见鲁叟[①]。旧闻石鼓今见之，文字郁律蛟蛇走。细观初以指画肚，欲读嗟如箝在口。韩公[②]好古生已迟，我今况又百年后！强寻偏傍推点画，时得一二遗八九。我车既攻马亦同，其鱼维鱮贯之柳。古器纵横犹识鼎，众星错落仅名斗。模糊半已似瘢胝，诘曲犹能辨跟肘。娟娟缺月隐云雾，濯濯嘉禾秀稂莠。漂流百战偶然存，独立千载谁与友？上追轩颉[③]相唯诺，下揖冰斯[④]同鷇鷇。忆昔周宣歌鸿雁，当时籀史[⑤]变蝌蚪。厌乱人方思圣贤，中兴天为生耆耉。东征徐虏阚虓虎，北伐犬戎随指嗾。象胥杂沓贡狼鹿，方召联翩赐圭卣。遂因鼓鼙思将帅，岂为考击烦矇瞍。何人作颂比崧高？万古斯文齐岣嵝[⑥]。勋劳至大不矜伐，文武未远犹忠厚。欲寻年岁无甲乙，岂有名字记谁某。自从周衰更七国，竟使秦人有九州。扫除诗书诵法律，投弃俎豆陈鞭杻。当年何人佐祖龙？上蔡公子牵黄狗。登山刻石颂功烈，后者无继前无偶。皆云皇帝巡四国，烹灭强暴救黔首。六经既已委灰尘，此鼓亦当遭击掊。传闻九鼎沦泗上，欲使万夫沉水取。暴君纵欲穷人力，神物义不污秦垢。是时石鼓何处避？无乃天工令鬼守。兴亡百变物自闲，富贵一朝名不朽。细思物理坐叹息，人生安得如汝寿！

【注释】

①鲁叟：称呼孔子。石鼓当时在孔子庙中，作者到孔庙去谒圣，所以说“见鲁叟”。

②韩公：即韩愈，他亦作有《石鼓歌》。

③轩颉：轩辕、仓颉。

④冰斯：李阳冰及李斯。

⑤籀史：周宣王时太史籀创作了籀文，因而称他为籀史。籀文，即大篆。

⑥岣嵝：碑名，夏禹治水时所书，是最早的石刻。

石苍舒醉墨堂

人生识字忧患始，姓名粗记可以休。何用草书夸神速，开卷儻怳令人愁。我尝好之每自笑，君有此病何能瘳！自言其中有至乐，适意无异消遥游。近者作堂名醉墨，如饮美酒销百忧。乃知柳子[①]语不妄，病嗜土炭如珍羞。君于此艺亦云至，堆墙败笔如山丘。兴来一挥百纸尽，骏马倏忽踏九州[②]。我书意造本无法，点画信手烦推求。胡为议论独见假，只字片纸皆藏收。不减钟张[③]君自足，下方罗赵我亦优。不须临池更苦学，完取绢素充衾裯。

【注释】

①柳子：即柳宗元，文章与韩愈齐名。

②九州：古时将天下分为九州，后用来泛指天下，泛指全中国。

③钟张：钟繇、张芝，都擅长草书。

欧阳少师令赋所蓄石屏

何人遗公石屏风，上有水墨希微踪。不画长林与巨植，独画峨眉[①]山西雪岭上万岁不老之孤松。崖崩涧绝可望不可到，孤烟落日相溟濛。含风偃蹇得真态，刻画始信天有工。我恐毕宏韦偃[②]死葬虢山下，骨可朽烂心难穷。神机巧思无所发，化为烟霏沦石中，古来画师非俗士，摹写物象略与诗人同。愿公作诗慰不遇，无使二子含愤泣幽宫。

【注释】

①峨眉：山名，位于今四川境内。

②毕宏韦偃：二人都是唐朝名画家，善画松，而不为当世所重。

泗州僧伽塔

我昔南行舟系汴[1]，逆风三日沙吹面。舟人共劝祷灵塔，香火未收旗脚转。回头顷刻失长桥，却到龟山[2]未朝饭。至人无心何厚薄，我自怀私欣所便。耕田欲雨刈欲晴，去得顺风来者怨。若使人人祷辄遂，造物应须日千变。我今身世两悠悠，去无所逐来无恋。得行固愿留不恶，每到有求神亦倦。退之旧云三百尺，澄观所营今已换。不嫌俗土污丹梯，一看云山绕淮甸。

【注释】

①汴：河名，位于今河南境内。

②龟山：位于今江苏盱眙县北部。

腊日游孤山访惠勤惠思二僧

天欲雪，云满湖，楼台明灭山有无。水清出石鱼可数，林深无人鸟相呼。腊日不归对妻孥，名寻道人实自娱。道人之居在何许？宝云山[1]前路盘纡。孤山[2]孤绝谁肯庐？道人有道山不孤。纸窗竹屋深自暖，拥褐坐睡依团蒲。天寒路远愁仆夫，整驾催归及未晡。出山回望云木合，但见野鹘盘浮图。兹游淡薄欢有余，到家恍如梦蘧蘧[3]。作诗火急追亡逋，清景一失后难摹。

【注释】

①宝云山：在西湖之北，自宝云渡西泠桥入孤山。

②孤山：位于今浙江杭州西湖里外二湖之间。

③蘧蘧：形容情景恍惚在目的样子。

自普照游二庵

长松吟风晚雨细，东庵半掩西庵闭。山行尽日不逢人，裛裛[①]野梅香入袂。居僧笑我恋清景，自厌山深出无计。我虽爱山亦自笑，独往神伤后难继。不如西湖饮美酒，红杏碧桃香覆髻。作诗寄谢采薇翁，本不避人那避世。

【注释】

①裛裛：裛，沾湿。香气盛貌。

七　律

有美堂暴雨

游人脚下一声雷，满座顽云拨不开。天外黑风吹海立，浙东飞雨过江来。十分潋滟金樽凸，千杖敲铿羯鼓催。唤起谪仙[①]泉洒面，倒倾鲛室泻琼瑰[②]。

【注释】

①谪仙：谪居世间的仙人，是赞誉人的话，如称李白为“谪仙”。苏东坡也自称是“谪仙”。

②琼瑰：琼玉瑰珠。《左传》：“琼瑰盈吾怀乎。”是指眼泪。此处是形容雨点之大。

次韵述古过周长官夜饮

二更铙鼓动诸邻，百首新诗间八珍[①]。已遣乱蛙成两部，更邀明月作三人。云烟湖寺家家境，灯火沙河夜夜春。曷不劝公勤秉烛？老来光景似奔轮。

【注释】

①八珍：龙肝、凤髓、豹胎、鲤尾、鸮炙、猩唇、熊掌、酥酪蝉为八珍。

除夜野宿常州城外二首　其一

行歌野哭两堪悲，远火低星渐向微。病眼不眠非守岁[①]，乡音无伴苦思归。重衾脚冷知霜重，新沐头轻感发稀。多谢残灯不嫌客，孤舟一夜许相依。

【注释】

①守岁：古人除夕夜全家围炉团坐，终夜不睡叫守岁。

刁同年草堂

不用长竿矫绣衣，南园北第两参差。青山有约长当户，流水无情自入池。岁久酴醿[①]浑欲合，春来杨柳不胜垂。主人不用匆匆去，正是红梅著子时。

【注释】

①酴醿：一种类似蔷薇的花，俗称十姊妹。

惠山谒钱道人烹小龙团登绝顶望太湖

踏遍江南[①]南岸山，逢山未免更留连。独携天上小团月，来试人间第二泉[②]。石路萦回九龙脊，水光翻动五湖天。孙登无语空归去，半岭松声万壑传。

【注释】

①江南：宋代路名，至道年间设置，江苏省长江以南，镇江以西，安徽省长江以南及江西省全境都是它的辖地。

②第二泉：在无锡惠山第一峰白石坞下，唐陆羽将其列为天下第二泉。

次韵陈海州乘槎亭

人事无涯生有涯，逝将归钓汉江槎。乘桴我欲从安石[①]，遁世谁能识子嗟？日上红波浮翠巘，潮来白浪卷青沙。清谈美景双奇绝，不觉归鞍带月华。

【注释】

①安石：晋谢安，字安石，为相前曾经在东山隐居。

和仲伯达

归山岁月苦无多，尚有丹砂[①]奈老何。绣谷只应花自染，镜潭长与月相磨。君方傍海看初日，我已横江击素波。人不我知斯我贵，不须雷雨起龙梭。

【注释】

①丹砂：药物名，古人认为服之可以成仙。

杜介送鱼

新年已赐黄封酒，旧友仍分赪尾鱼。陋巷关门负朝日，小园除雪得春蔬。病妻起斫银丝脍，稚子欢寻尺素书。醉眼朦胧觅归路，松江烟雨晚疏疏。

送杜介归扬州

再入都门万事空，闲看清洛漾东风。当年帷幄几人在？回首觚稜一梦中。采药会须逢蓟子[①]，问禅何处识庞翁？归来邻里应迎笑，新长淮南旧桂丛。

【注释】

①蓟子：即后汉的蓟子训，有神异的道术。

七　　绝

陈季常所蓄朱陈村嫁娶图二首

何年顾陆丹青手，画作《朱陈[1]嫁娶图》。闻道一村惟两姓，不将门户买崔卢[2]。

我是朱陈旧使君，劝农曾入杏花村。而今风物那堪画，县吏催钱夜打门。

【注释】

①朱陈：村名，位于今江苏丰县东部。唐代诗人白居易曾经有诗写及："徐州古丰县，有村曰朱陈。一村惟两姓，世世为婚姻。"

②崔卢：崔氏、卢氏二姓，是六朝及唐时的名门望族。

海　　棠

东风渺渺[1]泛崇光，香雾空蒙月转廊。只恐夜深花睡去，故烧高烛照红妆。

【注释】

①渺渺：也作袅袅，微风吹动之状。

题西林壁

横看成岭侧成峰，远近高低各不同。不识庐山[1]真面目，只缘身在此山中。

【注释】

①庐山：位于今江西九江市庐山市境内。

金山梦中作

江东贾客木绵裘，会散金山[1]月满楼。夜半潮来风又熟，卧吹箫管到扬州。

【注释】

①金山：在扬州对岸江中，隶属于镇江。

春　　日

鸣鸠乳燕寂无声，日射西窗泼眼明。午醉醒来无一事，只将春睡赏有晴。

归宜兴留题竹西寺三首

十年归梦寄西风，此去真为田舍翁。剩觅蜀冈[1]新井水，要携乡味过江东。

道人劝饮鸡苏水，童子能煎莺粟汤。暂借藤床与瓦枕，莫教辜负竹风凉。

此生已觉都无事，今岁仍逢大有年。山寺归来闻好语，野花啼鸟亦欣然。

【注释】

①蜀冈：即宜兴的蜀山。

书李世南所画秋景二首

野水参差落涨痕，疏林欹倒出霜根。扁舟一棹归何处？家在江南黄叶村。

人间斤斧日创夷[1]，谁见龙蛇百尺姿？不是溪山曾独往，何人解作挂猿枝！

【注释】

①创夷：伤害。

陆放翁《剑南诗集》精华

【著录】

陆游（1125～1210年），字务观，号放翁，宋越州山阴（今浙江绍兴）人。南宋杰出的爱国诗人。出生于北宋将灭之际，少年时曾随父逃难，饱尝了国破之苦。其父陆宰是一位具有爱国思想的知识分子，陆游生长于这样的家庭、时代，受到了父辈的爱国主义教育和熏陶。自幼好学不倦，自称“我生学语即耽书，万卷纵横眼欲枯。”二十九岁时在杭州应举进士，因名列秦桧之孙之前，复试时因卷中有抗金内容被除名。秦桧死后三年，被起用。曾任镇江、隆兴通判，乾道六年（1170）入蜀，任夔州通判。乾道八年（1172），入四川宣抚使王炎幕府，投身军旅生活，后官至宝章阁待制。面对金人入侵，陆游主张抗金，充实军备，要求“赋敛之事宜先富室，征税之事宜核大商”。一直受到投降派的压制，爱国主张和积极参与的情怀屡遭打击。晚年退居家乡山阴，但收复中原的信念始终不渝。

陆游一生创作颇丰，诗、词、散文均有佳作久久流传。仅诗歌，今存九千余首，内容极为丰富。抒发政治抱负，反映人民疾苦，批判时事朝政，抨击卖国集团，风格雄浑豪放，表现了强烈的爱国激情。其著作有《剑南诗稿》《渭南文集》《南唐书》《老学庵笔记》等流传于今。《剑南诗稿》尤被后人视为陆游创作高峰期的代表作，流传甚广。此书为陆游长子子虞编，用以纪念陆游在四川的多彩生活，故而得名《剑南诗稿》。共八十五卷，收入编年诗九千余首。陆游生前曾自编有在严州所刊之《剑南诗稿》二十卷，诗止于淳熙丁未。自淳熙戊申至嘉定己巳，又有《续稿》六十七卷，是其幼子子聿守严州时续刻。而子虡所编八十五卷是联系前后稿而编次的。今有明毛晋刻本。毛本附《放翁逸稿》二卷，是其补辑。南宋罗椅有《精选陆放翁诗集前集》十卷；刘辰翁又增选后集八集，附有评语；明刘景宣又增选《别集》一卷，今有影印明弘治本。

陆游的作品多数是抒发悲愤激昂、为国雪耻、恢复被占领土、解放沦陷人民的洋溢激烈情怀的诗篇，如南宋罗大经在《鹤林玉露》中说，陆游“多豪丽语，言征伐恢复事”。他一面在诗中抒写爱国、忧国、报国的情怀、胆略和决心，真正是“诗以言志”；一面付诸实施，参军从戎。“少年壮气吞残虏”“铁马秋风大散关”之类的充满豪情的壮举在诗中屡见。就是到了晚年，未酬的壮志依然在梦中常现：“铁马冰河入梦来”“北庭大战捷旗来”之类正反映了作者不泯的爱国激情。

他的诗的艺术特色十分鲜明。虽然他早年的诗受江西诗派的影响，有“务求奇巧”之嫌，但后来他参与了政治、战争，于是他脱胎成一个现实中的斗士，诗的意境、气质随之演变，凝重而豪放。他既继承了屈原、杜甫的严肃的现实主义爱国主义情怀于自己的诗作，在现实生活的切身体验中，将浓重的爱国情奔放于自己的诗中；由此而产生的陆游的浪漫主义诗歌风格更是令人敬服。“何方可化身千亿，一树梅花一放翁”“归伴儿童放纸鸢”“王师北定中原日，家祭无忘告乃翁”“铁马冰河入梦来”，他在诗中常用奇特的思维、联想、想象，在夸张的主观意境中，抒发情怀。他展开驰骋他的丰富想象，磅礴气势，宏伟画面，从而将自己爱国、报国、忧国，盼望收复、盼望统一的情怀和精神饱满而酣畅地寄托其中，乐观地洋溢在虚幻中，以弥补他在现实中的不得施展和无能为力。其艺术感染力和审美价值自然更上一层楼。他的一些新词丽句为人们历代传颂：“小楼一夜听春雨，深巷明朝卖杏花”“山重水复疑无路，柳暗花明又一村”，写得漂亮、清新、脍炙人口。

陆游作为南宋时期著名的爱国诗人，他的浓烈的爱国情怀，一直对后人有着深刻的影响，对后代爱国志士和著名诗人都产生过极大的鼓舞和借鉴作用，以至他的“示儿”“剑门道中遇微雨”“卜算子”等诗词长久留传。

七　绝

七月十四夜观月

不复微云滓太清[①]，浩然风露欲三更。开帘一寄平生快，万顷空江著月明。

【注释】

①太清：即天空。

剑门道中遇微雨

衣上征尘杂酒痕，远游无处不消魂。此身合是诗人未？细雨骑驴入剑门[①]。

【注释】

①剑门：山名，位于今四川剑阁县北。

花时遍游诸家园十首　录四首

为爱名花抵死狂，只愁风日损红芳。绿章夜奏通明殿，乞借春阴护海棠。

翩翩马上帽檐斜，尽日寻春不到家。偏爱张园好风景，半天高柳卧溪花。

花阴扫地置清尊[①]，烂醉归时夜已分。欲睡未成欹倦枕，轮囷帐底见红云。

丝丝红萼弄春柔，不似疏梅只惯愁。常恐夜寒花索寞，锦茵银烛按凉州[②]。

【注释】

①清尊：指酒壶。

②凉州：州名，汉置，位于今甘肃省。此指曲调名。

夜寒二首

清夜焚香读楚辞[1]，寒侵貂褐叹吾衰。轻冰满研风声急，忽记山阴夜雪时。

斗帐重茵香雾重，膏粱那可共功名！三更骑报河冰合，铁马[2]何人从我行?

【注释】

①楚辞：汉刘向裒集屈宋诸赋，谓之楚辞。

②铁马：言士马强悍，如铁之坚锐。

江上散步寻梅偶得三绝句

小园风月不多宽，一树梅花开未残。剥啄[1]敲门嫌特地，缓拖藤杖隔篱看。

钟残小院欲消魂，漠漠幽香伴月痕。江上人家应胜此，明朝更出小南门。

小南门外野人家，短短疏篱缭白沙。红稻不须鹦鹉啄，清霜催放两三花。

【注释】

①剥啄：叩门声，韩愈诗云："剥剥啄啄，有客至门。"

小园四首

小园烟草接邻家，桑柘阴阴一径斜。卧读陶诗[1]未终卷，又乘微雨去锄瓜。

历尽危机歇尽狂，残年惟有付耕桑。麦秋天气朝朝变，蚕月人家处处忙。

村南村北鹁鸪声，水刺新秧漫漫平。行遍天涯千万里，却从邻父学春耕。

少年壮气吞残虏，晚觉丘樊乐事多。骏马宝刀俱一梦，夕阳间和饭牛歌[②]。

【注释】

①陶诗：晋陶渊明诗。

②饭牛歌：《淮南子》："宁越欲干齐桓公，困穷无以自达，于是为商旅，将任车以商于齐。暮宿于郭门外，桓公郊迎客，夜开门辟任车，越饭牛车下，击牛角而疾商歌。桓公闻之曰：'异哉！非常人也。'命后车载之，因授以政。"

七　律

自　嘲

少读诗书陋汉唐，暮年身世寄农桑。骑驴两脚欲到地，爱酒一樽常在傍。老去形容虽变改，醉来意气尚轩昂。太行王屋[①]何由动，堪笑愚公不自量。

【注释】

①太行王屋：皆山名。太行在今河北、山西交界处。王屋在山西垣曲、河南济源等县间。

梅　市

梅市柯山小系船，开篷惊起醉中眠。桥横风柳荒寒外，月坠烟钟缥缈[①]边。客思况经孤驿路，诗情又入早秋天。如今老病知何憾，判断江山六十年。

【注释】

①缥缈：高远隐约之状。白居易诗："山在虚无缥缈间。"

秋　思

利欲驱人万火牛，江湖浪迹一沙鸥。日长似岁闲方觉，事大如山醉亦休。衣杵相望深巷月，井桐摇落故园秋。欲舒老眼无高处，安得元龙[1]百尺楼?

【注释】

①元龙：陈登，字元龙，三国魏人，为广陵太守，破吕布有功，加伏波将军，许汜与刘备共论人物，汜曰："元龙湖海之士，豪气未除，客过之，乃自卧大床，使客卧下床。"备曰："君有国士名，乃求田问舍耶？如我当卧百尺楼上，卧君于地，何但上下床之间哉！"

风雨夜坐

寒风凄紧雨空蒙，舍北新丹数树枫。欹枕旧游来眼底，掩书余味在胸中。松明对影谈元[1]客，筱火围炉采药翁。君看龟堂新境界，固应难与俗人同。

【注释】

①谈元：谈深奥之妙理，元同玄。

舟中作

一叶轻舟一破裘，飘然江海送悠悠[1]。闲知睡味甜如蜜，老觉羁怀淡似秋。失侣云间孤雁下，耐寒波面两凫浮。年逾八十真当去，似为云山尚小留。

【注释】

①悠悠：渺邈无期貌。《诗》："悠悠苍天"。

暑夜泛舟

暑气方然一鼎汤，聊呼艇子夜追凉。微风忽起发根冷，阙月初升林影长。渐近场中闻笑语，却从堤外看帆樯。超然自适君知否，身世从来付两忘。

烈暑原知不可逃，天将清夜付吾曹。小舟行处浦风急，健鹘[1]归时山月高。愚智极知均腐骨，利名何啻一秋毫！等闲分得吴淞水，安用并州快剪刀[2]。

【注释】

①鹘：鹘鸠，鸟名，全体淡白色。

②并州快剪刀：杜甫诗："焉得并州快剪刀。"今多以喻事之爽利者。

晚　兴

并檐幽鸟语璁珑，一榻萧然四面风。客散茶甘留舌本，睡余书味在胸中。浮云变态吾何与？腐骨成尘论自公。剩欲与君谈此事，少须[1]明月出溪东。

【注释】

①少须：即少顷，一会儿。

病少愈偶作

萧条白发卧蓬庐[1]，虚读人间万卷书。遇事始知闻道晚，抱疴方悔养生疏。高门赫赫[2]何关我，薄俗纷纷莫问渠。羸疾少苏思一出，夕阳门巷驾柴车。

【注释】

①蓬庐：言贫贱者所居。

②赫赫：壮盛貌。《诗》："赫赫明明。"

山　寺

篮舆送客过江村，小寺无人半掩门。古佛负墙尘漠漠[①]，孤灯照殿雨昏昏。喜投禅榻聊寻梦，懒为啼猿更断魂。要识人间盛衰理，岸沙君看去年痕。

【注释】

①漠漠：布满貌。陆机诗：“街巷纷漠漠。”

夜登白帝城怀少陵先生

拾遗[①]白发有谁怜？零落歌诗遍两川。人立飞楼今已矣，浪翻孤月尚依然。升沉自古无穷事，愚智同归有限年。此意凄凉谁共语？夜阑鸥鹭[②]起沙边。

【注释】

①拾遗：杜甫曾为左拾遗，故亦称为杜拾遗。

②鸥鹭：均水鸟名。

归次汉中境上

云栈屏山阅月游，马蹄初喜蹋梁州[①]。地连秦雍川原壮，水下荆杨日夜流。遗虏孱孱[②]宁远略，孤臣耿耿[③]独私忧。良时恐作他年恨，大散关[④]头又一秋。

【注释】

①梁州：古九州之一，今陕西之汉中及四川省一部分。

②孱孱：柔弱貌。

③耿耿：不安貌。《诗》：“耿耿不寐。”

④大散关：在陕西宝鸡市之西南，秦蜀间要道。

独游城西诸僧舍

我是天公度外人，看山看水自由身。薛崖直上飞双屐，云洞前头岸幅巾。万里欲呼牛渚[①]月，一生不受庾公[②]尘。非无好客堪招唤，独往飘然觉更真。

【注释】

①牛渚：山名，今安徽当涂县西北二十里。

②庾公：名亮，晋鄢陵人，风格峻整，动由礼节。

东湖新竹

插棘编篱谨护持，养成寒碧映沦漪[①]。清风掠地秋先到，赤日行天午不知。解箨时闻声簌簌，放梢初见叶离离。官闲我欲频来此，枕簟[②]仍教到处随。

【注释】

①沦漪：水波。《诗》："河水清且沦漪。"

②簟：席子。

绝胜亭

蜀汉羁游岁月侵，京华乖隔少来音。登临忽据三江[①]会，飞动从来万里心。地胜频惊诗律壮，气增不怕酒杯深。一琴一剑白云外，挥手下山何处寻。

【注释】

①三江：水名，蜀有三江，曰岷江、涪江、沱江，即今长江之上游。

吴伟业《梅村集》精华

【著录】

吴梅村（1609 ~ 1671），字骏公，名伟业。南京苏州府太仓州（今江苏太仓市）人。明崇祯四年（1631）殿试第二名及第，授翰林院编修，累官至左庶子。南明弘光帝曾拜为少詹事。清顺治十年（1653）召授秘书院侍讲，后升任国子监祭酒。顺治十三年（1656）丁母忧，从此不再出仕，隐居太仓十五年而终。

吴梅村是明末清初的著名文学家，于清初又一度主盟诗坛，影响很大。曾参与编辑《四库全书》，其诗文集《梅村集》收入《四库全书》。《清史稿》为之列，传入文苑首卷。清人赵翼《瓯北诗话》重点讲评李白、杜甫等十大诗人，吴梅村也名列其中。四库本《梅村集》系康熙七年（1668）吴氏原刻，凡诗十八卷，诗余二卷，文二十卷，分体编次。清末董康得琉璃厂书店所售旧钞《梅村家藏稿》十二册，写定为诗前集八卷、后集并诗余十四卷、文集三十五卷、诗话一卷，复加清人顾师轼所撰年谱，于宣统三年（1911）刊版行世。乾隆年间程穆衡据《梅村集》作《梅村诗笺》，杨学沆在程笺的基础上作补注。又有靳荣藩作《吴诗集览》。1983年，上海古籍出版社影印程笺杨补本《吴梅村诗集笺注》，1990年，出版李学颖集评标校本《吴梅村全集》，比较完备。

吴梅村本属明朝遗老、复社创始人张溥的弟子，为复社中坚人物。明亡后被迫仕清，仍心怀明室，满怀故国之思，后终借“丁母忧”而长期归隐。晚年对仕清经历深感内疚，《临终诗》（其一）：“忍死偷生廿载余，而今罪孽怎消除。受恩欠债应填补，总比鸿毛也不如。”并嘱家人“死后敛以僧装”。

可见其深自愧悔之情。

吴梅村的诗多歌咏明清之际时事，抒发兴亡易代之感慨和对故国的情怀。如《临江参军》《琵琶行》等。也有的是反映当时社会现实，对清朝的虐政表示不满。其作品始终透露着内心激烈的冲突和巨大的痛苦。晚年诗多抒写易代后的悲凉幽愤之情，所以有人把他比作庾信。《四库全书总目提要》说他的诗："格律本乎四杰，而情韵为深，叙述类乎香山，而风华为胜，韵协宫商，感均顽艳，一时尤称绝调。"由于作者本身仕清的污点，对那些叛明降清的贰臣如吴三桂、洪承畴等人不能坦率地揭露，认识不到农民起义的正义性，对起义军污蔑谩骂，都是严重的思想缺陷。艺术，他所擅长的七言歌行往往辞费而欠简练，好用典故而义晦，且常有不甚切当或字句不稳之病。

五　古

涂松[1]晚发

孤月傍一村，寒潮自来去。人语出短篷，缆没溪桥树。冒霜发轻舟，披衣听鸡曙。簖响若鸣滩，芦洲疑骤雨。渔因入浦喧，农或呼门惧。居然见灯火，市声杂翁妪。水改村店移，一帆今始遇。生涯问菰蒲，世事隔沮洳。终当谢亲朋，刺舟从此住。

【注释】

①涂松：即涂松市，在今江苏太仓市西北。

吴门遇刘雪舫[1]

出门遇高会，杂坐皆良朋。排阁一少年，其气为幽并。羌裘虽裹膝，目乃无诸伧。忽然语笑合，与我谈生平：亡姑备宫掖，吾父天家婚。先皇在信邸，降礼如诸甥。长兄进彻侯，次兄拜将军。先皇早失恃，寤寐求音形。太庙奉睿容，流涕朝群臣。新乐初受封，槁笏登王廷。至尊亦丰颐，一见惊公卿。两宫方贵重，通籍长安门。周侯[2]累纤微，鄙哉无令名。田氏[3]起轻侠，宾客多纵横。不比先后家，天语频谆谆。独见新乐朝，上意偏殷勤。爱其子弟谨，忧彼俸给贫。每开三十库，手赐千黄金。长戈指北阙，鼙鼓来西秦。宁武[4]止一战，各帅皆投兵[5]，渔阳股肱郡，千里无坚城。呜呼四海主，此际惟一身。仿佛万岁山，先后辎軿迎。辛苦十七年，欲诉知何因。今才识母面，同去朝诸陵。我兄闻再拜，恸哭高皇灵。烈烈巩都尉[6]，挥手先我行。宁同英国[7]死，不作襄城[8]生。我幼独见遗，贫贱今依人。当时听其语，剪烛忘深更。长安昔全盛，曾记朝元正。道逢五侯骑，颀缙为卿兄。即君貌酷似，丰下而微黔。贵戚诸旧游，追忆应难真。依稀李与郭[9]，流落今谁存？君曰欲我谈，清酒须三升。旧时白石庄[10]，万柳余空根。海淀李侯墅[11]，秋雁飞沙汀。博平有别业，乃在西湖[12]滨。惠安[13]蓄名花，牡丹天下闻。富贵一朝尽，落日浮寒云。走马南海子[14]，射兔西山[15]阴。路傍一寝园[16]，御道居人侵。碑镌孝纯字，僵石莓苔青。下马向之拜，见者疑王孙。询是先后侄，感叹增伤心。落魄游江湖，踪迹嗟飘零。倾囊纵缅博，剧饮甘沉沦。不图风雨夜，话旧同诸君。已矣勿复言，涕下沾衣襟。

【注释】

①刘雪舫：刘文碐，字雪舫，任丘人，孝纯皇太后侄，新乐忠恪文炳弟。

②周侯：《明史·外戚传》："周奎，苏州人，庄烈帝周皇后父也，崇祯三年，封嘉定伯……居外戚中，碌碌而已。"

③田氏：《明史·后妃传》："（田贵妃）父名宏遇，以女贵，官左都督，好佚游，喜轻侠。"案宏遇字康宇。

④宁武：《明史·周遇吉传》："十七年二月，太原陷，懋德死之，贼遂陷忻州，围代州，遇吉先在代，遏其北犯，乃凭城固守，而潜出兵奋击，连数日，杀贼无算。会食尽援绝，退保宁武，贼亦踵至……遇吉四面发大炮，杀贼万人。"后敌轮番进攻，城陷。

⑤投兵：放下武器，指投降。

⑥巩都尉：即巩永固，尚光宗女乐安公主，官都尉。庄烈帝死煤山，永固阖府第自焚，文炳亦投井死，阖门死者四十二人。

⑦英国：《明史·张辅传》："英国公张辅传爵至世泽，流贼陷京师时被害。"

⑧襄城：《明史·李浚传》：襄城伯李浚传至李国祯，"有口辩，尝召对陈兵势，甚悉，帝信以为才，倚任之。而国祯实无他能。明年三月，李自成犯京师，三大营兵不战而溃。再宿，城陷，贼劝国祯降。国祯解甲听命。责贿不足，被拷折踝，自缢死。"

⑨李与郭：指李伟、郭维城。《明史·外戚传》："李伟，字世奇，神宗生母李太后父也，封武清伯，进侯。"又《后妃传》：光宗孝元皇后郭氏，顺天人，父维城，以女贵，封博平伯，进侯。

⑩白石庄：刘侗《帝京景物略》："白石桥，万驸马庄在焉，曰白石庄。"

⑪李侯墅：刘侗《帝京景物略》："武清侯别业在海淀，额曰清华园，广十里。"《大清一统志》："畅春园在京城西直门外十二里，地名海淀，明武清侯李伟故园。"

⑫西湖：在北京西北万寿山麓。《纪纂渊海》："西湖在玉泉山下，环湖十里，为一郡之胜观。"

⑬惠安："《明史·外戚传》：彭城伯张麒，昭皇后父，永乐九年封惠安伯。"张公园在嘉兴观之右，牡丹数百亩，花时，主人制小竹兜，供游客采花之用。

⑭南海子：即南苑。在今北京永定门外南。刘侗《帝京景物略》："南海子在京城南，放牧禽兽，植蔬果之所，其水汪洋，一望若海。"

⑮西山：在今北京宛平县西。《明一统志》："西山在顺天府西三十里，旧记太行山首始河内，北至幽州，第八陉在燕，强形巨势，争奇拥翠，云从星拱于皇都之右，每大雪初霁，千峰万壑，积素凝华，若图画然，为京师八景之一，曰西山霁雪。"

⑯寝园：墓地。《明史·后妃传》：孝纯太后失光宗意，被谴死，言葬于西山。庄烈帝在勖勤宫问近侍曰：西山"有刘娘娘坟乎？"曰："有。"密付金钱往祭，及即位，上尊谥，迁葬庆陵。

咏　古

其　一

浃旬[①]至台司，三日[②]遍华省。慈明与中郎，岂不念朝菌？王良御奔车，势逼崦嵫景。急策度太行，马足殆而骋。富贵若岁时，过则生灾疹。

草木冬先荣，经春辄凋殒。桓桓梁将军[3]，赫赫萧京尹[4]。一朝遇差跌，未得全腰领。人生百年内，饱食与美寝。毋以藜藿粝，羡彼钟与鼎。毋以毛褐敝，羡彼纨与锦。进固非伊周，退亦无箕颍。薄禄从下僚，末俗居中品。寂寥子云戟[5]，从容步兵饮[6]。

【注释】

①浃旬：十日为一旬。张纨《汉纪》："荀爽字慈明，幼好学，耽思经典，不应征命。董卓秉政，征爽，爽欲遁去，吏持之急，诏下郡即拜平原相。行至宛陵，又追拜光禄勋，视事三日，策拜司空，爽起自布衣。凡九十五日而至台司。"

②三日：《后汉书·蔡邕传》：蔡邕字伯喈，陈留人，亡命江海积十二年。董卓闻其名而辟之，称疾不就。卓怒詈曰："我力能族人！"邕惧而应命。到署祭酒，甚见敬重。三日之间，周历三台，迁为侍中。

③梁将军：《后汉书·梁冀传》：梁冀为大将军，专擅威柄，凶肆日滋，秉政凡二十年，威行内外，天子拱手。延熹二年（334），诏收大将军印绶，冀自杀，宗族皆弃市。

④萧京尹：《汉书·萧望之传》：萧望之，字长倩，东海兰陵人，为左冯翊三年，京师称之。后有罪死。

⑤子云戟：曹植《与杨德祖书》："昔扬子云先朝执戟之臣耳。"

⑥步兵饮：《晋书·隐逸传》：阮籍字嗣宗，性好饮，"闻步兵营人善酿，有贮酒三百斛。乃求为步兵校尉，遗落世事。"

其　二

西州杜伯山，北海郑康成。季孟[1]将举事，本初[2]方用兵。脱身有追骑[3]，舆疾犹从征[4]。何允（允当作点）绝婚宦，遁迹东篱门。受逼[5]崔慧景，语默难为情。网疏免刑戮，大道全身名。时命苟不佑，千载无完人。入山山易浅，饮水水不清。一身累妻子，举足皆荆榛。自非焦孝先[6]（先疑当作然），何以逃风尘？庶几詹尹卜，足保幽人贞。

【注释】

①季孟:《后汉书·隗嚣传》:隗嚣字季孟,天水成纪人,季父崔,素豪侠,闻王莽兵败,谋起兵应汉,咸谓嚣素有名,共推为上将军,称汉复元年,据天水。

②本初:《魏志·袁绍传》:“袁绍字本初,汝南人。”

③追骑:《后汉书·杜林传》:杜林字伯山,扶风茂陵人,博学多闻,时称通儒,初客西河,迫于隗嚣而不屈节。弟成卒,持丧归,嚣遣杨贤遮杀之,贤见其身推鹿车,载弟丧,叹曰:“我虽小人,何忍杀贤士!”因亡去,光武闻林已还,问以经书故旧及西州事,甚悦之。

④从征:跟随征战。《后汉书·郑玄传》:郑玄字康成,北海高密人,从学于扶风马融,学成,隐修经业,杜门不出。袁绍总兵冀州,遣使招玄,表为左中郎将,玄辞疾不就,时绍与操相拒于官渡,令其子谭遣使逼玄随军,不得已,载病往,次元城,疾笃不进。

⑤受逼:被逼迫。《南史·何点传》:“点字子晰。永元中,崔慧景围城逼召点,点裂裙为裤,往赴其军。终日谈说,不及军事,其语默之节如此。”

⑥焦孝先:皇甫谧《高士传》:“焦先字孝然,生汉末。及魏受禅,结草为庐,独止其中,日未尝言”。

其　三

古来有烈士,轵里与易水。庆卿[①]虽不成,其事已并美。专诸弑王僚,朱亥杀晋鄙。惜哉博浪椎,何如圯桥履!公孙[②]擅西蜀,可谓得士死。连刺两大将[③],探囊取物耳!皆从百万军,夜半入帐里。匕首中要害,绝迹复千里。若论剑术精,前人莫能比。胡使名弗传,无以著青史。谁修侠客传,阙疑存二子?

【注释】

①庆卿:《史记·刺客传》:“荆轲者,卫人也。其先乃齐人,徙于卫,卫人谓之庆卿,而之燕,燕人谓之荆卿。”

②公孙:《后汉书·公孙述传》:述字子阳,扶风茂陵人,居官临邛。更始立,豪杰各起其县以应汉,于是诈称汉使者东方来,假述辅汉将军蜀郡

太守兼益州牧印绶，选精兵，连破宗成及李宝、张忠兵，威镇益郡。遂自立为蜀王，都成都。

③连刺两大将：《华阳国志》："建武十一年，世祖命征南大将军岑彭自荆门江征述，又遣中郎将来歙喻述，彭破述荆门关喻沔关，径至彭亡，述使刺客刺杀彭，又使刺客刺歙于武都。"

遇南厢园叟感赋八十韵

寒潮冲废垒，火云烧赤冈。四月到金陵，十日行大航。平生宦游地，踪迹都遗忘。道遇一园叟，问我来何方？犹然认旧役，即事堪心伤。开门延我坐，破壁低围墙。却指灌莽中，此即为南厢[①]。衙舍成丘墟，佃种输租粮。谋生改衣食，感旧存园庄。艰难守兹土，不敢之他乡。我因访故基，步步添思量。面水背苍崖，中为所居堂。四海罗生徒，六馆登文章。松桧皆十围，钟管声锵锵。百顷摇澄潭，夹岸栽垂杨。池上临华轩，菡萏吹芬芳。谈笑尽贵游，花月倾壶觞。其南有一亭，梧竹生微凉。回头望鸡笼[②]，庙貌诸侯王。左李右邓沐[③]，中坐徐与常[④]。霜髯见锋骨，老将东瓯汤[⑤]。配食十六侯[⑥]，剑佩森成行。得之为将相，宁复忧封疆？北风江上急，万马朝腾骧。重来访遗迹，落日惟牛羊。吁嗟中山孙，志气胡勿昂？生世苟如此，不如死道旁。惜哉裸体辱[⑦]，仍在功臣坊。萧条同泰寺，南枕山之阳。当时宝志[⑧]公，妙塔天花香。改葬施金棺，手诏追褒扬。袈裟寄灵谷[⑨]，制度由萧梁。千尺观象台，太史书祯祥。北望占旄头[⑩]，夜夜愁光纳。高帝遗衣冠，月出修烝尝。图书盈玉几，弓剑堆金床。承之忝兼官，再拜陈衣裳。南内因洒扫，铜龙启未央。幽花生御榻，苔涩青仓琅。离宫须望幸，执戟卫中郎。万事今尽非，东逝如长江。钟陵十万松，大者参天长。根节犹青铜，屈曲苍皮僵。不知何代物，同日遭斧创，前此千百年，岂独无兴亡？况自百姓伐，孰者非耕桑？群生与草木，长养皆吾皇。人理已澌灭。讲舍宜其荒。独念四库书，卷轴夸缥缃。孔庙铜牺尊，斑剥填青黄。弃掷草莽间，零落谁收藏？老翁见话久，妇子私相商。人倦马亦疲，剪韭炊黄粱。慎莫笑贫家，一一罗酒浆。从头诉兵火，眼见尤悲怆。大军从北来，百姓闻惊惶。下令将入城，传箭需民房。里正持府帖，佥在御赐廊。插旗大道边，驱遣谁能当！但求骨肉完，其敢携筐箱！扶持杂幼稚，失散呼耶娘。江南昔未乱。闾左称阜康，马阮[11]作相公，行事偏猖狂。高镇[12]争扬州，左兵[13]来武昌。积渐成乱离，记忆应难详。下路初定来，官吏逾贪狼。按籍缚富人，坐索千金装。以此为才智，岂曰惟私囊？今日解马草，明日修官塘。诛求却到骨，皮肉俱生疮。野老读诏书，新政求循良。瓜畦亦有畔，沟水亦有防。始信立国家，不可无纪纲。春来雨水足，四野欣农忙。父子力耕耘，得粟输官仓。遭遇重太平，穷老其何妨。薄暮难再留，暝色犹青苍。策马自此去，凄恻摧中肠。顾羡此老翁，负耒歌沧浪。牢落悲风尘，天地徒茫茫。

【注释】

①南厢：陈沂《金陵世纪》："洪武十四年，建国子监于鸡鸣山之南，曰成贤门，曰集贤堂，曰彝伦堂。祭酒坐于东偏，中楹虚中临幸位，西分为博士厅，东厢为祭酒燕居，南为司业厢。"

②鸡笼：山名，今江苏南京市境内。

③李邓沐：《明史》："李文忠字思木，盱眙人，太祖姊子。邓愈，虹人，初名友德，太祖赐今名。沐英，字文英，定远人，太祖抚以为子，姓朱氏，后复姓。"

④徐与常：徐达和常遇春。

⑤东瓯汤：汤和，字鼎臣，濠洲人，封东瓯王。

⑥十六侯：《明史·礼志》："从祀功臣庙，西序越国武庄公胡大海，梁国公赵得胜，巢国武庄公华高，虢国忠烈公俞通海，江国襄烈公吴良，安国忠烈公曹良臣，黔国威毅公吴复，燕山忠愍侯孙兴祖。东序郢国公冯国用，西海武庄公耿再成，济国公丁德兴，蔡国忠毅公张德胜，海国襄毅公吴桢，蕲国武义公康茂才，东海郡公茅成。"案：正殿六王之外，西序八人，东序七人，正与论次功臣二十一人之数合，诗中六字疑当作五。

⑦裸体辱：余怀《板桥杂记》："中山公子徐青君，魏国公介弟也，南渡时，官中府都督。鼎革后，籍没田产，一身孑然，与佣丐为伍，乃至为人代杖。其居第易为兵备道衙门，一日青君与当刑人约定杖数，计偿若干。受杖时，其数过倍，因大呼曰：'我徐青君也。'兵宪林公骇问，有哀王孙者对曰：'此魏公之子徐青君也，穷苦为人代杖，此堂乃其家厅，不觉伤心号呼耳。'

林公怜而释之。"

⑧宝志：《神僧传》："释宝志，本姓朱氏，金城人。梁天监十三年，无疾而终。武帝厚加殡送，葬于钟山独龙之阜。"

⑨灵谷：《前明寺观记》："灵谷寺，在应天府钟山东南，晋建。宋改太平兴国寺，洪武中，徙建于此。"

⑩旄头：《史记·天官书》："昴曰旄头。"

⑪马阮：马士英和阮大铖。

⑫高镇：《明史·高杰传》："杰，米脂人，福王立，封杰为兴平伯，列于四镇，领扬州。"

⑬左兵：张献忠烧武昌，左良玉率军收复，封宁南伯。

石公山[①]

真宰劚云根，奇物思所置。养之以天池，盆盎插灵异。初为仙家囷，百仞千仓闭。釜鬲炊云中，杵臼鸣天际。忽而遇严城，猿猱不能缒。远窥楼橹坚，逼视戈矛利。一关当其中，飞鸟为之避。仰睇微有光，投足疑无地。循级登层颠，天风豁苍翠。疲喘千犀牛，落落谁能制？伛偻一老人，独立俯其背。既若拱而揖，又疑隐而睡。此乃为石公，三问不吾对。

【注释】

①石公山：在今江苏苏州市吴中区。《新修苏州府志》："林屋洞之外，峰斗入湖中，为石公山，相传花石纲之役。山前二石对峙水中，谓之石公石姥。"

看牡丹

烟岚淡方霁，沙暖得徐步。访寺[①]苔径微，远近人语误。道半逢一泉，曲折随所赴。触石松顶飞，其白或如鹭。寻源入杳冥，壑绝桥屡渡。中有二比丘，种桃白云护。花将舞而笑，石则落犹怒。浇之以杯酒，娟然若回顾。此处疑仙源，快意兼缁素。苦辞山地薄，县官责常赋。蔬果虽已荣，龙象如欲诉。学道与养生，得失从时务。吾徒筋力衰，万事俱迟暮。太息因归来，钟声发清悟。

【注释】

①寺：指天王寺。蔡升《震泽编》："唐大中元年，凿井得天王像，宣宗赐额为天王院，宋宣政间，改名天王寺。绍兴初，更名十方禅院。"集览钱陆灿曰："诗竟不及牡丹，何也？"疑有逸处，或以为看桃花之误。

七　古

听女道士卞玉京弹琴歌

驾鹅逢天风，北向惊飞鸣。飞鸣入夜急，侧听弹琴声。借问弹者谁？云是当年卞玉京[①]。玉京与我南中遇，家近大功坊底路。小院青楼大道边，对门却是中山住。中山有女娇无双，清眸皓齿垂明珰。曾因内宴直歌舞，坐中瞥见涂鸦黄[②]。问年十六尚未嫁，知音识曲弹清商。归来女伴洗红妆，枉将绝技矜平康，如此才足当侯王。万事仓皇在南渡，大家几日能枝梧？诏书忽下选蛾眉，细马轻车不知数。中山好女光徘徊，一时粉黛无人顾。艳色知为天下传，高门愁被旁人妒。尽道当前黄屋尊，谁知转盼红颜误。南内方看起桂宫[③]，北兵早报临瓜步。闻道君王走玉骢，犊车不用聘昭容。幸迟身入陈宫里，却早名填代籍[④]中。依稀记得祁与阮，同时亦中三宫选。可怜俱未识君王，军府抄名被驱遣[⑤]。漫咏临春琼树篇，玉颜零落委花钿。当时错怨韩擒虎，张孔[⑥]承恩已十年。但教一日见天子，玉儿[⑦]甘为东昏死。羊车望幸阿谁知？青冢凄凉竟如此。我向花间拂素琴，一弹三叹为伤心。暗将别鹄离鸾引，写入悲风怨雨吟。昨夜城头吹筚篥，教坊也被传呼急。碧玉班中怕点留，乐营门外卢家泣。私更装束出江边，恰遇丹阳下渚船。剪就黄绝[⑧]贪入道，携来绿绮诉婵娟。此地由来盛歌舞，子弟三班十番鼓。月明弦索冷无声，山塘寂寞遭兵苦。十年同伴两三人，沙董[⑨]朱颜尽黄土。贵戚深闺陌上尘，我辈漂零何足数！坐客闻言起叹嗟，江山萧瑟隐悲笳。莫将蔡女[⑩]边头曲，落尽吴王苑里花。

【注释】

①卞玉京：余怀《板桥杂记》："卞赛，一名赛赛，秦淮人，能诗，工小楷。年十八，侨虎丘之山塘，后归东中一诸侯，不得志，乞身下发为女道士，号玉京道人。"

②鸦黄：古代妇女涂额的黄粉。

③桂宫：《南部烟花记》："陈后主为张贵妃造桂宫于光照殿后。"

④代籍：《史记·外戚世家》："吕后出宫人赐诸王，各五人，窦姬与在行中。姬家清河，欲如赵近家，请其主遣宦者吏：'必欲置我赵籍之伍中。'宦者忘之，误置其伍代籍中。"程笺："金陵选后徐氏，中山王女也。册立有日，而清兵渡江，由嵩走黄得功营，得功战死，槛车北辕。钱谦益既归顺，谋复大宗伯原官，手进所选后徐氏于豫王，遂同驱去。"

⑤驱遣：《文集·玉京道人传》："道人曰：'吾在秦淮，见中山故第，有女绝色，名在南内选择中，未入宫而乱作，军府以一鞭驱之去。'"

⑥张孔：《南史·陈宣帝后主纪》：祯明三年（589）正月辛未，韩擒虎率众趋台城，自南掖门入，后主逃于井，军人以绳引之，与张贵妃、孔贵嫔同乘而上。

⑦玉儿：陆龟蒙《小名录》："齐东昏侯潘淑妃，小字玉儿。"东坡《次韵杨济公梅花诗》："玉奴终不负东昏。"

⑧黄绝：长洲顾舜年曰："张宏业《南都遗事录》：'玉京既乞身，著黄衣，作道人装。'"

⑨沙董：《板桥杂记》："沙才美而艳，善吹箫度曲。有妹曰嫩，字未央，亦有姿色。居虎丘之半塘，人以二赵二乔目之。"董即董白。

⑩蔡女：《后汉书·列女传》："蔡邕女名琰，字文姬。夫亡，遭乱，没于南匈奴。曹操赎归，重嫁董祀，追怀悲愤，作诗二章。"

南生鲁六真图歌　并引

山东南生鲁[①]，官浙之观察，命谢彬[②]画己像，而刘复[③]补山水，凡六图。其一坐方褥，听两姬竽筝吹洞箫；其一焚香弹琴，流泉泻阶下，旁一姬听倦倚石；一会两少年蹴鞠戏，球掷空中势欲落；一图书满床，公左顾笑，有髫而秀者端拱榻前，若受书状，则公子也；余二图，一则画藤桥横断壑中，非人境，公黄冠棕拂，掉首不顾；一则深岩枯木，有头陀趺坐，披布衲，即公也。余为作《六真图歌》，弦之石，览者可以知其志矣。

明湖④夜雨天涯客，握手停杯话畴昔。人生竟作画图看，拂卷生绡开数尺。长身玉立于思翁，美人促柱弹春风。一声两声玉箫急，吹落碧桃无数红。旁有一姝娇倚扇，听君手拂湘妃怨。抱琴危坐须飘然，知人清徽广陵散。出门逐伴车如风，筑球会饮长安中。归来闭门闲课子，石榻焚香列图史。我笑此翁何太奇，弹琴蹴鞠皆能为。读书终老岂长策，乘云果欲鞭龙螭。神仙吾辈尽可学，六博吹笙游戏作。不信晚年图作佛，趺坐蒲团贪睡著。丈夫雄心竟若此，世事悠悠何足齿！兴来展玩自掀髯，棕拂桐縢自兹始。刘君水石谢君图，解衣盘礴工揣摩。平生嗜好经想像，须臾点出双清眸。置身其间真快乐，声酒琴书资笑谑。纵然仙佛两无成，如此溪山良不恶。吾闻宗少文，曾写尚子平⑤。阮生长啸⑥逢苏门，祖孙妙笔⑦多天真。君不见兴宗⑧年少香山⑨老，不及丹青似旧人。

【注释】

①南生鲁：《山东通志》："崇祯丁丑进士南源洙，濮州人，参议。"《杭州府志》："分巡温处道南源洙，顺治八年任。"

②谢彬：《续图绘宝鉴》："谢彬字文侯，上虞人，久居钱塘，善写小像，眉目照映，海内称首。"

③刘复：《昭文县志》"刘复，隐于五渠，画师董源。"

④明湖：即杭州西湖。田汝成《西湖志》："西湖，古明圣湖也。汉时金斗见湖中，人言明圣之瑞，遂称明圣湖。"

⑤尚子平：《后汉书·逸民传》："向长，字子平。河内朝歌人也。隐居不仕，性尚中和，好通老易。贫而无资，好通者更馈焉，受之取足而反其余……游五岳名山，竟不知其所终。"《高士传》作尚长。

⑥长啸：《晋书·阮籍传》："籍尝于苏门山遇孙登，与商略终古及栖神导气之术，登皆不应，籍因长啸而退。"

⑦祖孙妙笔：《南史·隐逸传》：宗少文，南阳涅阳人。孙测亦有祖风，欲游名山，乃写祖少文所作尚子平图于壁上，长啸不反，又尝自图阮籍遇苏

门于行障上，坐卧对之。

⑧兴宗：《南史·蔡兴宗传》："兴宗幼为父廓所重，谓有己风，尝与亲故书曰：'小儿四岁，神气似可不入非类室，不与小人游，故以兴宗为之名，以兴宗为之字。'"

⑨香山：《唐书·白居易传》："构石楼香山，称香山居士，尝与高年不仕者绘为九老图。"

鸳湖曲

鸳鸯湖[①]畔草粘天，二月春深好放船。柳叶乱飘千尺雨，桃花斜带一溪烟。烟雨迷离不知处，旧堤却认门前树。树上流莺三两声，十年此地扁舟住。主人[②]爱客锦筵开，水阁风吹笑语来。画鼓队催桃叶伎，玉箫声出柘枝[③]台。轻靴窄袖娇装束，脆管繁弦竞追逐。云鬟子弟按霓裳，雪面参军[④]舞鸜鹆[⑤]。酒尽船移曲榭西，满湖灯火醉人归。朝来别奏新翻曲，更出红妆向柳堤。欢乐朝朝兼暮暮，七贵三公[⑥]何足数！十幅蒲帆几尺风，吹君直上长安路。长安富贵玉骢骄，侍女熏香护早朝。分付南湖旧花柳，好留烟月伴归桡。那知转眼浮生梦，萧萧日影悲风动。中散弹琴竟未终，山公启事成何用！东市[⑦]朝衣一旦休，北邙口土亦难留。白杨尚作他人树，红粉知非旧日楼。烽火名园窜狐兔，画阁偷窥老兵怒。宁使当时没县官，不堪朝市都非故。我来倚棹向湖边，烟雨台空倍惘然。芳草乍疑歌扇绿，落英错认舞衣鲜。人生苦乐皆陈迹，年去年来堪痛惜。闻笛休嗟石季伦，衔杯且效陶彭泽。君不见白浪掀天一叶危，收竿还怕转船迟。世人无限风波苦，输与鸳湖钓叟知。

【注释】

①鸳鸯湖：湖名。在今浙江嘉兴市。王象之《舆地纪胜》："鸳鸯湖在嘉兴郡南，湖多鸳鸯，故以名之，亦名南湖。"

②主人："鸳鸯湖主人，禾中吴昌时吏部也。吏部家居时，极声伎歌舞之乐，后以事见法。"

③柘枝：《乐录》："羽调有柘枝曲，此舞因曲为名，用二女童，帽施金铃。

其来也，于二莲花中藏，花折而后见，对舞相占，真舞中神妙者也。”《琐碎录》：“柘枝舞，本北魏拓跋之名，易拓为柘，易跋为枝。”

④参军：唐宋时期流行的参军戏中的主要角色。唐赵磷《因话录》：“女优有弄假官戏，其绿衣秉简者，谓之参军桩。”

⑤舞鹳鸰：像鹳鸰一样起舞。

⑥七贵三公：潘岳《西征赋》：“窥七贵于汉廷。”李周翰注：汉廷七贵，谓吕、霍、上官、丁、赵、傅、王，并后族也。《官制考》：“西汉以大司马、大司徒、大司空为三公，东汉以太尉、司徒、司空为三公。”这里泛指权贵。

⑦东市：《史记·晁错传》：“吴楚七国反，以诛错为名……上令错衣朝衣，斩东市。”东市朝衣：指被杀。按：崇祯十四年（1641），周延儒再相，信用吴昌时，特擢为文选郎中。十六年（1643）六月，延儒归里，西台蒋拱宸疏纠昌时同延儒朋党为奸，招权纳贿，赃私巨万。七月二十五日，帝御文华殿，亲鞫情事。昌时铜夹折胫，一一承认。帝愤恨气塞，拍案叹噫，推翻案桌，迅尔回宫，锦衣官虑时覆审，悉系之狱。至十二月初七日五更，昌时弃市，延儒亦赐自尽。

雁门尚书行　并序

《雁门尚书[①]行》，为大司马白谷孙公作也。公代州人，地故雁门郡，长身伉爽，才武绝人。其用秦兵也，将凭岩关为持久，且固将吏心。秦士大夫弗善也。累檄趣之战，不得已，始出。天淫雨，糗粮不继，师大溃，潼关陷，独身横刀，冲贼阵以没。从骑俱散，不能得其尸。公之出也，自念必死，顾语张夫人，夫人曰：“丈夫报国耳，无忧我！”西安破，率二女六妾沉于井，挥其八岁儿以去。儿逾垣避贼，堕民舍中，有老翁者善衣食之。二年公长子世瑞重趼入秦，得夫人尸，貌如生。老翁归以弟，相扶还，见者泣下，盖公素有德秦人云。余门人冯君讷生，公同里人，作《潼关行》纪其事。余曾识公于朝，因感赋此什。公死而天下事以去，然其败由趣战，且大雨粮绝，此固天意，抑本庙谟，未可专以责公也。公之参佐，惟监军道乔公以明经奏用，能不负公，潼关之破，同日死，名元柱，定襄[②]人。

雁门尚书受专征，登坛顾盼三军惊。身长八尺左右射，坐上咄咤风云生。

家居绝塞爱死士，一日费尽千黄金。读书致身取将相，关西鼠子方纵横。长安城头挥羽扇，卧甲韬弓不忘战。持重能收壮士心，沈机好待凶徒变。忽传使者上都来，夜半星驰马流汗。覆辙宁堪似往年，催军还用松山箭[③]。尚书得诏初沉吟，蹶起横刀忽长叹。我今不死非英雄，古来得失谁由算！椎牛誓众出潼关，墟落萧条转饷难。六月炎蒸驱万马，二崤风雨断千山。雄心慷慨宵飞檄，杀气凭陵老据鞍。扫箨谋成频抚剑，量沙[④]力尽为传餐。尚书战败追兵急，退守岩关收溃卒。此地乘高足万全，只今天险嗟何及！蚁聚蜂屯已入城，持矛眦目呼狂贼。战马嘶鸣失主归，横尸撑距无能识。乌鸢啄肉北风寒，寡鹄孤鸾不忍看。愿逐相公忠义死，一门恨血土花斑。故园有子音书绝，句注[⑤]烽烟路百盘。欲走云中穿紫塞，别寻奇道访长安。长安到日添悲哽，茧足荆榛见眢井。辘轳绳断野苔生，几尺枯泉浸形影。永夜曾归风露清，经秋不化冰霜冷。二女何年驾碧鸾，七姬[⑥]无冢埋红粉。复壁藏儿定有无，破巢穷鸟问将雏。时来作使千兵势，运去流离六尺孤。傍人指点牵衣袂，相看一恸真吾弟。诀绝难为老母心，护持始识遗民意。回首潼关废垒高，知公于此葬蓬蒿。沙沉白骨魂应在，雨洗金疮恨未消。渭水无情自东去，残鸦落日蓝田树。青史谁人哭藓碑，赤眉铜马知何处？呜呼材官铁骑看如云，不降即走何纷纷！尚书养士三十载，一时同死何无人，至今唯说乔参军！

【注释】

①雁门尚书：即孙传庭，字白谷，代州振武卫人。

②定襄：今山西定襄县。

③松山箭：《明史·庄烈帝纪》："崇祯十四年（1641），督师洪承畴与大清兵战于松山，败绩。"

④量沙：《宋书·檀道济传》：道济伐魏，"以资运竭，乃还。时人降魏者俱说粮食已罄，于是士卒忧惧，莫有固志。道济夜唱筹量沙，以所余少米散其上。及旦，魏军谓道济粮资有余，故不复追。"

⑤句注：山名，也叫雁门山。今山西代县西北。

⑥七姬：《正德姑苏志》："七姬冢，在郡城东北隅，潘氏后园。"张羽《七姬权厝志》："七姬皆良家子，事浙江行省左丞荥阳潘公为侧室，时外难方

兴，敌抵城下，公日临战。一旦归，召七姬谓曰：‘我受国重寄，义不顾家，脱有不宿诫，若辈当自引决，毋为人耻也。’一姬跪而前曰：‘主君遇妾厚，妾终无二心，请及君时死以报君，毋令君疑也。’遂趋入室，以其缗自经死，六人者亦相继经死。实至正丁未七月五日也。以世难弗克葬，乃敛其尸焚之，以其遗骸瘗于后圃，合为一冢。七姬者：程氏、翟氏、徐氏、罗氏、卞氏、彭氏、段氏。公名元绍，字仲昭。”

雕桥[①]庄歌　并序

高邑赵忠毅[②]公为《雕桥庄记》曰：“吾郡梁太宰[③]有雕桥庄，在郡西十五里，大茂[④]诸山之东，前临滹沱、西韩二水，东为大门，表之曰‘尚书里’。有楼曰‘莲渚仙居’。有堂曰‘寿槐’。槐可四十围，相传数百年物。太宰功成身退，徜徉于此者二十年。今其孙慎可读书其中，自号为西韩生[⑤]云”。此忠毅家居时所作也。公后拜吏部尚书，视梁公以同郡为后继，竟因党祸戍代州死。慎可以孝廉入中翰，余始识之，知其为赵公交。寻以龃龉去，相别十余年，今起官水部，家门蝉冕，当代莫与比焉。余以其名山别墅，乱后独全，高门遗老，晚节最胜，雕桥盛事，自太宰以来，百余年于此矣，是可歌也，为作《雕桥庄歌》。

常山[⑥]古槐千尺起，雕桥西畔尚书里。偃盖青披大茂云，扶疏响拂韩河水。水部山庄绕碧渠，弹琴长啸修篁里。今年相见在长安，据鞍却笑吾衰矣。尽道新枝任栋梁，不知老干经风雨。自言年少西韩生，幽并豪侠皆知名。酒酣箕踞听鼓瑟，射麋击兔邯郸城。天生奇质难自弃，一朝折节倾公卿。当时海内推高邑，赵公简重称相得。才地能交大父行，襟期雅负名贤识。公曾过我读书处，笑倚南楼指庭树。归田太宰昔同游，廿载林泉共来去。此是君王优老臣，后来吾辈应难遇。每思此语辄泫然，知己投荒绝塞天。同是家臣恩数异，伤心非复定陵[⑦]年。黄巾从此成贻祸，青史谁来问断编？钩党几家传旧业，干戈何地著平泉？我有山庄幸如故，老树吟风自朝暮。磐石宁容蝼蚁穿，斧斤不受樵苏误。铃索高斋拥赐书，名花异果雕阑护。绿萼红蕖水面开，门前即是鸣驺路。子弟传呼千骑归，不教鞍马惊鸥鹭。年年细柳与新蒲，妆点溪山入画图。四海烽烟乔木在，一窗灯火故人无。相逢只有江南客，头白尊前伴老夫。

【注释】

①雕桥：河北正定县城西十五里韩河上，桥下有穴十数，状似雕凿，泉涌不息，环流于城，故名。

②赵忠毅：即赵南星，字梦白，高邑（今河北高邑县）人。

③梁太宰：《明史·梁梦龙传》："梁梦龙，字乾吉，真定（今河北正定县）人。嘉靖三十二年进士。万历十年，以兵部尚书改吏部，逾月，御史江东之劾梦龙浼徐爵贿冯保得吏部，以孙女聘保弟为子妇，帝谕留。御史邓练，赵楷复劾之，遂令致仕，家居十九年卒。天启中，赵南星颂其边功，赠少保，崇祯末，追谥贞敏。"

④大茂：即恒山。今河北阜平县北。

⑤西韩生：即梁惟枢，字慎可，别号西韩生。梁梦龙之孙。

⑥常山：郡名，亦称恒山郡。汉置隋废，位于今河北正定县。

⑦定陵：明代神宗皇帝陵。

圆圆[1]曲

鼎湖当日弃人间，破敌收京下玉关。恸哭六军俱缟素，冲冠一怒为红颜。红颜流落非吾恋，逆贼天亡自荒宴。电扫黄巾定黑山，哭罢君亲再相见。相见初经田窦家，侯门歌舞出如花。许将戚里箜篌伎，等取将军油壁车。家本姑苏浣花里，圆圆小字娇罗绮。梦向夫差苑里游，宫娥拥入君王起。前身合是采莲人，门前一片横塘水。横塘双桨去如飞，何处豪家强载归？此际岂知非薄命，此时只有泪沾衣。熏天意气连宫掖，明眸皓齿无人惜。夺归永巷闭良家，教就新声倾坐客。坐客飞觞红日暮，一曲哀弦向谁诉？白皙通侯最少年，拣取花枝屡回顾。早携娇鸟出樊笼，待得银河几时渡？恨杀军书抵死催，苦留后约将人误。相约恩深相见难，一朝蚁贼满长安。可怜思妇楼头柳，认作天边粉絮看！遍索绿珠围内第，强呼绛树出雕阑。若非壮士全师胜，争得蛾眉匹马还？蛾眉马上传呼进，云鬟不整惊魂定。蜡炬迎来在战场，啼妆满面残红印。专征箫鼓出秦川，金牛道上车千乘。

斜谷云深起画楼，散关月落开妆镜。传来消息满红乡，乌桕红经十度霜。教曲伎师怜尚在，浣纱女伴忆同行。旧巢共是衔泥燕，飞上枝头变凤凰。长向尊前悲老大，有人夫婿擅侯王。当时只受声名累，贵戚名豪竞延致。一斛珠连万斛愁，关山漂泊腰肢细。错怨狂风扬落花，无边春色来天地。尝闻倾国与倾城，翻使周郎受重名。妻子岂应关大计？英雄无奈是多情！全家白骨成灰土，一代红妆照汗青。君不见馆娃初起鸳鸯宿，越女如花看不足。香径尘生鸟自啼，屧廊人去苔空绿。换羽移宫万里愁，珠歌翠舞古梁州。为君别唱吴宫曲，汉水东南日夜流。

【注释】

①圆圆：陈姓，玉峰歌妓，声色俱绝。崇祯十六年，总兵吴三桂慕其名，赍千金往聘，已先为田畹所得。后以寇急，纳之三桂。三桂出戍山海关，李自成陷京师，圆圆被虏，三桂闻之，开关纳清兵，大败李自成，因复得圆圆，宠幸数十年如一日。

悲歌赠吴季子[①]

人生千里与万里，黯然销魂别而已。君独何为至于此？山非山兮水非水，生非生兮死非死！十三学经并学史，生在江南长纨绮。词赋翩翩众莫比，白璧青蝇见排诋。一朝束缚去，上书难自理，绝塞千山[②]断行李。送吏泪不止，流人复何倚？彼尚愁不归，我行定已矣。八月龙沙雪花起，橐驼垂腰马没耳。白骨皑皑经战垒，黑河无船渡者几？前忧猛虎后苍兕，土穴偷生若蝼蚁。大鱼如山不见尾，张鬐为风沫为雨。日月倒行入海底，白昼相逢半人鬼。噫嘻乎悲哉！生男聪明慎勿喜，仓颉夜哭良有以，受患只从读书始，君不见，吴季子！

【注释】

①吴季子：吴兆骞，字汉槎，吴江人，顺治十五年，因前一年科场考官作弊案发，被迫重考，因考得不好，被流放边塞之地宁古塔。

②千山：山名，在今辽宁鞍山市。

五　律

园　居

傍城营小筑，近水插疏篱。岸曲花藏钓，窗高鹤听棋。移床穿磴[1]远，唤茗隔溪迟。自领幽居趣，无人到此知。

【注释】

①磴：山路的石级。

赵凡夫山居[1]为祠堂今改为报恩寺

高人心力尽，石在道长存。古佛同居住，名山即子孙。飞泉穿树腹，奇字入云根。夜半藤萝月，钟声冷墓门。

【注释】

①山居：明代处士赵宧光别业。在今江苏苏州市吴中区西支硎山之支峰寒山上。徐嵩《百城烟水》：“寒山别业在支硎山南。万历间，云间高士赵凡夫葬父含光于此，遂偕元配陆卿子家焉。自辟丘壑，凿山琢石，如洞天仙源，前为小宛堂，茗碗几榻，超然尘表，磐陀、空谷、化城、法螺诸庵，皆其别墅也，而千尺雪尤为诸景之最。子灵均，一传无后，改为精蓝，人犹称赵坟云。”

题徐文在西佘山[1]庄

已弃蓝田第，还来灞水滨。烟开孤树迥，霜净一峰真。路曲山迎杖，廊空月就人。始知萧相计[2]，留此待沉沦。

【注释】

①西余山：也作西佘山，在今浙江吴兴县东十八里。吴梅村《九峰草堂歌》自注云："文贞公有别业在西佘。"文在乃文贞公之后裔。

②萧相计：《史记·萧相国世家》："十二年秋，黥布反，上自将击之，数使使问相国何为……客有说相国曰：'君灭族不远矣。夫君位为相国，功第一，可复加哉？然君初入关中，得百姓心十余年矣。皆附君，常复孳孳得民和。上所以为数问君者，畏君倾动关中。君胡不多买田地。贱贳贷以自污？上心乃安。'于是相国从其计，上乃大悦。"

过吴江有感

落日松陵[1]道，堤长欲抱城。塔盘湖势动，桥引月痕生。市静人逃赋，江宽客避兵。廿年交旧散，把酒叹浮名。

【注释】

①松陵：即今江苏吴江。陈沂《南畿志》："吴江本吴县之松陵镇，后析置吴江县。"

查湾过友人饭

碧螺峰[1]下去，宛转得山家。橘市人沽酿，桑村客焙茶。溪桥逢树转，石路逐滩斜。莫负篮舆兴，天桃已著花。

【注释】

①碧螺峰：张大纯《采风类记》："碧螺峰在莫厘山南。"

寒山晚眺

骤入初疑误，沿源兴不穷。穿林人渐小，揽葛[1]路微通。涧出千松杪[2]，钟生万壑中。晚来山月吐，遥指断岩东。

【注释】

①葛：一种豆科植物。

②杪：树木的末梢。

登寒山高处策杖行崖谷中

侧视峰形转，空苍万象阴。断岩湖数尺，绝涧树千寻。日透玲珑影，烟生窈霭[1]心。忽逢天际广，始觉所来深。

【注释】

①窈霭：深远貌。

七　律

追　悼

秋风萧索响空帏[1]，酒醒更残泪满衣。辛苦共尝偏早去，乱离知否得同归？君亲有愧吾还在，生死无端事总非。最是伤心看稚女，一窗灯火照鸣机。

【注释】

①帏：义同“帷”，帐幕，帐子。

江楼别幼弟孚令

野色沧江[1]思不穷，登临杰阁倚虚空。云山两岸伤心里，雨雪孤城泪眼中。病后生涯同落木，乱来身计逐飘蓬。天涯兄弟分携苦，明日扁舟听晓风。

【注释】

①沧江：泛指江。因江水呈青苍色，故称沧江。

菊　　花

夜深银烛最分明，翠叶金钿认小名。故著黄绝[①]贪入道，却翘紫袖擅倾城。生来艳质何消瘦，移近高人恰老成。几度看花花耐久，可知花亦是多情。

【注释】

①绝：粗绸。

戏咏不倒翁

掉首浮生半纸轻，一丸封[①]就任纵横。何妨失足贪游戏，不耐安眠欠老成。尽受推排偏倔强，敢烦扶策自支撑。却遭桃梗[②]妍皮[③]诮，此内空空浪得名。

【注释】

①一丸封：《后汉书·隗嚣传》："王元说嚣曰：'元请以一丸泥为大王东封函谷关。'"

②桃梗：《战国策》："苏代谓孟尝君曰：臣来过于淄上，有土偶人与桃梗相与语。桃梗谓土偶曰'子西岸之土也，挺子以为人……水至则汝残矣。'土偶曰：'吾西岸之土也，土则复西岸耳。今子东国之桃梗也。刻削子以为人，降雨下，淄水至，流子而去，则漂漂者将何如耳？'"

③妍皮：古谚：美好外貌。

登缥缈峰

绝顶江湖放眼明，飘然如欲御风行。最高尚有鱼龙气，半岭全无鸟雀声。芳草青芜迷远近，夕阳金碧变阴晴。夫差[①]霸业销沉尽，枫叶芦花钓艇横。

【注释】

①夫差：春秋末年吴国国君。吴王阖闾之子。前495到前473年在位。

七　绝

口　占

欲买溪山不用钱，倦来高枕白云边。吾生此外无他愿，饮谷栖丘[①]二十年。

【注释】

①饮谷栖丘：饮于峡谷，栖身山丘。